SCHAUM'S OUTLINE

of

FRENCH GRAMMAR

SCHAUM'S OUTLINE OF

FRENCH GRAMMAR

•

by

MARY E. COFFMAN

Sponsoring Editor, Foreign Language Department
McGraw-Hill Book Company

SCHAUM'S OUTLINE SERIES

McGRAW-HILL BOOK COMPANY

New York, St. Louis, San Francisco, Düsseldorf, Johannesburg, Kuala Lumpur, London, Mexico,
Montreal, New Delhi, Panama, Rio de Janeiro, Singapore, Sydney, and Toronto

Acknowledgments

The author expresses her appreciation to Conrad J. Schmitt, Senior Editor, Foreign Language Division, McGraw-Hill Book Company, for his valuable suggestions. She is especially grateful to Mme. Germaine P. Cressey, formerly Professor of French, Montclair (N.J.) State College, who gave the manuscript a final thorough reading.

Preface

This review book has been designed and developed with you in mind in order to make the study of French grammar easier. The book is divided into eight chapters. Each chapter concentrates on the basic problem areas of the language: nouns and articles; adjectives and adverbs; numbers, dates, and time; verbs; interrogatives; negatives; pronouns; and special meanings of certain verbs.

Each grammatical or structural point is introduced by a simple explanation in English. The explanation is further clarified by many concrete examples. It is recommended that you first read the explanation and then study the illustrative examples. Once you have done this, go on to the exercises that follow. You should write out the answers to these exercises. The answers to each exercise appear at the end of the book. It is recommended that you correct yourself immediately before proceeding to the next exercise.

One of the most difficult and tedious tasks in acquiring a second language is learning the many forms that exist in the language whether they are noun, adjective, or verb forms. In *Schaum's Outline of French Grammar* all forms have been logically grouped in order to make their acquisition as simple as possible and also to minimize what at first appear to be irregularities. In many texts, the verbs *courir, rire, rompre,* and *conclure* are treated as separate irregular verbs in the present tense. You will note, however, that these verbs have a lot in common. The same endings as those for regular *-re* verbs are added to the infinitive stem except in the third person singular.

> *courir — il court* je cours, tu cours, nous cour**ons**, vous cour**ez**, ils cour**ent**
>
> *rire — il rit* je ris, tu ris, nous r**ions**, vous r**iez**, ils r**ient**
>
> *rompre — il rompt* je romps, tu romps, nous romp**ons**, vous romp**ez**, ils romp**ent**
>
> *conclure — il conclut* je conclus, tu conclus, nous conclu**ons**, vous conclu**ez**, ils conclu**ent**

This can be done with many verbs in all tenses. Making such groupings will greatly facilitate your task of mastering the many forms.

Schaum's Outline of French Grammar can be used as a review text or as a companion to any basic text. In order to reinforce each point you are learning in your basic text, you may wish to get additional practice by doing the clear, logically organized exercises provided throughout this book.

MARY E. COFFMAN

New York
January 1973

CONTENTS

CONTENTS

Chapter **3** **NUMBERS, DATES, TIME**

Chapter **4** **VERBS**

CONTENTS

CONTENTS

Chapter 5   INTERROGATIVE WORDS AND CONSTRUCTIONS

Chapter 6   NEGATIVE WORDS AND CONSTRUCTIONS

Chapter 7   PRONOUNS

CONTENTS

Chapter 1

Nouns and Articles

GENDER AND THE DEFINITE ARTICLE

Singular Forms

French nouns, unlike English nouns, have gender. Every noun is either masculine or feminine. Nouns that refer specifically to males (people or animals) such as *father*, *son*, etc., are masculine. Those that refer to females (people or animals) such as *mother*, *daughter*, etc., are feminine. For most other nouns, gender is usually arbitrary and must be memorized.

The definite article (*the*) that accompanies masculine nouns is **le**. **La** accompanies feminine nouns. **L'** is used before masculine or feminine nouns beginning with a vowel or mute *h*.

Masculine		*Feminine*	
le garçon	*boy*	**la fille**	*girl*
le frère	*brother*	**la sœur**	*sister*
le père	*father*	**la mère**	*mother*
le chien	*dog*	**la chienne**	*dog*
le chat	*cat*	**la chatte**	*cat*
le musée	*museum*	**la plage**	*beach*
le marché	*market*	**la boutique**	*shop*
le salon	*living room*	**la chambre**	*bedroom*
l'ami	*(male) friend*	**l'amie**	*(female) friend*
l'homme	*man*	**l'épée**	*sword*

But:

le héros	*hero*
le haricot	*bean*
le hors-d'œuvre	*hors d'œuvre*

1. Complete the following with the correct form of the definite article **le, la,** or **l'**.

    1. _____ garçon joue avec _____ chatte dans _____ salon.
    2. _____ mère prépare _____ dîner à _____ maison.

1

3. _____ professeur enseigne _____ histoire, _____ anglais, _____ géographie et _____ philosophie.
4. _____ arbre est plus grand que _____ fleur.
5. _____ chienne joue avec _____ chat sur _____ plage.
6. _____ artiste dessine _____ portrait.
7. _____ ami de Pierre joue avec _____ sœur de Marie.
8. _____ sœur regarde _____ statue dans _____ musée.
9. _____ enfant aime _____ bifteck et _____ fromage.
10. _____ père laisse _____ lettre sur _____ bureau.

GENDER IDENTIFICATION BY WORD ENDINGS

Nouns ending in **-sion, -tion, -aison, -ance, -ence, -té, -ude, -ale, -ole,** and **-ure** are usually feminine.

la version	*translation*
la nation	*nation*
la terminaison	*ending*
la connaissance	*knowledge*
la patience	*patience*
la beauté	*beauty*
la certitude	*certainty*
la plénitude	*plenitude*
la cathédrale	*cathedral*
la parole	*word*
la culture	*culture*
la facture	*bill*

Nouns ending in **-asme, -isme, -eau, -ment,** and **-acle** are usually masculine.

l'enthousiasme	*enthusiasm*
le sarcasme	*sarcasm*
le classicisme	*classicism*
le couteau	*knife*
l'enseignement	*teaching, education*
le gouvernement	*government*
le spectacle	*show, performance*

2. Complete the following sentences with the definite article **le, la,** or **l'**. For each word beginning with a vowel, indicate whether it is masculine or feminine by writing **l'(f.)** or **l'(m.)**.

1. _____ prononciation et _____ intonation sont importantes dans _____ étude des langues.
2. Elle étudie _____ classicisme, _____ romantisme, _____ symbolisme et _____ civilisation française.
3. Ils admirent _____ beauté de _____ peinture.
4. Elle étudie _____ impressionisme et _____ culture française.
5. Dès _____ naissance, il faut surveiller _____ nourriture du bébé.
6. _____ sarcasme sera évident dans _____ spectacle ce soir.
7. _____ multitude exprime _____ certitude.
8. _____ parlement est dans _____ bâtiment en face.

WORDS WITH DIFFERENT MEANINGS IN MASCULINE AND FEMININE FORMS

The following pairs of words have different meanings for masculine and feminine forms.

Masculine		*Feminine*	
l'aide	*helper*	l'aide	*help*
le critique	*critic*	la critique	*criticism*
le guide	*guide*	la guide	*reins (of a horse)*
le livre	*book*	la livre	*pound*
le manche	*handle*	la manche	*sleeve*
le mode	*method, mode*	la mode	*fashion*
l'office	*office, duty*	l'office	*pantry*
le pendule	*pendulum*	la pendule	*clock*
le poêle	*stove*	la poêle	*frying pan*
le poste	*job*	la poste	*post office*
le somme	*nap*	la somme	*sum*
le tour	*turn, walk around*	la tour	*tower*
le vase	*vase*	la vase	*mud*
le voile	*veil*	la voile	*sail*

3. Complete the following sentences with the correct form of the definite article, **le** or **la**.

    1. _____ critique fait _____ critique du roman.
    2. On a offert _____ poste à _____ poste à M. Dupont.
    3. On a fait _____ tour de _____ tour Eiffel.
    4. _____ voile que la veuve porte est noir. _____ voile du bateau est jaune.
    5. _____ guide explique comment tenir _____ guide du cheval.
    6. Les pommes coûtent 2F _____ livre.
    7. _____ mode détermine l'habit de l'homme.
    8. La femme se chauffe devant _____ poêle. Elle met le bacon dans _____ poêle.
    9. _____ manche de cette robe est déchirée. _____ manche de cette poêle est cassé.
    10. Ne cassez pas _____ vase!

PLURAL FORMS OF NOUNS

Regular Plurals

Most nouns are made plural by adding **s** to the singular forms. **Les** is the definite article accompanying all plural nouns. Note the liaison between **les** and a word beginning with a vowel.

Masculine		*Feminine*	
Singular	*Plural*	*Singular*	*Plural*
le garçon	les garçons	la fille	les filles
le livre	les livres	la table	les tables
l'ami	les amis	l'amie	les amies

Nouns Ending in -*s*, -*x*, or -*z*

Nouns ending in -**s**, -**x**, or -**z** are alike in both the singular and plural forms.

Singular		Plural
le bras	*arm*	les bras
la fois	*time*	les fois
le vers	*verse*	les vers
le prix	*price*	les prix
le nez	*nose*	les nez
la voix	*voice*	les voix

Nouns Ending in -au, -eau, -eu, or -œu

Nouns ending in -au, -eau, -eu, or -œu add **x** to form the plural.

Singular		Plural
le noyau	*pit (of a fruit)*	les noyaux
le bateau	*boat*	les bateaux
le château	*castle*	les châteaux
la peau	*skin*	les peaux
le feu	*fire*	les feux
le jeu	*game*	les jeux
le vœu	*wish*	les vœux

Nouns Ending in -ou

Most nouns ending in **-ou** add **s** to form the plural.

Singular		Plural
le clou	*nail*	les clous
le trou	*hole*	les trous
le sou	*penny*	les sous

Some nouns ending in **-ou** add **-x** to form the plural.

Singular		Plural
le bijou	*jewel*	les bijoux
le caillou	*stone*	les cailloux
le chou	*cabbage*	les choux
le genou	*knee*	les genoux
le hibou	*owl*	les hiboux
le joujou	*toy*	les joujoux
le pou	*flea, louse*	les poux

Nouns Ending in -al or -ail

Many nouns ending in **-al** or **-ail** in the singular change **-al** or **-ail** to **-aux** to form the plural.

Singular		Plural
l'animal	*animal*	les animaux
le cheval	*horse*	les chevaux
le journal	*newspaper*	les journaux
le travail	*work*	les travaux
le vitrail	*stained glass window*	les vitraux

Exceptions:

le bal	*ball, dance*	les bals
le carnaval	*carnival*	les carnavals
le festival	*festival*	les festivals
le chandail	*sweater*	les chandails
le détail	*detail*	les détails

Irregular Plurals

The following nouns are irregular in the plural.

Singular		*Plural*
l'aïeul	*ancestor*	les aïeux
le ciel	*sky*	les cieux
l'œil	*eye*	les yeux
le monsieur	*gentleman*	les messieurs
madame	*Mrs.*	mesdames
mademoiselle	*Miss*	mesdemoiselles

Family names do not add **s** to form the plural.

les Dupont　　　*the Duponts*

4. Rewrite the following, changing all nouns to the plural. Make any other necessary changes.

1. La société est primitive.
2. La voix est jolie.
3. Regardez le feu!
4. Le trou est grand.
5. Le repas est bon.
6. Le journal explique le travail.
7. L'école est moderne.
8. Le château est joli.
9. Le détail du dessin sur le chandail est magnifique.
10. Le prix est élevé.
11. Le jeu est amusant.
12. Voilà le clou.
13. Le bijou est joli.
14. Le caillou est petit.
15. Le bateau est grand.
16. Le musée est grand.
17. L'œil est grand.
18. Le cheval est l'animal que vous aimez.
19. Le monsieur est grand.
20. Le bal a lieu samedi.

5. Rewrite the following, changing the nouns to the singular. Make all necessary changes.

1. Les rois habitent dans les châteaux.
2. Les nez sont grands.
3. Les joujoux sont intéressants.
4. Les carnavals sont amusants.

5. Les cieux sont bleus.
6. Les amis sont aimables.
7. Les peaux de vison sont chères.
8. Les journaux sont intéressants.
9. Les aïeux sont célèbres.
10. Les yeux sont bruns.
11. Les bras sont forts.
12. Les clous sont longs.
13. Les vitraux sont jolis.
14. Les vœux sont compréhensibles.
15. Les chandails sont chauds.
16. Les hiboux sont noirs.

COMPOUND NOUNS

The plural of compound nouns is very irregular.

1. Sometimes **s** or **x** is added to both parts to form the plural.

Singular		*Plural*
le coffre-fort	*safe*	**les coffres-forts**
le grand-père	*grandfather*	**les grands-pères**
la grand-mère	*grandmother*	**les grands-mères**
la belle-sœur	*sister-in-law*	**les belles-sœurs**
le chou-fleur	*cabbage*	**les choux-fleurs**

2. Sometimes **s** is added only to the first part.

Singular		*Plural*
l'arc-en-ciel	*rainbow*	**les arcs-en-ciel**
le chef-d'œuvre	*masterpiece*	**les chefs-d'œuvre**
le timbre-poste	*stamp*	**les timbres-poste**

3. In rare cases, **s** is added only to the last part.

Singular		*Plural*
le pique-nique	*picnic*	**les pique-niques**

4. The following compound nouns are the same in the singular and the plural.

Singular		*Plural*
l'après-midi	*afternoon*	**les après-midi**
le hors-d'œuvre	*canapé*	**les hors-d'œuvre**
le passe-partout	*passkey*	**les passe-partout**
le réveille-matin	*alarm clock*	**les réveille-matin**

6. Rewrite the following sentences, putting the nouns in the plural.

1. L'après-midi le grand-père dort.
2. Le réveille-matin sonne.

3. La grand-mère met le chou-fleur dans le panier pour le pique-nique.
4. Il lit le chef-d'œuvre de Racine.
5. La belle-sœur aime l'arc-en-ciel.
6. Le timbre-poste est dans le coffre-fort.

SPECIAL USES OF THE DEFINITE ARTICLE

With General or Abstract Nouns

Unlike English usage, in French the definite article must be used with all abstract nouns or nouns used in a general sense. Compare the French and English in the following examples.

L'homme est mortel.
Man is mortal.
Il aime les bananes.
He likes bananas.
La biologie est une science.
Biology is a science.
L'amour est divin.
Love is divine.
Les cigarettes ne sont pas bonnes pour la santé.
Cigarettes are not good for the health.

7. Complete the following with the appropriate definite article.

1. ___ Français sont fiers.
2. ___ vie est dure.
3. ___ patience est une vertu.
4. ___ chiens sont des animaux domestiques.
5. ___ diamants sont des bijoux.
6. ___ bananes sont des fruits.
7. ___automne est une saison.
8. ___ charbon est noir.
9. Il aime ___ pommes frites.
10. Il n'aime pas ___ épinards.
11. ___ biologie est une science.

With Titles

When talking about someone, the definite article must be used with titles. The article is omitted, however, in direct address.

Le docteur Martin est dentiste.
Doctor Martin is a dentist.

But:

Bonjour, docteur Martin.
Hello, Doctor Martin.

Le général Pierron est arrivé.
General Pierron has arrived.

But:

Comment allez-vous, général Pierron?
How are you, General Pierron?

With **monsieur, madame,** and **mademoiselle,** the article is never used.

Monsieur Le Blanc vient.
Mister Le Blanc is coming.

Comment allez-vous, monsieur Le Blanc?
How are you, Mr. Le Blanc?

In formal address, the article is used before the title.

Bonjour, monsieur le capitaine.

8. Complete the following with the appropriate definite article, when it is necessary.

1. _____ docteur Merlier est un grand homme.
2. _____ comte de Deauville est ici.
3. Bonjour, _____ professeur Le Blanc.
4. _____ Mademoiselle Pierron habite à Roanne.
5. Où allez-vous, _____ Monsieur Péneau?
6. Savez-vous qui est _____ Madame Leclerc?
7. Comment allez-vous, _____ Madame Mercier?
8. Bonjour, monsieur _____ président.
9. _____ capitaine Andrieu va faire un discours.

With Languages and Academic Subjects

The definite article is used with languages unless the name of the language immediately follows the verb **parler** or the prepositions **de** and **en**.

Le français est une belle langue.
French is a beautiful language.
J'étudie le français et l'anglais.
I study French and English.
Je parle très bien (le) français.
I speak French very well.

But:

Je parle français.
I speak French.
J'ai un livre de français.
I have a French book.
Ce livre est écrit en français.
This book is written in French.

The definite article is also used with academic subjects.

J'étudie l'histoire et les mathématiques.
I study history and mathematics.

9. Complete the following with the definite article, when it is necessary.

1. Parlez-vous _____ français?
2. Il parle très couramment _____ français.
3. J'apprend _____ biologie.
4. _____ russe est une langue difficile.
5. Est-ce que c'est un livre de _____ russe?
6. Elle lui écrit en _____ allemand.
7. Dites-vous cela en _____ anglais?

With Days of the Week, Seasons, and Dates

The definite article is used with days of the weeks to indicate habitual occurrence. The definite article has the meaning of *every* or *on*. The definite article accompanying the days of the week is masculine.

J'ai ma classe de français le lundi.
I have my French class on Mondays (every Monday).
Le dimanche, je ne travaille pas.
On Sunday(s) I don't work.

The definite article is omitted when talking about a particular day.

Je suis allé au cinéma lundi.
I went to the movies (on) Monday.
Je viendrai vous voir samedi.
I will come to see you (on) Saturday.
Dimanche est le dernier jour de la semaine.
Sunday is the last day of the week.

The definite article is used with seasons when discussing the season is a general sense.

L'été est une saison agréable.
Summer is a nice season.
L'hiver est une saison froide.
Winter is a cold season.

But:

Je vais à la plage en été.
I go to the beach in summer.
Je fais du ski en hiver.
I ski in winter.

The definite article is used with dates.

Le 15 septembre, les classes recommencent.
On the 15th of September (September 15) classes resume.
Il sera ici le 10 août.
He will be here on the 10th of August (August 10).

10. Complete the following with the definite article, when it is necessary.

1. _____ Mercredi est le troisième jour de la semaine.
2. Je vais toujours au cinéma _____ samedi.
3. _____automne est ma saison favorite.
4. Il n'y a pas de classes _____ dimanche.
5. Il fait beau en _____ automne.
6. Mes vacances commencent _____ vendredi.
7. J'ai mon cours de philosophie _____ lundi.
8. Je suis allé au musée _____ samedi dernier.
9. Il vous verra _____ mercredi prochain.
10. _____ 2 juin je vais en vacances.
11. Il viendra _____ 15 octobre.

With Names of Continents, Countries, Provinces, Islands, Mountains, and Rivers

The definite article is used with names of continents, countries, provinces, islands, mountains, and rivers.

La France n'est pas un grand pays.
France is not a large country.
La Bretagne est pittoresque.
Brittany is picturesque.
L'Amérique du Nord est un continent vaste.
North America is a vast continent.
La Corse est une île méditerranéenne.
Corsica is a Mediterranean island.
Les Pyrénées sont entre la France et l'Espagne.
The Pyrenees are between France and Spain.

But:

Je vais en France.
I am going to France.

11. Complete the following with the appropriate definite article, when necessary.

1. _____ Seine divise Paris.
2. _____ Europe est très divers.
3. _____ Alpes sont les montagnes les plus hautes de l'Europe.
4. _____ Midi est le Sud de la France.
5. Je vais en _____ France en été.
6. _____ Corse est une île française.

With Weights and Measures

The definite article is used with expressions of quantity when used in conjunction with price to indicate **per.**

Les tomates coûtent deux francs le kilo.
Tomatoes cost two francs a (per) kilogram.
Les œufs coûtent quatre francs la douzaine.
Eggs cost four francs a dozen.

But:

Les bananes pèsent deux kilos.
The bananas weigh two kilograms.

12. Complete the following with the correct form of the definite article.

1. _____ pommes coûtent deux francs _____ livre.
2. J'ai payé cinq francs _____ kilo.
3. _____ oranges coûtent six francs _____ douzaine.
4. _____ lait coûte deux francs _____ litre.

With Parts of the Body or Clothing

The definite article is used instead of the possessive adjective with parts of the body or clothing, in order to avoid ambiguity.

Il se lave les mains.
He washes his hands.
Il a les mains dans les poches.
He has his hands in his pockets.

13. Complete the following sentences with the appropriate definite article.

  1. Il se brosse _____ dents.
  2. Il est rentré, _____ chemise déchirée.
  3. Tous les jeunes portent _____ blue-jeans.
  4. Il a mal à _____ tête.
  5. Elle se lave _____ cheveux.

CONTRACTIONS OF THE DEFINITE ARTICLE

The definite article contracts with **à** (*to*) and **de** (*from, about, of*) in the following way:

à + le = au
à + les = aux
à + la do not contract
à + l' do not contract

Je vais **au cinéma**.	*I am going to the movies.*
Je parle **aux garçons**.	*I am speaking to the boys.*
Je parle **aux élèves**.	*I am speaking to the students.*
Je vais **à la pharmacie**.	*I am going to the pharmacy.*
Je parle **à l'étudiant**.	*I am speaking to the student.*

de + la = du
de + les = des
de + la do not contract
de + l' do not contract

Je parle **du garçon**.	*I am speaking about the boy.*
Je parle **des garçons**.	*I am speaking about the boys.*
Je parle **des étudiants**.	*I am speaking about the students.*
Je parle **de la fille**.	*I am speaking about the girl.*
Je parle **de l'élève**.	*I am speaking about the student.*

Note the liaison between **aux** and **des** and a noun that begins with a vowel.

Je parle **aux élèves**.
Je parle **des étudiants**.

14. Complete the following sentences with the appropriate contractions of the definite article.

  1. Je veux aller _____ plage.
  2. C'est le bureau _____ père.
  3. Le professeur donne les livres _____ étudiants.
  4. Il va _____école.
  5. Elle revient _____ ville.
  6. C'est le frère _____homme.
  7. Elle va _____ parc.
  8. C'est la bibliothèque _____école.
  9. Ce sont les livres _____ étudiants.

THE INDEFINITE ARTICLE

The indefinite articles (**a, an**) in French are **un** for masculine nouns and **une** for feminine nouns. The plural is **des** (*some, any*). Note the liaison between **des** and a word beginning with a vowel.

	Masculine			*Feminine*	
Singular	*Plural*		*Singular*	*Plural*	
un livre	des livres		une peinture	des peintures	
un garçon	des garçons		une fille	des filles	
un élève	des élèves		une élève	des élèves	
un ami	des amis		une amie	des amies	

Some nouns have two genders.

Masculine		*Feminine*	
un élève	*a student (male)*	une élève	*a student (female)*
un artiste	*an artist*	une artiste	*an artist*
un enfant	*a child*	une enfant	*a child*

15. Rewrite the following, replacing the definite article with the indefinite article.

1. Elle veut lire le roman.
2. L'ami reçoit la lettre.
3. L'élève est intelligente.
4. Il lutte contre l'établissement.
5. L'artiste travaille dans la rue.
6. L'homme envoie le cadeau.
7. L'auteur écrit la pièce.
8. Nous allons passer les après-midi ici.
9. La fille a les valises.
10. L'auto est en panne.
11. Il lit le livre.
12. L'enfant est bonne.

OMISSION OF THE INDEFINITE ARTICLE

After the Verb *Être*

Unlike English, the indefinite article is omitted after the verb **être** (*to be*) when the verb is followed by an unmodified noun, indicating nationality, religion, or profession.

Il est médecin.
He is a doctor.
Elle est catholique.
She is a Catholic.

When **c'est** is used instead of **il est**, the indefinite article is used.

C'est un Français.
He is a Frenchman.
C'est un avocat.
He's a lawyer.

The indefinite article is also used when the noun that follows the verb **être** is modified.

Victor Hugo est un auteur célèbre.
Victor Hugo is a famous author.

Victor Hugo est un auteur que tous les Français connaissent.
Victor Hugo is an author whom all Frenchmen know.

16. Complete the following sentences with the appropriate indefinite article, when it is necessary.

1. Pasteur était _____ chimiste célèbre.
2. Monsieur Dupont est _____ avocat.
3. C'est _____ biologiste.
4. Il est _____ chimiste.
5. Marie est _____ dactylographe qui travaille dans notre bureau.
6. Il veut être _____ ingénieur.
7. Pierre est _____ élève qui travaille beaucoup.
8. Cet homme est _____ journaliste.
9. Monsieur Leclerc est _____ professeur exigeant.
10. Il est _____ avocat célèbre.

Other Omissions of the Indefinite Article

The indefinite article is not used:

1. after **quel** (*what a*).

   Quelle belle vue!
   What a beautiful view!

2. before nouns in apposition.

   Paris, capitale de la France, est une grande ville.
   Paris, the capital of France, is a big city.

3. after a noun that is a complement of another noun.

   une robe de soie
   a silk dress
   un professeur d'histoire
   a history professor

4. after the preposition **sans**.

   Il travaille sans argent.
   He works without money.

5. after **avec** when used with abstract nouns.

   Travaillez avec soin.
   Work with care.

   But:

   Travaillez avec des amis.
   Work with some friends.

6. after **ni . . . ni**.

   Il n'a ni argent ni pain.
   He has neither money nor bread.

17. Complete the following with the indefinite article, when it is necessary.

1. Quel _____ garçon!
2. *Le Cid*, _____ pièce de Corneille, est très célèbre.
3. *Les Misérables* est _____ roman de Victor Hugo.
4. Elle achète une bague en _____ or.

5. Écoutez avec _____ enthousiasme.
6. Il travaille avec _____ copains.

7. Il reste sans _____ argent.
8. Il n'a ni _____ père ni _____ mère.

THE PARTITIVE

In French, the partitive (*some, any*) is expressed by **de** plus the definite article. Note that **de** plus **le** = **du** and **de** plus **les** = **des**. The partitive articles are:

	Singular	Plural
Feminine	de la	des
Masculine	du	des
Masculine or feminine before a vowel	de l'	des

Study the following:

J'ai **de la soupe.**	*I have some soup.*
Elle veut **du sucre.**	*She wants some sugar.*
Il boit **de l'eau.**	*He is drinking some water.*
Voulez-vous **des oranges?**	*Do you want any oranges?*
Nous avons **des livres.**	*We have some books.*

18. Complete the following sentences with the appropriate form of the partitive.

1. Elle mange _____ soupe.
2. Nous achetons _____ livres.
3. Il gagne _____ argent.
4. Il boit _____ lait.
5. Nous mangeons _____ haricots verts.
6. Elle veut _____ viande.
7. Il achète _____ sucre.
8. Elle boit _____ eau.

THE PARTITIVE VERSUS THE DEFINITE ARTICLE

The word *partitive* expresses the idea of part. The partitive is used to indicate a part of something. The definite article is used with nouns in a general sense.

Il aime **le café.** (*all coffee*)
He likes coffee.
Il boit **du café.** (*some coffee*)
He drinks (some) coffee.

19. Follow the model.

Bois-tu du café?
Oui, j'aime le café et je vais boire du café.
1. Buvez-vous du lait?
2. Mangez-vous de la soupe?
3. Buvez-vous de l'eau minérale?
4. Mangez-vous des haricots verts?
5. Achetez-vous des cerises?

EXCEPTIONS TO THE RULE FOR USING THE PARTITIVE

When the Sentence Is Negative

Normally, in negative sentences, the partitive article is replaced by **de**. Study the following. Note that **de** becomes **d'** before a word beginning with a vowel.

Affirmative	*Negative*
J'ai du pain.	**Je n'ai pas de pain.**
I have some bread.	*I don't have any bread.*
J'ai une robe.	**Je n'ai pas de robe.**
I have a dress.	*I don't have a dress.*
J'ai des livres.	**Je n'ai pas de livres.**
I have some books.	*I don't have any books.*
J'ai des amies.	**Je n'ai pas d'amies.**
I have some friends.	*I have no friends.*

20. Rewrite the following sentences in the negative.

1. Elle a du courage.
2. Il y a de la soupe.
3. J'ai des bonbons.
4. Je bois de l'eau.
5. Elle fume des cigarettes.

When an Adjective Precedes a Noun in the Plural

When an adjective precedes a noun in the plural, the partitive becomes **de**.

Singular	*Plural*
J'ai un bon livre.	**J'ai de bons livres.**

But:

J'ai un livre intéressant.	**J'ai des livres intéressants.**

When an adjective is an integral part of the idea, the partitive is used.

des jeunes filles	*girls*
des jeunes gens	*young people*
des petits pains	*rolls*

21. Rewrite the following sentences, putting the nouns in the plural.

1. Il y a une belle peinture ici.
2. Nous lisons un livre intéressant.
3. C'est une grande ville.
4. Elle mange un petit pain.
5. C'est une jeune fille.
6. J'ai une grande armoire.

After Expressions of Quantity and Expressions with *de*

The partitive becomes **de** after expressions of quantity such as the following:

assez	*enough*	moins	*less*
beaucoup	*a lot*	**un verre**	*a glass*
peu	*a little*	**une tasse**	*a cup*
trop	*too much*	**un litre**	*a liter*
tant	*so many*	**une livre**	*a pound*
autant	*as much*	**une douzaine**	*a dozen*

Elle veut **de** l'eau.   *But:*   Elle veut **un peu d'**eau.
She wants some water.   *She wants a little water.*
Il a **des** livres.   *But:*   Il a **beaucoup de** livres.
He has some books.   *He has many books.*
Je bois **du** vin.   *But:*   Je bois **un verre de** vin.
I am drinking some wine.   *I am drinking a glass of wine.*

La plupart (*most*) and **bien** (*many*) are exceptions to this rule.

La plupart du temps, je travaille.
Most of the time, I work.
Bien des fois, il fait des fautes.
Many times, he makes mistakes.

After expressions, using **de**, such as **avoir besoin de** (*to need*), **se passer de** (*to get along without*), there is no partitive.

J'ai **de l'argent**.   *But:*   J'ai **besoin d'**argent.
I have some money.   *I need some money.*

Plusieurs (*several*) and **quelques** (*a few*) do not require the partitive. Study the following.

J'ai **beaucoup de** livres.   *But:*   J'ai **plusieurs** livres.
I have many books.   *I have several books.*
J'ai **assez de** livres.   *But:*   J'ai **quelques** livres.
I have enough books.   *I have some books.*

22. Complete the following sentences with the correct form of the partitive, when necessary.

1. Je voudrais un verre ____eau.
2. Elle a beaucoup ____amis.
3. Elle ne peut pas se passer ____ nourriture.
4. Il y a plusieurs ____ églises ici.
5. Elle achète une douzaine ____ pommes.
6. Il a quelques ____ amis.
7. Bien ____ gens aiment le cinéma.
8. Elle mange trop ____ bonbons.
9. Nous avons besoin ____argent.
10. Elle achète une livre ____ beurre.

PREPOSITIONS WITH GEOGRAPHICAL NAMES

à

The preposition **à** is used before names of cities.

Il va **à Paris**.
Elle est **à Genève**.

en

The preposition **en** is used with names of feminine countries or continents and all countries in

Europe. Almost all names of countries ending in a mute **e** are feminine. (Exception: **le Mexique**)

> Je vais **en France.**
> Nous irons **en Afrique.**
> Elle va **en Portugal.**

au

The preposition **au** is used with masculine countries.

> Nous sommes **au Canada.**

The preposition **aux** is used with **États-Unis** since it is plural.

> New York est **aux États-Unis.**

dans

The preposition **dans** is used before names of continents qualified by another expression.

> Nous irons **dans l'Amérique du Sud.**

In spoken language, **en** may be used.

> Nous allons **en Amérique du Sud.**

When the name of a city or country is accompanied by a complement or adjective, **dans le (l', la, les)** is used.

> J'aimerais vivre **dans la France du XIXe siècle.**

The prepositions used before islands varies.

> **en Sardaigne**
> **en Haïti**
> **en Nouvelle-Guinée**
>
> **à la Réunion**
> **à la Martinique**
>
> **à Malte**
> **à Chypre**
> **à Madagascar**
> **à Cuba**

With names of American states and Canadian provinces, **en** is used if the French form of the noun ends in **e** or **ie.**

> **en Californie**
> **en Pennsylvanie**
> **en Floride**
> **en Nouvelle-Écosse**
> **en Colombie Britannique**

Otherwise **dans le** or **dans l'état de** is used.

> **dans le Vermont**
> **dans le Colorado**
> **dans l'Ontario**
> **dans l'état de Vermont**

But:

au Nouveau-Mexique
au Nouveau-Brunswick
à Terre-Neuve *(Newfoundland)*

23. Complete the following sentences with the correct preposition or preposition plus the definite article.

  1. Nous allons _____ France.
  2. Elle est allée _____ Haïti et _____ Martinique.
  3. Nous irons _____ Afrique et _____ Afrique du Nord.
  4. Il demeure _____ Paris.
  5. Il a voyagé _____ Mexique et _____ Amérique du Sud.
  6. L'action a lieu _____ Angleterre et _____ Italie.
  7. J'ai demeuré _____ Californie, _____ Vermont, et _____ Nouveau-Mexique.
  8. San Francisco se trouve _____ États-Unis.
  9. Elle habite _____ Canada _____ Terre-Neuve.
  10. Il va _____ San Francisco _____ Californie.

REVIEW

24. Complete the following sentences with the appropriate definite article or contraction.

  1. _____ père travaille _____ bureau.
  2. C'est _____ ami de Pierre.
  3. _____ qualité vaut mieux que _____ quantité.
  4. _____ romans sont dans _____ bibliothèque.
  5. _____ patience est une vertu.
  6. _____ connaissance de la grammaire est utile.
  7. _____ femme cherche des timbres _____ poste.
  8. _____ homme se chauffe devant _____ poêle.
  9. C'est _____ livre _____ professeur.
  10. _____ enfants vont _____ école.

25. Rewrite the following sentences, changing the nouns to the plural. Make all other necessary changes.

  1. Le repas est bon.
  2. Le cheval est un animal.
  3. J'aime le carnaval.
  4. Ouvrez l'œil.
  5. Le bateau est petit.
  6. Le prix du clou n'est pas cher.
  7. Le chou est dans le trou.
  8. L'eau entoure le château.
  9. Le jeu est intéressant.
  10. L'après-midi, il prépare le hors-d'œuvre et le chou-fleur pour le pique-nique.

26. Complete the following with the correct definite or indefinite article, when necessary.

    1. _____ chimie est _____ science.
    2. _____ docteur Dupont est _____ homme célèbre.
    3. Elles ont visité le musée _____ lundi.
    4. Il me parle en _____ français.
    5. Comment allez-vous, _____ Monsieur Leclerc?
    6. _____ émeraudes sont _____ bijoux.
    7. _____ président de Gaulle était _____ écrivain.
    8. Elle parle _____ anglais et elle comprend _____ français.
    9. Elle a son cours _____ lundi et _____ mercredi.
    10. J'aime _____ hiver.
    11. Les asperges coûtent trois francs _____ kilo.
    12. Il se lave _____ mains.
    13. Quelles _____ statues!
    14. Venez avec _____ livres.
    15. Écoutez avec _____ soin.

27. Complete the following with the correct form of the partitive or the definite article, when necessary.

    1. J'aime _____ lait et je vais boire _____ lait.
    2. Voulez-vous _____ eau, _____ pommes de terre, _____ viande, _____ haricots verts et _____ pain?
    3. Elle n'achète pas _____ oranges.
    4. Elle a beaucoup _____ livres.
    5. Il y a plusieurs _____ musées dans cette ville.
    6. Bien _____ hommes travaillent ici.
    7. Combien est un kilo _____ tomates?
    8. Je ne mange plus _____ bananes. Je préfère _____ oranges.
    9. J'ai un peu _____ beurre, mais pas assez _____ pain.
    10. La plupart _____ temps, j'ai raison.

28. Complete the following with the correct preposition or preposition plus the definite article.

    1. Je vais _____ Martinique et _____ Cuba.
    2. Elle va _____ Philadelphie _____ Pennsylvanie _____ États-Unis.
    3. Tu es allé _____ Amérique du Sud.
    4. Nous irons _____ Canada et _____ Afrique.
    5. Denver est _____ Colorado.

Chapter 2

Adjectives and Adverbs

FORMATION OF THE FEMININE OF ADJECTIVES

Regular Forms

Every adjective must agree in number and gender with the noun it modifies. Most adjectives add **-e** to the masculine form to form the feminine. The final consonant sound is heard in the feminine form but not in the masculine form.

Masculine	*Feminine*
Il est **grand**.	Elle est **grande**.

Below is a list of common regular adjectives. (The adjectives with an asterisk end in an **n** sound in the feminine in spoken French but have a nasalized ending in the masculine.)

Masculine	*Feminine*	
*américain	américaine	*American*
amusant	amusante	*amusing*
anglais	anglaise	*English*
chaud	chaude	*warm*
content	contente	*happy, contented*
court	courte	*short*
droit	droite	*right, straight*
étonnant	étonnante	*astonishing*
fort	forte	*strong*
français	française	*French*
froid	froide	*cold*
grand	grande	*tall, big*
gris	grise	*gray*
haut	haute	*high, tall*
*humain	humaine	*human*
intelligent	intelligente	*intelligent*
intéressant	intéressante	*interesting*
laid	laide	*ugly*

lent	lente	*slow*
lourd	lourde	*heavy*
mauvais	mauvaise	*bad*
méchant	méchante	*bad*
parfait	parfaite	*perfect*
petit	petite	*small, little*
*plein	pleine	*full*
*prochain	prochaine	*next*
puissant	puissante	*powerful*
sourd	sourde	*deaf*

Adjectives Ending in a Vowel, Pronounced Consonant, or Mute *e*

Some adjectives sound the same in the masculine and feminine forms. If an adjective ends in a vowel or pronounced consonant (**r** or **l**), the feminine is formed by adding **-e**. Below is a list of the most common of these adjectives.

Masculine	*Feminine*	
bleu	bleue	*blue*
compliqué	compliquée	*complicated*
désolé	désolée	*sorry*
fatigué	fatiguée	*tired*
gai	gaie	*gay*
joli	jolie	*pretty*
poli	polie	*polite*
clair	claire	*clear*
dur	dure	*hard*
égal	égale	*equal*
noir	noir	*black*
sûr	sûre	*sure*

Il est **fatigué**.
Elle est **fatiguée**.

If the adjective ends in a mute **-e**, the oral and written forms are the same for both the masculine and the feminine forms. Below is a list of some of the most common of these adjectives.

Masculine	*Feminine*	
agréable	agréable	*nice, pleasant*
calme	calme	*calm*
célèbre	célèbre	*famous*
désagréable	désagréable	*disagreeable, unpleasant*
difficile	difficile	*difficult*
facile	facile	*easy*
fantastique	fantastique	*fantastic*
formidable	formidable	*fantastic*
gauche	gauche	*left*
honnête	honnête	*honest*
jaune	jaune	*yellow*

jeune	jeune	*young*
large	large	*wide*
libre	libre	*free*
magnifique	magnifique	*magnificent*
malade	malade	*sick*
mince	mince	*thin*
moderne	moderne	*modern*
nécessaire	nécessaire	*necessary*
pauvre	pauvre	*poor*
populaire	populaire	*popular*
rapide	rapide	*rapid*
riche	riche	*rich*
sale	sale	*dirty*

1. Follow the model.

> Comment est la fille?   *petit*
> La fille est petite.

1. Comment est l'idée?   *mauvais*
2. Comment est la cathédrale?   *grand*
3. Comment est la tour?   *haut*
4. Comment est la cuisine?   *parfait*
5. Comment est la sorcière?   *laid*
6. Comment est la fille?   *joli*
7. Comment est la veuve?   *faible*
8. Comment est la chemise?   *rouge*
9. Comment est la pierre?   *dur*
10. Comment est la réponse?   *clair*

2. Complete the following with the appropriate form of the indicated adjective.

1. Le jour est _____.   *mauvais*
2. Cette fille est _____.   *français*
3. L'écrivain est _____.   *grand*
4. L'homme est _____.   *poli*
5. Le charbon est _____.   *noir*
6. Le vieillard est _____.   *faible.*
7. La robe est _____.   *noir*
8. La pièce est _____.   *fantastique*
9. Le film est _____.   *formidable*
10. La situation est _____.   *compliqué*

Adjectives Ending in *-el*, *-eil*, *-il*, *-en*, *-on*, *-et*, and *-s*

Adjectives ending in **-el**, **-eil**, **-il**, **-en**, **-on**, **-et**, and many ending in **-s** double the final consonant before adding **-e.**

Masculine	*Feminine*	
cruel	cruelle	*cruel*
pareil	pareille	*similar*
gentil	gentille	*nice*

ancien	ancienne	*ancient, old*
parisien	parisienne	*Parisian*
bon	bonne	*good*
breton	bretonne	*Breton*
muet	muette	*silent*
net	nette	*clean*
bas	basse	*low*
épais	épaisse	*thick*
gras	grasse	*greasy*
las	lasse	*tired*
gros	grosse	*big, fat*

Some other adjectives that double the final consonant to form the feminine are:

Masculine	*Feminine*	
nul	nulle	*no*
paysan	paysanne	*peasant*
sot	sotte	*stupid*
tel	telle	*such a*

Some adjectives ending in **-et** change **-et** to **-ète** to form the feminine.

Masculine	*Feminine*	
complet	complète	*complete*
concret	concrète	*concrete*
discret	discrète	*discreet*
inquiet	inquiète	*worried*
secret	secrète	*secret*

Exception:

pret	prête	*ready*

Adjectives Ending in *-er*

Adjectives ending in **-er** change **-er** to **-ère** to form the feminine.

Masculine	*Feminine*	
amer	amère	*bitter*
cher	chère	*expensive, dear*
dernier	dernière	*last*
entier	entière	*entire*
étranger	étrangère	*foreign*
fier	fière	*proud*
léger	légère	*light*
premier	première	*first*

3. Complete the following with the appropriate form of the indicated adjective.

1. La sorcière est _____ . *cruel*
2. La femme est _____ . *parisien*
3. La pièce est _____ . *bon*
4. Cette dame est _____ . *muet*
5. La sauce est _____ . *épais*
6. Sa réponse était _____ . *discret*

7. La jeune fille est _____ à partir. *prêt*
8. La fille est _____ . *sot*
9. La peinture est _____ . *cher*
10. Cette dame est _____ de sa langue. *fier*

4. Follow the model.

> **La fille est cruelle.** *le garçon*
> **Le garçon est cruel.**

1. La pièce est sensationnelle. *le film*
2. Le monument est ancien. *la peinture*
3. Cette boîte est grosse. *ce paquet*
4. Cet étudiant est las. *cette étudiante*
5. Ce mot est secret. *cette histoire*
6. La femme est inquiète. *l'homme*
7. Monsieur Le Blanc est étranger. *Madame Leclerc*
8. Marie est première en math. *Pierre*

Adjectives Ending in -*x*

Adjectives ending in -**x** change -**x** to -**se** to form the feminine.

Masculine	*Feminine*	
amoureux	amoureuse	*in love*
curieux	curieuse	*curious*
ennuyeux	ennuyeuse	*boring*
furieux	furieuse	*furious*
heureux	heureuse	*happy*
merveilleux	merveilleuse	*marvelous*
peureux	peureuse	*fearful*
sérieux	sérieuse	*serious*

Exceptions:

Masculine	*Feminine*	
doux	douce	*sweet*
roux	rousse	*reddish brown*
faux	fausse	*false*

Adjectives Ending in -*eur*

Adjectives ending in -**eur** form the feminine by changing -**eur** to -**euse** if the adjective is derived from a verb. Otherwise the feminine ends in -**rice.**

Masculine	*Feminine*	
flatteur	flatteuse	*flattering*
menteur	menteuse	*lying*
trompeur	trompeuse	*tricking*
acteur	actrice	*acting*
conservateur	conservatrice	*conservative*
protecteur	protectrice	*protecting*

Exceptions:

Masculine	Feminine	
extérieur	extérieure	*exterior*
intérieur	intérieure	*interior*
meilleur	meilleure	*best*
majeur	majeure	*major*
mineur	mineure	*minor*
supérieur	supérieure	*superior*

5. Complete the following with the correct form of the indicated adjective.

1. La fille est _____ . *heureux*
2. Son attitude est _____ . *sérieux*
3. L'homme est _____ . *furieux*
4. Le miel est _____ . *doux*
5. La chanson est _____ . *doux*
6. La chevelure est _____ . *roux*
7. La réponse est _____ . *faux*
8. La fille est _____ . *menteur*
9. La mère est _____ . *protecteur*
10. C'est la _____ étudiante. *meilleur*

Adjectives Ending in -*f*

Adjectives ending in -**f** in the masculine change -**f** to -**ve** to form the feminine.

Masculine	Feminine	
attentif	attentive	*attentive*
actif	active	*active*
bref	brève	*brief*
destructif	destructive	*destructive*
neuf	neuve	*new*
vif	vive	*alive, lively*

Note the grave accent on **brève**.

Adjectives Ending in -*c*

Adjectives ending in -**c** change -**c** to -**che** to form the feminine.

Masculine	Feminine	
blanc	blanche	*white*
franc	franche	*frank*
sec	sèche	*dry*

Note the grave accent on **sèche**.

Exceptions:

Masculine	Feminine	
grec	grecque	*Greek*
public	publique	*public*

6. Complete the following with the appropriate form of the indicated adjective.

1. Le garçon est _____ . *actif*
2. La fille est _____ . *attentif*
3. Ce livre est _____ . *neuf*
4. Cette robe est _____ . *neuf*
5. La réponse était _____ . *bref*
6. La nappe est _____ . *blanc*

7. L'homme est _____ . *franc*   9. L'actrice est _____ . *grec*
8. La robe est _____ . *sec*   10. C'est une place _____ . *public*

Irregular Adjectives

Some adjectives are completely irregular in the feminine.

Masculine	*Feminine*	
aigu	**aiguë**	*sharp*
long	**longue**	*long*
favori	**favorite**	*favorite*
malin	**maligne**	*sly*
frais	**fraîche**	*fresh*

7. Complete the following with the appropriate form of the indicated adjective.

1. L'aiguille est _____ . *aigu*
2. La robe est _____ . *long*
3. C'est ma chemise _____ . *favori*
4. C'est une enfant _____ . *malin*
5. C'est un enfant _____ . *malin*
6. La viande est _____ . *frais*

The Adjectives *beau, nouveau, vieux*

The adjectives **beau, nouveau** and **vieux** have three forms. They have a special masculine singular form before words beginning with a vowel or silent **h**.

Masculine before a consonant	*Masculine before a vowel*	*Feminine*	
beau	**bel**	**belle**	*beautiful, handsome*
nouveau	**nouvel**	**nouvelle**	*new*
vieux	**vieil**	**vieille**	*old*

Two other adjectives that have special masculine singular forms are:

fou	**fol**	**folle**	*crazy*
mou	**mol**	**molle**	*soft*

Note that the masculine form before a vowel and the feminine form sound alike. When the masculine adjective follows a word beginning with a vowel, the regular masculine form is used.

C'est un **beau** garçon.
C'est un **bel** homme. *But:* Cet homme est **beau.**
C'est une **belle** femme.

C'est un **nouveau** livre.
C'est un **nouvel** appartement. *But:* Cet appartement est **nouveau.**
C'est une **nouvelle** maison.

C'est un **vieux** livre.
C'est un **vieil** écrivain. *But:* Cet écrivain est **vieux.**
C'est une **vieille** statue.

8. Complete the following with the correct form of the indicated adjective.

1. C'est un _____ livre. *nouveau*
2. C'est une _____ histoire. *beau*
3. C'est un _____ homme. *vieux*
4. C'est une _____ peinture.
   nouveau
5. C'est un _____ ami. *nouveau*
6. C'est un _____ tableau. *vieux*

7. C'est une _____ robe. *beau*
8. C'est une _____ dame. *vieux*
9. C'est un _____ artiste. *beau*
10. C'est un _____ garçon. *beau*
11. Cet artiste est _____. *beau*
12. Cet arbre est _____. *vieux*
13. Cet ami est _____. *nouveau*

PLURAL OF ADJECTIVES

Regular Forms

Most adjectives form the plural by adding **-s** to the singular form.

Masculine		*Feminine*	
Singular	*Plural*	*Singular*	*Plural*
petit	**petits**	**petite**	**petites**
grand	**grands**	**grande**	**grandes**

Le garçon est **grand**.	Les garçons sont **grands**.
The boy is tall.	*The boys are tall.*
La fille est **petite**.	Les filles sont **petites**.
The girl is small.	*The girls are small.*

Adjectives Ending in -*s* or -*x*

Adjectives ending is **-s** or **-x** are the same in the masculine singular and plural forms.

Singular	*Plural*
frais	**frais**
gros	**gros**
heureux	**heureux**

un garçon **heureux**	des garçons **heureux**
a happy boy	*some happy boys*
un fruit **frais**	des fruits **frais**
a fresh fruit	*some fresh fruit*

The feminine plural is regular.

Singular	*Plural*
fraîche	**fraîches**
grosse	**grosses**
heureuse	**heureuses**

une pièce **merveilleuse**	des pièces **merveilleuses**
a marvelous play	*some marvelous plays*

Adjectives Ending in -*eu* or -*eau*

Adjectives ending in **-eu** or **-eau** add **-x** to form the plural.

Singular	*Plural*
hébreu	**hébreux**
beau	**beaux**
nouveau	**nouveaux**

Le garçon est **beau.**	Les garçons sont **beaux.**
The boy is handsome.	*The boys are handsome.*

Exception:

bleu	**bleus**

The feminine plural is regular.

Singular	*Plural*
belle	**belles**
nouvelle	**nouvelles**
bleue	**bleues**

La fille est **belle.**	Les filles sont **belles.**
The girl is beautiful.	*The girls are beautiful.*

Adjectives Ending in *-al*

Adjectives ending in **-al** change **-al** to **-aux** to form the masculine plural.

Singular	*Plural*
légal	**légaux**
loyal	**loyaux**
médiéval	**médiévaux**
royal	**royaux**

L'ami est **loyal.**	Les amis sont **loyaux.**
The friend is loyal.	*The friends are loyal.*

Exception:

fatal	**fatals**
final	**finals**
natal	**natals**

The feminine plural is regular.

Singular	*Plural*
loyale	**loyales**
fatale	**fatales**

La dame est **loyale.**	Les dames sont **loyales.**
The woman is loyal.	*The women are loyal.*

9. Rewrite the following sentences in the plural.

   1. Le film est incroyable.
   2. Le film est merveilleux.
   3. La robe est bleue.
   4. La note est mauvaise.
   5. La loi est légale.
   6. Le château est beau.

7. Le chandail est bleu.
8. L'homme est gros.
9. Le coup est fatal.
10. La maison est nouvelle.
11. La tomate est parfaite.
12. Le mot est final.

10. Complete the following with the correct form of the indicated adjective.

1. Les romans sont _____.
   intéressant
2. Les pièces sont _____ .
   merveilleux
3. Les châteaux sont _____.
   médiéval
4. Les livres sont _____ .
   nouveau
5. Il passe les examens _____.
   final
6. Les hommes sont _____.
   grand
7. Les chandails sont _____.
   bleu
8. Les poissons sont _____. *frais*
9. Ce sont des accidents _____.
   fatal
10. Les murs sont _____. *épais*
11. Ce sont des décrets _____.
    royal
12. Les peintures sont _____. *beau*
13. Ces lois sont _____. *légal*
14. Les questions sont _____.
    intelligent
15. Les robes sont _____. *bleu*
16. Les garçons sont _____.
    heureux
17. Ces tableaux sont _____. *beau*

POSITION OF ADJECTIVES

Normally, most adjectives follow the noun in French, particularly:

1. those indicating color or shape

   une robe bleue   *a blue dress*
   une maison carrée   *a square house*

2. adjectives of nationality, origin, religion, or profession

   une fille française   *a French girl*
   une peinture parisienne   *a Parisian painting*
   une église catholique   *a Catholic church*
   une ville municipale   *a municipal city*

3. those formed from a past or present participle

   la porte ouverte   *the open door*
   une vie animée   *a lively life*

4. those modified by an adverb

   une conversation complètement bête
   a completely stupid conversation

The following adjectives normally precede the noun.

   autre   *other*
   jeune   *young*
   même   *same*

joli	pretty
mauvais	bad
*méchant	bad, naughty
petit	small
bon	good
grand	big, great
long	long
gentil	nice
beau	beautiful, handsome
nouveau	new
vieux	old

*méchant usually precedes the noun, but it follows sometimes.

When the adjective precedes the noun, the s or x is pronounced z before a word beginning with a vowel.

        z
de nouveaux_étudiants

   z
les autres_amis

Grand is linked to a word beginning with a vowel with a t sound.

    t
un grand_ami

Long is linked to a word beginning with a vowel with a k sound.

    k
un long_entretien

In the plural, des becomes de or d' before an adjective that precedes a noun.

un nouveau roman	de nouveaux romans
a new novel	some new novels

When an adjective is an integral part of the noun, the article is des.

des jeunes filles	some young girls
des petits pois	some peas

When two adjectives are used together, they retain their usual position.

une jolie robe bleue   a pretty blue dress

When two adjectives have the same position, they are generally joined by the conjunction et.

une femme intéressante et intelligente

Two adjectives which singly must precede the noun can, when combined, be placed before or after the noun they modify.

une grande et belle femme
une femme grande et belle

If an adjective is an integral part of the noun, another adjective can precede without using the conjunction et.

un petit jeune homme
un parfait honnête homme

11. Answer the following questions, using the indicated adjective, according to the model.

> **Avez-vous une boîte?** *petit*
> Oui, j'ai une petite boîte.
> **Avez-vous une robe?** *bleu*
> Oui, j'ai une robe bleue.

1. Avez-vous un livre? *intéressant*
2. C'est une fille? *heureux*
3. C'est une maison? *rouge*
4. Y a-t-il un restaurant ici? *français*
5. As-tu une auto? *noir*
6. C'est un artiste? *beau*
7. Racontez-vous une histoire? *bon*
8. Avez-vous une auto? *petit*
9. C'est un paysan? *vieux*
10. Avez-vous un tableau? *joli*
11. Aimez-vous la fille? *jeune*
12. Regardez-vous un homme? *grand*

12. Rewrite the following sentences in the plural.

1. C'est un livre intéressant.
2. C'est un film formidable.
3. C'est une conférence importante.
4. C'est un bon ami.
5. C'est une autre histoire.
6. C'est une bonne école.
7. C'est un vieil ami.
8. C'est un bel écrivain.
9. C'est une vieille amie.
10. C'est une grande maison.
11. C'est un nouvel hôtel.
12. C'est une jeune fille.
13. C'est un petit pois.

13. Follow the model.

> **Comment est l'homme?** *jeune/intéressant*
> C'est un jeune homme intéressant.

1. Comment est la peinture? *vieux/parisien*
2. Comment est la robe? *long/bleu*
3. Comment est la fille? *petit/blond*
4. Comment est l'artiste? *beau/impressionnant*
5. Comment est le chat? *méchant/blanc*
6. Comment est l'auto? *petit/rouge*
7. Comment est le tableau? *beau/blanc*
8. Comment est l'homme? *beau/habile*
9. Comment est la fille? *petit/intelligent*
10. Comment est le monument? *grand/vieux*
11. Comment sont les filles? *petit/brun*
12. Comment sont les peintures? *beau/impressionnant*
13. Comment sont les enfants? *joli/amusant*

ADJECTIVES THAT CHANGE MEANING ACCORDING TO POSITION

Some adjectives have a different meaning depending on whether they precede or follow the noun.

ancien	un **ancien** professeur	*a former teacher*
	un monument **ancien**	*an old (ancient) monument*
brave	un **brave** homme	*a good fellow, a kind man*
	un homme **brave**	*a courageous man*
certain	un **certain** risque	*a certain risk, some risk*
	un risque **certain**	*an unquestionable risk*
cher	un **cher** ami	*a dear friend*
	une robe **chère**	*an expensive dress*
dernier	la **dernière** semaine de l'année	*the last week of the year*
	la semaine **dernière**	*last week (this past week)*
différent	**différentes** personnes	*various persons*
	des personnes **différentes**	*different persons*
grand	un **grand** écrivain	*a great writer*
	un homme **grand**	*a tall man*
même	la **même** chose	*the same thing*
	la chose **même**	*the thing itself*
	le jour **même**	*that very day*
	même le professeur	*even the teacher*
nouveau	une **nouvelle** robe	*a new (different) dress*
	une robe **nouvelle**	*a new (style) dress*
pauvre	un **pauvre** garçon	*a poor (unfortunate) boy*
	un garçon **pauvre**	*a poor (penniless) boy*
propre	sa **propre** chambre	*his own room*
	une chambre **propre**	*a clean room*
seul	une **seule** personne	*only one person*
	une personne **seule**	*a single person*

14. Follow the model.

> *pauvre* **Ce garçon n'a pas d'argent.**
> **C'est un garçon pauvre.**

1. *ancien* Ce monument est vieux.
     Monsieur Dupont est mon professeur.
2. *brave* Cet homme est courageux.
     Cet homme est bon.
3. *cher* Ce chandail coûte beaucoup.
     C'est un ami fidèle.
4. *dernier* La semaine passée il est allé au cinéma.
     C'est la semaine finale du trimestre.
5. *différent* Diverses personnes sont venues.
     De nouvelles personnes sont venues.

6. *grand*   C'est un écrivain célèbre.
              C'est un écrivain de grande taille.
7. *pauvre* Ce garçon est pitoyable.
              Ce garçon n'a pas d'argent.
8. *propre* Cette chambre est nette.
              C'est ma chambre à moi.

FORMATION OF ADVERBS

Regular Forms

Adjective		Adverb	
Masculine	*Feminine*		
final	finale	**finalement**	*finally*
fort	forte	**fortement**	*strongly*
parfait	parfaite	**parfaitement**	*perfectly*
extrême	extrême	**extrêmement**	*extremely*
facile	facile	**facilement**	*easily*
rapide	rapide	**rapidement**	*rapidly*
naturel	naturelle	**naturellement**	*naturally*
complet	complète	**complètement**	*completely*
amer	amère	**amèrement**	*bitterly*
heureux	heureuse	**heureusement**	*happily*
sérieux	sérieuse	**sérieusement**	*seriously*
doux	douce	**doucement**	*sweetly*
attentif	attentive	**attentivement**	*attentively*
franc	franche	**franchement**	*frankly*
long	longue	**longuement**	*at length*
frais	fraîche	**fraîchement**	*freshly*

15. Follow the model.

Comment travaille-t-il? *facile*
Il travaille facilement.

1. Comment chante-t-elle?   *doux*
2. Comment a-t-il prononcé?   *parfait*
3. Comment étudie-t-elle?   *sérieux*
4. Comment danse-t-elle?   *naturel*
5. Quand a-t-il compris?   *final*
6. Quand est-il parti?   *soudain*
7. Comment agit-il?   *dangereux*

Adverbs Formed from Adjectives Ending in a Vowel

If the masculine adjective ends in a vowel other than a mute **e**, the ending **-ment** is added to the masculine form of the adjective to form the adverb.

Adjective	Adverb	
Masculine		
hardi	**hardiment**	*boldly*
poli	**poliment**	*politely*
vrai	**vraiment**	*truly*
absolu	**absolument**	*absolutely*
résolu	**résolument**	*resolutely*
Exception:		
gai	**gaîment** or **gaiement**	*gaily*

Some adjectives ending in **-u** in the masculine add a circumflex to the **u** when forming the adverb.

Adjective	Adverb	
Masculine		
assidu	**assidûment**	*attentively*
continu	**continûment**	*continually*
cru	**crûment**	*coarsely*

16. Follow the model.

> **Comment parle-t-il?**   *poli*
> **Il parle poliment.**

1. Comment agit-il?   *hardi*
2. Comment agit-elle?   *résolu*
3. Comment chantent-elles?   *gai*
4. Comment parle-t-il?   *continu*
5. Comment parle-t-il?   *cru*

Adverbs Ending in *-ément*

Some adjectives ending in a mute **e** change the **e** to **é** before adding **-ment** to form the adverb.

Adjective		Adverb	
Masculine	*Feminine*		
aveugle	aveugle	**aveuglément**	*blindly*
commode	commode	**commodément**	*conveniently*
commun	commune	**communément**	*commonly*
confus	confuse	**confusément**	*confusingly*
énorme	énorme	**énormément**	*enormously*
exquis	exquise	**exquisément**	*exquisitely*
importun	importune	**importunément**	*importunely*
opportun	opportune	**opportunément**	*opportunely*
obscur	obscure	**obscurément**	*obscurely*
précis	précise	**précisément**	*precisely*
profond	profonde	**profondément**	*profoundly*
uniforme	uniforme	**uniformément**	*uniformly*

17. Complete the following with the appropriate form of the adverb formed from the indicated adjective.

    1. Pierre explique _____ la situation. *confus*
    2. Le philosophe parle _____. *profond*
    3. La femme est _____ habillée. *exquis*
    4. L'homme entre _____ dans l'affaire. *aveugle*
    5. C'est _____ cela. *précis*
    6. Il a fait cela _____. *opportun*

Adverbs Ending in *-amment* and *-emment*

Adjectives ending in **-ant** and **-ent** in the masculine singular change **-ant** to **-amment** and **-ent** to **-emment** to form adverbs.

Adjective	*Adverb*	
Masculine		
abondant	**abondamment**	*abundantly*
brillant	**brillamment**	*brilliantly*
constant	**constamment**	*constantly*
courant	**couramment**	*fluently*
puissant	**puissamment**	*powerfully*
décent	**décemment**	*decently*
évident	**évidemment**	*evidently*
fréquent	**fréquemment**	*frequently*
patient	**patiemment**	*patiently*
prudent	**prudemment**	*wisely*
Exceptions:		
lent	**lentement**	*slowly*
présent	**présentement**	*presently*
véhément	**véhémentement**	*vehemently*

18. Complete the following with the correct form of the adverb formed from the indicated adjective.

    1. Il parle _____ le français. *courant*
    2. Elle va à ce restaurant _____. *fréquent*
    3. Le chimiste travaille _____. *patient*
    4. Le conférencier parle _____. *brillant*
    5. La femme s'habille _____. *décent*
    6. _____, il est parti. *évident*
    7. La fille agit _____. *prudent*
    8. Le professeur écoute _____. *patient*
    9. Elle travaille _____. *constant*
    10. Le garçon marche _____. *lent*
    11. Le criminel agit _____. *véhément*

Irregular Adverbs

Some adverbs have irregular stems.

Adjective		Adverb	
Masculine	*Feminine*		
bref	brève	**brièvement**	*briefly*
gentil	gentille	**gentiment**	*nicely*
impuni	impunie	**impunément**	*with impunity*

Some adverbs differ altogether from the corresponding adjective.

Adjective		Adverb	
Masculine	*Feminine*		
bon	bonne	**bien**	*well*
mauvais	mauvaise	**mal**	*badly*
meilleur	meilleure	**mieux**	*better*
petit	petite	**peu**	*little*
moindre	moindre	**moins**	*less*

Elle chante **bien**.	*She sings well.*
Il écrit **mal**.	*He writes badly.*
Il va **mieux**.	*He is better.*
Il travaille **peu**.	*He works a little.*

Some adverbs are identical to the masculine singular adjective.

Adjective and Adverb

bas *low*
    Il parle **bas**. *He speaks low.*
chaud *warm*
    Il fait **chaud**. *It is warm.*
cher *expensive*
    Les robes coûtent **cher**. *The dresses are expensive.*
clair *clearly*
    Il voit **clair**. *He understands.*
court *short*
    Il s'arrête **court**. *He stops short.*
fort *loudly, strongly*
    Il crie **fort**. *He shouts loudly.*
haut *loudly*
    Il parle **haut**. *He speaks loudly.*
juste *straight*
    Il marche **juste**. *He walks straight.*

19. Complete the following with the correct form of the adverb formed from the indicated adjective.

1. Le conférencier parle _____ .
   bref
2. Elle a agi _____ . *gentil*
3. Elle parle _____ le français.
   bon
4. L'élève écrit _____ . *mauvais*

5. Cette fille parle _____ . *petit*
6. Elle voit _____ . *clair*
7. Le garçon parle _____ . *bas*
8. Ces chandails coûtent _____ .
   cher

POSITION OF ADVERBS

In simple tenses, adverbs follow the verb.

Il parle **rapidement**.	*He speaks rapidly.*
Elle chante **bien**.	*She sings well.*

When the adverb modifies an adjective, it precedes the adjective.

C'est **absolument** impossible.   *It's absolutely impossible.*

In compound tenses, short, common adverbs are placed between the auxiliary verb and the past participle.

Elle a **beaucoup** parlé.	*She spoke a lot.*
Nous avons **bien** dormi.	*We slept well.*
Elle est **vite** descendue.	*She came down quickly.*
Elle a **trop** bu.	*She drank too much.*

Adverbs of place and certain adverbs of time such as **hier, aujourd'hui, demain, avant-hier, après demain, autrefois, tard,** and adverbs ending in -**ment** usually follow the past participle.

Elle est arrivée **hier**.	*She arrived yesterday.*
Il est parti **tard**.	*He left late.*
On l'a rencontré **là-bas**.	*He was met there.*
Elle a compris **facilement**.	*She understood easily.*

Some adverbs may appear at the beginning of the sentence.

Finalement, elle est arrivée.	*Finally, she arrived.*
Elle est arrivée **finalement**.	*She arrived finally.*
Heureusement, il l'a bien fait.	*Happily, he did it well.*
Il l'a bien fait, **heureusement**.	*He did it well, happily.*

Many adverbs of time may also appear at the beginning of a sentence.

Enfin, il a fini.	*Finally, he finished.*
Aujourd'hui nous irons au cinéma.	*Today we will go to the movies.*
Demain nous partirons.	*Tomorrow we will leave.*

20. Follow the model.

> **Vous avez parlé.** *bien*
> **Vous avez bien parlé.**

1. Il court. *rapidement*
2. La situation est impossible. *absolument*
3. Elle a voyagé. *beaucoup*
4. Il a étudié. *bien*
5. Nous avons mangé. *déjà*
6. Nous y sommes allés. *souvent*
7. Elle est arrivée. *hier*
8. Elle a travaillé. *patiemment*

21. Follow the model.

> **A-t-elle fini?** *heureusement*
> **Heureusement, elle a fini.**

1. Êtes-vous content? *naturellement*
2. Va-t-il être à l'heure? *certainement*
3. Est-il triste? *évidemment*
4. Est-elle arrivée? *finalement*
5. Est-elle arrivée à l'heure? *heureusement*

COMPARISON OF ADJECTIVES AND ADVERBS

Regular Comparisons

The comparative is formed by placing **plus, moins,** or **aussi** before and **que** after the adjective or adverb.

Comparison of superiority

plus ... que   *more ... than*

Cette robe est **plus** belle **que** l'autre.
This dress is prettier than the other.
Il parle **plus** vite **que** moi.
He speaks more rapidly than I.

Comparison of equality

aussi ... que   *as ... as*

Il est **aussi** intelligent **que** moi.
He is as intelligent as I am.
Il parle **aussi** couramment **que** Pierre.
He speaks as fluently as Peter.

Comparison of inferiority

moins ... que   *less ... than*

Ce tailleur est **moins** cher **que** l'autre.
This suit is less expensive than the other.
Ce garçon agit **moins** poliment **que** l'autre.
This boy acts less politely than the other.

Note that the disjunctive pronoun follows **que.**

Je suis **plus** intelligent **que lui.**
I am more intelligent than he.

In negative sentences, **aussi** becomes **si.**

Affirmative

Elle parle **aussi** vite **que** son frère.
She speaks as quickly as her brother.

Negative

Elle ne parle pas **si** vite **que** son frère.
She does not speak as quickly as her brother.

Plus and **moins** do not change in negative sentences.

Elle ne parle pas **plus** vite **que** son frère.
She does not speak more quickly than her brother.
Elle ne parle pas **moins** vite **que** son frère.
She does not speak less quickly than her brother.

22. Follow the model.

> **Marie est jolie.**   *less ... than*
> **Marie est moins jolie que sa sœur.**

1. Anne est intelligente.   *more ... than*
2. Cet enfant est poli.   *as ... as*
3. Elle est patiente.   *less ... than*
4. Annette est sérieuse.   *more ... than*
5. Il est gentil.   *as ... as*
6. Hélène parle intelligemment.   *more ... than*
7. Cet homme conduit dangereusement.   *as ... as*
8. Vous chantez doucement.   *less ... than*
9. Judith attend patiemment.   *more ... than*
10. Vous agissez poliment.   *as ... as*

23. Follow the model.

> **Elle est petite. Hélène est plus petite.**
> **Hélène est plus petite qu'elle.**

1. Il est grand. Georges est plus grand.
2. Je suis intelligent. Pierre est plus intelligent.
3. Nous travaillons patiemment. Les autres travaillent plus patiemment.
4. Elle danse gaiement. Hélène danse aussi gaiement.
5. Ils écoutent attentivement. Pierre écoute aussi attentivement.
6. Elles sont intelligentes. Marc est moins intelligent.

24. Rewrite the following sentences in the negative.

1. Il parle plus vite que moi.
2. Il répond aussi intelligemment que Georges.
3. Il chante moins doucement que Pierre.
4. Elle est plus belle que Babeth.
5. Elle est aussi gentille que sa sœur.

Comparative Followed by a Noun

Followed by a noun, **plus ... que** becomes **plus de ... que**, **aussi ... que** becomes **autant de ... que** and **moins ... que** becomes **moins de ... que**.

J'ai **plus de** livres **que** lui.
I have more books than he does.
Elle a **autant d'**argent **que** moi.
She has as much money as I.
Elle a **moins de** robes **que** moi.
She has fewer dresses than I.

25. Follow the model.

> **Pierre a des livres.** *more*
> **Pierre a plus de livres que moi.**

1. Anne a de l'argent. *as much*
2. Elle a des robes. *fewer*
3. Il a des autos. *more*
4. Elle a des gâteaux. *as many*
5. Vous avez des peintures. *more*
6. Vous avez des disques. *as many*

Irregular Comparisons

The adjective **bon** and the adverb **bien** are irregular in comparisons of superiority.

bon(s), bonne(s)	**meilleur(s), meilleure(s)**	*better*
bien	**mieux**	*better*

Ce livre est **meilleur** que l'autre.
This book is better than the other.
Cette pomme est **meilleure** que l'autre.
This apple is better than the other.
Elle parle **mieux** que lui.
She speaks better than he.

Moins and **aussi** are used with **bon** and **bien**.

Ce livre est **moins (aussi) bon que** l'autre.
Elle parle **moins (aussi) bien que** lui.

Mauvais and **mal** have irregular as well as regular forms.

mauvais(e)(es)	**plus mauvais(e)(es)**	*worse*
	pire	
mal	**plus mal**	*worse*
	pis	

Cette note est **plus mauvaise que** l'autre.
Cette note est **pire que** l'autre.
This grade is worse than the other.
Il chante **plus mal que** Marie.
Il chante **pis que** Marie.
He sings worse than Mary.

The comparative of **beaucoup** is **plus**.

Pierre a **beaucoup de** livres.
Peter has many books.
Georges a **plus de** livres.
George has more books.
Georges en a **plus**.
George has more.

The comparative of **peu** is **moins**.

Marie travaille **peu**.
Mary works a little.

Hélène travaille **moins.**
Helen works less.

26. Complete the following with an appropriate comparison of superiority.

1. Ce livre est bon mais celui-là est _____.
2. Ce garçon chante bien mais Pierre chante _____.
3. Cette peinture est bonne mais celle-là est _____.
4. Il parle bien mais Pierre parle _____.
5. Ce tableau est mauvais mais celui-là est _____.
6. Il chante mal mais Pierre chante _____.
7. André a beaucoup de disques. Georges en a _____.
8. Marie dessine un peu. Lisette dessine _____.

27. Follow the models.

> **Ce livre-ci est bon.**
> **Ce livre-ci est aussi bon que ce livre-là.**
> **Ce livre-ci est moins bon que ce livre-là.**
> **Ce livre-ci est meilleur que ce livre-là.**

1. Ce gâteau-ci est bon.
2. Ces fromages-ci sont bons.
3. Cette orange-ci est bonne.
4. Ces tomates-ci sont bonnes.
5. Ce beurre-ci est mauvais.
6. Cette tarte-ci est mauvaise.

> **Il chante bien.**
> **Il chante aussi bien que vous.**
> **Il chante moins bien que vous.**
> **Il chante mieux que vous.**

7. Elle chante bien.
8. Il écrit bien.
9. Il travaille mal.

SUPERLATIVE OF ADJECTIVES AND ADVERBS

The superlative of adjectives is formed by adding the definite articles **le, la,** or **les** to the comparative form. See comparative of adjectives and adverbs for irregular forms.

Marc est l'étudiant **le plus intelligent** de la classe.
Marc is the most intelligent boy in the class.
Cette peinture est **la meilleure** de toutes.
This painting is the best of all.
Ces peintures sont **les moins intéressantes** du musée.
These paintings are the least interesting in the museum.

If an adjective normally precedes the noun, the superlative will also precede the noun. If the adjective normally follows the noun, the superlative will normally follow.

Marie est **une belle fille.**
Mary is a beautiful girl.

Marie est **la plus belle fille** de la classe.
Mary is the most beautiful girl in the class.

Pierre est **un garçon intelligent.**
Peter is an intelligent boy.
Pierre est **le garçon le plus intelligent** de la classe.
Peter is the most intelligent boy in the class.

Note that the proposition **de** follows the superlative even when it means *in.*

When a verb follows the superlative, it is usually in the subjunctive.

C'est le meilleur film que j'aie vu.
C'est la plus belle fille que je connaisse.

The superlative of adverbs is formed by adding **le** to the comparative.

Ce garçon parle **le plus couramment.**
This boy speaks the most fluently.
Elle chante **le mieux** de toutes.
She sings the best of all.

28. Follow the models.

> **Ce garçon est intelligent?**
> **Oui, c'est le garçon le plus intelligent du village.**
>
> **Cette fille est belle?**
> **Oui, c'est la plus belle fille du village.**

1. Cette fille est intéressante?
3. Cette rue est petite?
3. Ces enfants sont amusants?
4. Ce jardin est joli?
5. Ce garçon est honnête?
6. Ce professeur est exigeant?
7. Cette église est vieille?
8. Ces filles sont intelligentes?
9. Ce musée est bon?
10. Cette peinture est bonne?
11. Ces restaurants sont bons?
12. Ces écoles sont bonnes?

29. Follow the model.

> **Pierre parle vite?**
> **Oui, il parle le plus vite de tous.**

1. Georges chante fort?
2. Marie travaille sérieusement?
3. Hélène danse exquisément?
4. Le professeur parle profondément?
5. Anne chante bien?
6. Pierre travaille bien?
7. Babeth travaille mal?

POSSESSIVE ADJECTIVES

In French **de** and the name of the person show possession.

>**le livre de Paul** *Paul's book*
>**la mère de Marie et de Georges** *Mary and George's mother*
>**les livres des garçons** *the boys' books*

Following are the forms for the possessive adjectives.

	Masculine singular	*Masculine or feminine singular before a vowel*	*Feminine singular*	*Plural*
my	mon	mon	ma	mes
your (fam.)	ton	ton	ta	tes
his, her, its	son	son	sa	ses
our	notre	notre	notre	nos
your	votre	votre	votre	vos
their	leur	leur	leur	leurs

The possessive adjective agrees in number and in gender with the noun modified, not with the possessor.

>**mon frère**   *my brother*
>**ma sœur**   *my sister*
>**mes frères**   *my brothers*
>Elle a **son livre.**   *She has her book.*
>Il a **son livre.**   *He has his book.*

Note that **mon, ton,** and **son** are used before feminine nouns or adjectives beginning with a vowel or silent **h.**

>**mon amie Hélène**   *my friend Helen*

Possessive adjectives are not used when referring to parts of the body, clothing, etc.

>**Il a les mains dans les poches.**
>*He has his hands in his pockets.*
>**Elle lui a fait mal au bras.**
>*She hurt his arm.*
>**Lève la main.**
>*Raise your hand.*
>**Il a baissé la tête.**
>*He lowered his head.*

However, after **regarder, montrer,** or **voir,** the possessive adjectives are used with parts of the body.

>**Montre-moi tes mains.**
>*Show me your hands.*
>**Elle regarde ses cheveux.**
>*She looks at his hair.*

The third person singular possessive adjective is used when the possessor is **on**.

On aime son père et sa mère.

The possessive adjective must be repeated before each noun.

Je dois écrire à **ma sœur,** à **mes parents** et à **mon oncle.**

To avoid ambiguity in translating *his* or *her*, a prepositional phrase **à lui** or **à elle** may be used.

Il parle à **son père à elle.**   *(her father)*
Il parle à **son père à lui.**   *(his father)*

30. Follow the model.

C'est le livre de Paul.
C'est son livre.

1. C'est le cahier de Pierre.
2. C'est le livre de Marie.
3. C'est la photo de Georges.
4. Ce sont les amies de Marie.
5. C'est l'amie de Paul.
6. Ce sont les lettres du professeur.
7. C'est l'école des garçons.
8. C'est l'adresse de Babeth.
9. Ce sont les livres de l'écrivain.
10. C'est l'auto de Monsieur et de Madame Dupont.
11. Ce sont les amis des garçons.
12. Ce sont les livres des professeurs.

31. Complete the following sentences with the appropriate possessive adjective or definite article.

1. (My) _____ auto est en panne.
2. (Your, *fam.*) _____ livre est intéressant.
3. J'écris à (my) _____ mère.
4. J'aime (his) _____ cravate.
5. Il parle à (her) _____ père.
6. Ils lisent (their) _____ journal.
7. Paul parle à (his) _____ amie.
8. Ils ont (their) _____ billets.
9. Elle veut (her) _____ argent.
10. Il écrit à (his) _____ mère.
11. Elle adore (her) _____ père.
12. Nous écoutons (our) _____ professeurs.
13. Vous avez (your) _____ livres.
14. Tu as (your) _____ robe.
15. (Your, *formal*) _____ père m'a téléphoné hier soir.
16. (My) _____ amies viennent me voir souvent.
17. Elle écrit à (her) _____ parents.
18. Elle aime (his) _____ livres.
19. Nous aimons (our) _____ appartement.
20. Il a (his) _____ mains sur la table.
21. Elle a levé (her) _____ main.
22. Elle brosse (his) _____ cheveux.
23. Montre-moi (your, *fam.*) _____ mains.

DEMONSTRATIVE ADJECTIVES

The demonstrative adjectives *this, that, these, those* are as follows.

	Masculine singular		Feminine singular	Plural
	before a consonant	before a vowel		
	ce	cet	cette	ces

Ce garçon est beau.
Cet artiste est intelligent.
Cette fille est belle.
Ces livres sont intéressants.
Ces peintures sont belles.

To make a clear distinction between *this* and *that*, the suffix **-ci** (*this*) or **-là** (*that*) is added.

Je veux ce livre-ci.   *I want this book.*
Je ne veux pas ce livre-là.   *I don't want that book.*

32. Complete the following with the appropriate demonstrative adjective.

1. J'aime _____ roman.
2. Il a écrit _____ pièce.
3. _____ artiste travaille bien.
4. Je veux _____ livres d'art.
5. _____ animaux sont féroces.
6. Parlez à _____ enfant.
7. _____ église est vieille.
8. _____ peintures sont belles.
9. Nous allons déjeuner dans _____ restaurant.
10. _____ route va à Nice.

33. Follow the model.

Je veux le livre.
Je veux ce livre-ci, pas ce livre-là

1. J'aime la peinture.
2. Je vais acheter les oranges.
3. Je veux voir le film.
4. J'aime l'artiste.
5. Je vais lire les poèmes.

INDEFINITE ADJECTIVES

Following are some of the most common indefinite adjectives.

1. **quelque** *a little, some, few*

In the singular, **quelque** means *a little*.

Il me reste **quelque** temps.
I have a little time left.
Elle a **quelque** talent.
She has a little talent.

Or it may mean *some, any kind of*.

Je voudrais trouver **quelque** poste.
I would like to find any kind of job.

In the plural, **quelque** means *a few, some.*

> Elle a acheté **quelques** poires.
> *She bought a few (some) pears.*
> Il a **quelques** amis.
> *He has some (several) friends.*

2. **plusieurs** *several*

> Il a **plusieurs** livres.
> *He has several books.*
> Elle a **plusieurs** robes.
> *She has several dresses.*

Plusieurs is invariable.

3. **certain(e), certain(e)s** *certain, some*

Sometimes **certain** can mean the same thing as **quelque.**

> **Certains** mots anglais ont infiltré dans la langue française.
> *Certain English words have infiltrated into the French language.*
> **Certaines** situations sont difficiles, d'autres ne le sont pas.
> *Certain situations are difficult; others are not.*

4. **divers(es), différent(e)s** *several, various*

> **Divers** professeurs ont proposé **différents** projets.
> *Various teachers proposed various projects.*

5. **chaque** *each, every*

> **Chaque** homme a son pays.
> *Each man has his country.*
> Elle dit cela **chaque** fois.
> *She says that every time.*

6. **autre, autres** *other, different*

> Je voudrais essayer **une autre** robe.
> *I would like to try on another dress.*
> Avez-vous **d'autres** livres?
> *Do you have any other books?*
> **Nous autres,** nous viendrons.
> *As for us, we will come.*

7. **tout** (*masc. sing.*), **tous** (*masc. pl.*), **toute** (*fem. sing.*), **toutes** (*fem, pl.*) *all, every, the whole*

In the singular, **tout** means *each* or *every* when it is used without an article.

> **Tout** homme a son pays.
> *Every man has his country.*
> **Toute** femme mérite cela.
> *Every woman deserves that.*

When followed by an article, it means *the whole, the entire.*

> **Tout le** pays est fertile.
> *The whole country is fertile.*
> **Toute la** montagne est couverte de neige.
> *The whole mountain is covered with snow.*

In the plural **tout** means *all* or *every*.

>**Tous les** hommes ont besoin de repos.
>*All men need rest.*
>**Toutes les** robes sont chères.
>*All the dresses are expensive.*
>Il y va **tous les** jours.
>*He goes there every day.*

8. **Aucun(e) ... ne, nul ... ne, ne ... aucun(e)**   *no*

>**Aucun** travail n'est trop difficile.
>**Nul** travail n'est trop difficile.
>*No work is too difficult.*
>Il **n'**y a **aucun** homme ici.
>*There is no man here.*
>Il **n'**y a **aucune** peinture.
>*There is no painting.*

9. **même**   *same, itself, very, even*

After a noun, **même** means *itself*.

>Cet homme est l'honnêteté **même**.
>*This man is honesty itself.*

After a noun or a pronoun, it means *very, even, himself,* etc.

>Il a annoncé sa candidature ce jour **même**.
>*He announced his candidacy that very day.*
>**Même** son meilleur ami ne le croit pas.
>*Even his best friend does not believe him.*
>Ses parents **mêmes** ne le croient pas.
>*His parents themselves don't believe him.*
>**Lui-même** ne savait quoi dire.
>*He himself did not know what to say.*
>Écrivez-la **vous-même**.
>*Write it yourself.*

Before a noun and preceded by the article, it means *same*.

>C'est **le même livre**.
>*It's the same book.*
>Nous lisons **les mêmes journaux**.
>*We read the same newspapers.*

10. **tel** (*masc. sing.*) **tels** (*masc. pl.*), **telle** (*fem. sing.*), **telles** (*fem. pl.*)   *such, such a, like, as*

>**Tel** est mon avis.
>*Such is my opinion.*
>Je n'ai jamais vu un **tel** film.
>*I never saw such a film.*
>**Tel** père, **tel** fils.
>*Like father, like son.*
>Il faut parler français **tel que** les Français le parlent.
>*You must speak French as the French speak it.*

11. **quelque ... que**   *whatever*

Quelque and the interrogative adjectives **quel, quels, quelle, quelles,** combine with the relative pronoun **que** to mean *whatever*. The verb that follows is always in the subjunctive.

> **Quelque** peur **que** vous ayez, conquérez-la.
> *Whatever fear you have, conquer it.*
> **Quel que** soit votre métier, travaillez bien.
> *Whatever your profession, work well.*
> **Quelle que** soit la difficulté, surpassez-la.
> *Whatever the difficulty, surpass it.*
> **Quels que** soient les problèmes, ne vous inquiétez pas.
> *Whatever the problems, don't get upset.*

12. **quelconque** *just any*

> Ce n'est pas une peinture **quelconque.** C'est une peinture de Picasso.
> *This is not just any painting. It's a painting by Picasso.*

34. Complete the following sentences with the correct French expression for the English words in parentheses.

1. Je cherche _____ (some kind of) travail.
2. Elle a acheté _____ (some) disques.
3. Il y a _____ (several) livres sur la table.
4. J'ai _____ (certain) choses à faire.
5. J'ai discuté la situation avec _____ (various) personnes.
6. _____ (Every) homme veut sa liberté.
7. _____ (Every) fois qu'il ouvre la bouche, il m'ennuie.
8. _____ (All) les hommes sont mortels.
9. Avez-vous une _____ (other) idée?
10. Je n'ai _____ (no) idée.
11. _____ (Even) le professeur ne dira pas cela.
12. Il est parti ce jour _____. (very)
13. Il dit toujours la _____ (same) chose.
14. Avez-vous jamais entendu _____ (such a) histoire?
15. _____ (Like) mère, _____ (like) fille.
16. _____ (Such) est mon but.
17. _____ (Whatever) soit votre opinion, ne dites rien.
18. Ce n'est pas une auto _____. (just any) C'est une Cadillac.

REVIEW

35. Rewrite the following sentences, inserting the correct form of the indicated adjectives.

1. C'est une ville. *vieux/français*
2. C'est une chaise. *joli/noir*
3. C'est un homme. *jeune/formidable*
4. C'est un cochon. *gros/fatigué*
5. C'est une église. *grand/ancien*
6. Ce sont des idées. *mauvais/secret*
7. C'est une chaise. *nouveau/curieux*
8. C'est une enfant. *petit/destructif*
9. C'est une dame. *beau/franc*
10. C'est ma peinture. *grand/favori*
11. C'est un homme. *vieux/malin*

12. Ce sont des pommes. *bon/frais*
13. Ce sont des tableaux. *vieux/intéressant*
14. Ce sont des questions. *grand/légal*
15. Ce sont des avocats. *bon/loyal*
16. Ce sont des enfants. *petit/canadien*
17. C'est une mère. *autre/fier*
18. Ce sont des chansons. *long/doux*
19. Ce sont des compositions. *bref/intéressant*
20. C'est un homme. *beau/heureux*

36. Follow the model.

> *former*   C'est mon _____ professeur _____.
> **C'est mon ancien professeur.**

1. *expensive* C'est une _____ chaise _____.
2. *courageous* C'est un _____ homme _____.
3. *poor (penniless)* C'est une _____ fille _____.
4. *clean* C'est une _____ robe _____.
5. *very* Il est parti le _____ jour _____.

37. Follow the model.

> **Comment parle-t-il?**   *sérieux*
> **Il parle sérieusement.**

1. Comment agit-elle?   *naturel*
2. Comment parle-t-il?   *résolu*
3. Comment répond-il?   *précis*
4. Quand vient-il?   *fréquent*
5. Comment parle-t-il?   *courant*
6. Comment travaille-t-il?   *continu*
7. Comment travaille-t-elle?   *lent*
8. Comment a-t-il dormi?   *bon*
9. Quand est-il parti?   *tard*
10. Quand a-t-il fini?   *final*
11. A-t-il bien mangé?   *heureux*
12. Comment parle-t-il?   *gentil*
13. Quand a-t-elle fini?   *hier*
14. Comment chante-t-elle?   *bien*
15. Comment parle-t-il?   *haut*
16. Comment voit-il?   *clair*

38. Follow the models.

> **Cette robe est belle.**
> **Cette robe est aussi belle que la première.**
> **Elle est moins belle que la deuxième.**
> **Elle n'est pais si belle que la deuxième.**
> **Elle est plus belle que la troisième.**
> **La deuxième est la plus belle de toutes.**

1. Cet homme est intelligent.
2. Pierre parle vite.

3. Cette peinture est bonne.
4. Ce livre est bon.
5. André chante bien.
6. Cette pomme est mauvaise.

Il a de l'argent.
Il a plus d'argent que Pierre.
Il a moins d'argent que Georges.
Il a autant d'argent que Jean.

7. Il a des livres.
8. Elle a des disques.

39. Follow the model.

Pierre est un petit garçon.
Pierre est le plus petit garçon de la classe.

1. Marie est une fille intelligente.
2. Hélène est une jolie fille.
3. Pierre est un bel homme.
4. Henri est un garçon intéressant.

40. Complete the following with the possessive adjective that fits the subject. Follow the model.

Il a _____ cahier.
Il a son cahier.

1. Il a _____ livres et nous avons _____ livres aussi.
2. Elle a _____ carte d'identité et vous avez _____ carte d'identité aussi.
3. J'ai _____ sac et ils ont _____ sac aussi.
4. Tu écris à _____ parents et j'écris à _____ parents aussi.
5. Tu lis _____ livre et nous lisons _____ livre aussi.
6. J'aime _____ sœur et tu aimes _____ sœur aussi.
7. Vous avez _____ réponse et il a _____ réponse aussi.
8. Il a _____ billet et ils ont _____ billets aussi.
9. Vous avez _____ journaux et nous avons _____ journaux aussi.
10. Il a _____ amie et elle a _____ amie aussi.

41. Complete the following with the correct definite article or possessive adjective.

1. *his* Il a _____ mains sur la table.
2. *your (formal)* Regardez _____ mains.
3. *one's* On a _____ responsabilité.
4. *your* Lève _____ main.

42. Follow the model.

le livre
Je veux ce livre-ci, pas ce livre-là.

1. la carte
2. le panier
3. les pommes
4. les haricots verts

43. Change the sentence, using the indicated words. Make all necessary changes.

> **Pierre a des livres.** *plusieurs*
> **Pierre a plusieurs livres.**

1. Marie a des journaux. *quelque*
2. Hélène a beaucoup d'amis. *plusieurs*
3. Il a du temps. *quelque*
4. Des problèmes sont difficiles à résoudre. *certain*
5. Nous avons parlé à différentes personnes. *divers*
6. Tout homme veut réussir. *chaque*
7. Avez-vous des disques? *autre*
8. J'ai vu les maisons. *tout*
9. Il n'y a pas de livre ici. *aucun*
10. J'ai mangé les gâteaux. *tout*
11. Son ennemi le croit. *même*
12. Je n'ai jamais vu une pièce. *tel*
13. C'est mon choix. *tel*
14. L'homme veut être heureux. *tout*

Chapter 3

Numbers, Dates, Time

NUMBERS

Cardinal Numbers

The cardinal numbers in French are:

1 un	27 vingt-sept	81 quatre-vingt-un
2 deux	28 vingt-huit	82 quatre-vingt-deux
3 trois	29 vingt-neuf	90 quatre-vingt-dix
4 quatre	30 trente	91 quatre-vingt-onze
5 cinq	31 trente et un	92 quatre-vingt-douze
6 six	32 trente-deux	99 quatre-vingt-dix-neuf
7 sept	40 quarante	100 cent
8 huit	41 quarante et un	101 cent un
9 neuf	42 quarante-deux	102 cent deux
10 dix	50 cinquante	120 cent vingt
11 onze	51 cinquante et un	199 cent quatre-vingt-dix-neuf
12 douze	52 cinquante-deux	200 deux cents
13 treize	60 soixante	201 deux cent un
14 quatorze	61 soixante et un	202 deux cent deux
15 quinze	62 soixante-deux	300 trois cents
16 seize	70 soixante-dix	400 quatre cents
17 dix-sept	71 soixante et onze	500 cinq cents
18 dix-huit	72 soixante-douze	600 six cents
19 dix-neuf	73 soixante-treize	700 sept cents
20 vingt	74 soixante-quatorze	800 huit cents
21 vingt et un	75 soixante-quinze	900 neuf cents
22 vingt-deux	76 soixante-seize	1000 mille
23 vingt-trois	77 soixante-dix-sept	1001 mille un
24 vingt-quatre	78 soixante-dix-huit	1100 mille cent
25 vingt-cinq	79 soixante-dix-neuf	onze cents
26 vingt-six	80 quatre-vingts	

1200	mille deux cents		2000	deux mille
	douze cents		1.000.000	un million
1900	mille neuf cents		1.000.000.000	un milliard
	dix-neuf cents		1.000.000.000.000	un billion
1972	mille neuf cent soixante-douze			
	dix-neuf cent soixante-douze			

Note that in numbers **21, 31, 41, 51, 61, 71,** the conjunction **et** is used. There is no hyphen.

vingt et un
quarante et un

Et is not used in **81, 91, 101.** Note the hyphens in **81** and **91.**

quatre-vingt-un
quatre-vingt-onze
cent un

When **vingt** and **cent** are multiplied they become plural.

quatre-vingts
deux cents

When **vingt** and **cent** are followed by another number, they are singular.

vingt-neuf
quatre-vingt-huit
cent quatre
deux cent douze

Mille is never plural.

cinq mille
deux mille cinquante

Million is preceded by the indefinite article.

un million de touristes

Note that **un million** is like a noun of quantity and takes **de** before a following noun.

un million d'hommes

In French, a period is used where English uses a comma, and a comma is used where English uses a decimal point.

French	*English*
1.121.000	**1,121,000**
3,50	**3.50**
1.350,50	**1,350.50**

1. Write the following numbers in French.

1.	10	8.	70
2.	19	9.	72
3.	20	10.	80
4.	21	11.	84
5.	27	12.	90
6.	31	13.	99
7.	61	14.	100

15.	200	18.	1,124
16.	565	19.	1,145,792
17.	798	20.	2,954

Ordinal Numbers

Most ordinal numbers are formed by adding the suffix **-ième** to the cardinal number. If the cardinal number ends in a mute **e**, the **e** is dropped.

deux	**deuxième**
sept	**septième**
quatorze	**quatorzième**
seize	**seizième**
cinquante et un	**cinquante et unième**
cent	**centième**
deux cent trois	**deux cent troisième**
mille	**millième**

Exceptions:

first	un, une	**premier, première**
fifth	cinq	**cinquième (u** is added)
ninth	neuf	**neuvième (f** becomes **v)**

Second, seconde can replace **deuxième.**

La première fois j'ai refusé; la **deuxième** fois j'ai accepté.
La première fois j'ai refusé; la **seconde** fois j'ai accepté.

In titles of rulers, the cardinal numbers are used except for **premier, première** (*first*).

François Premier
Louis Quatorze

When cardinal and ordinal numbers are used together, the cardinal number precedes the ordinal.

les deux premières semaines
the first two weeks

2. Complete the following sentences with the correct ordinal number.

1. Janvier est le (1) _____ mois de l'année.
2. Septembre est le (9) _____ mois de l'année.
3. Mai est le (5) _____ mois de l'année.
4. La (1) _____ fois j'ai dit oui.
5. Mardi est le (2) _____ jour de la semaine.
6. C'est la (101) _____ fois que j'ai entendu cette chanson.
7. C'est la (2) _____ fois qu'il a fait cela.

3. Write the following in French.

1. Napoleon I.
2. Louis XV
3. the first two years
4. the last two days

Collective Numbers

To express an approximate quantity, the suffix **-aine** is added to the cardinal number. If the cardinal number ends in a mute **e**, the **e** is dropped before adding **-aine**. The **x** of **dix** becomes **z**.

Environ	10	une dizaine
	12	une douzaine
	15	une quinzaine
	20	une vingtaine
	40	une quarantaine
	50	une cinquantaine
	60	une soixantaine
	100	une centaine

Exceptions:

Environ 1000	un millier
1.000.000	un million
1.000.000.000	un milliard
1.000.000.000.000	un billion

When used before a noun, the preposition **de** is used.

Il y avait **une vingtaine de** personnes dans la salle.
Je voudrais **une douzaine de** poires.

Note that all collective numbers are feminine except for **un millier, un million, un milliard, un billion.**

4. Follow the model.

> **Je voudrais des pommes.** *12*
> **Je voudrais une douzaine de pommes.**

1. Je voudrais des pêches. *10*
2. Je voudrais des poires. *20*
3. Je voudrais des pommes. *30*
4. Il y a des gens dans cette salle. *1.000.000*

Fractions

Normally, the cardinal number and the ordinal number are used together to form fractions.

2/5	deux cinquièmes
3/8	trois huitièmes

Certain fractions have special forms.

1/2	un demi, la moitié	6 1/2	six et demi
1/3	un tiers	5 1/3	cinq et un tiers
2/3	deux tiers		
1/4	un quart	9 1/4	neuf et un quart
3/4	trois quarts		

J'ai bu **la moitié de la bouteille.**
I drank half the bottle.
Je voudrais **une demi-bouteille** de vin.
I want a half-bottle of wine.

When a number with **demi** is used before a noun, **et demi** or **et demie** will follow.

Il est quatre heures et demie.
It is half past four.
J'ai vingt ans et demi.
I am twenty and a half years old.

5. Write the following numbers in French.

    1. 1/2   5. 3/4
    2. a half bottle   6. 7/16
    3. 21 1/2   7. 10 1/4
    4. 1/3

DATES

Days

lundi	*Monday*
mardi	*Tuesday*
mercredi	*Wednesday*
jeudi	*Thursday*
vendredi	*Friday*
samedi	*Saturday*
dimanche	*Sunday*

Months

janvier	*January*
février	*February*
mars	*March*
avril	*April*
mai	*May*
juin	*June*
juillet	*July*
août	*August*
septembre	*September*
octobre	*October*
novembre	*November*
décembre	*December*

Note that the days of the week and the months of the year are not capitalized.
Dates are written as follows:

Quel jour sommes-nous aujourd'hui?
What day is it today?
C'est aujourd'hui le samedi cinq mai.
or
C'est aujourd'hui samedi, le cinq mai.
Today is Saturday, May 5.
C'est aujourd'hui le jeudi trois août dix-neuf cent (mille neuf cent) soixante-douze.
Today is Thursday, August 31, 1972.

Note the following

au mois de juin	*in the month of June*
en juin	*in June*
le premier juin	*June 1, the first of June*
le deux juin	*June 2*

Seasons

le printemps	*spring*
l'été	*summer*
l'automne	*fall*
l'hiver	*winter*

The seasons are all masculine. Note the prepositions that are used with the seasons.

au printemps	*in spring*
en été	*in summer*
en automne	*in fall*
en hiver	*in winter*

6. Write the following in French.

1. Monday, June 25.
2. Tuesday, December 4.
3. in the month of January.
4. in June
5. April 1
6. What day is it today?
7. Today is Friday, August 10, 1972.
8. in spring
9. in summer
10. in winter

TIME

The expression for *What time is it?* is **Quelle heure est-il?** Time in French is expressed in the following way:

1:00	**une heure**	1 h.
2:00	**deux heures**	2 h.
12:00 midnight	**minuit**	12 h.
12:00 noon	**midi**	12 h.
12:30 a.m.	**minuit et demi**	12 h. 30
12:30 p.m.	**midi et demi**	12 h. 30
5:15	**cinq heures et quart**	5 h. 15
	cinq heures quinze	
6:30	**six heures et demie**	6 h. 30
	six heures trente	
6:40	**sept heures moins vingt**	6 h. 40
7:45	**huit heures moins le quart**	7 h. 45
	huit heures moins un quart	

There are two ways of expressing the half hour or 15 minutes before or after the hour.

Il est deux heures et quart.
Il est deux heures quinze.
It is 2:15.
Il est huit heures et demie.
Il est huit heures trente.
It is 8:30.
Il est neuf heures moins le quart.
Il est neuf heures moins un quart.
It is 8:45.

When it is more than 30 minutes past the hour, the number of minutes is subtracted from the next hour.

Il est minuit moins vingt.
It is 11:40.
Il est six heures moins vingt-cinq.
It is 5:35.

The word **demi** agrees with the noun when it follows.

midi et demi
minuit et demi
une heure et demie
deux heures et demie

When **demi** precedes the noun, it is hyphenated and does not agree.

une demi-heure

Official time in France is based on the 24 hour system. Minutes are always added to the hour.

0 h.	**zéro heure (minuit)**
8 h. 40	**huit heures quarante du matin**
13 h.	**treize heures (une heure de l'après-midi)**
20 h. 50	**vingt heures cinquante (huit heures cinquante du soir)**

Le train part à 15 h. 20.
The train leaves at 3:20 p.m.

7. Write the following times in French.

   1. It is 1:00.
   2. It is 3:45 p.m.
   3. It is 8:30 a.m.
   4. It is noon.
   5. It is midnight.
   6. It is 9:15 p.m.
   7. It is 12:30 p.m.
   8. It is 12:30 a.m.
   9. It is 10:25 p.m.
   10. It is 9:40 a.m.

8. Write the above exercise in the 24 hour system.

Chapter 4

Verbs

French verbs at first appear to be difficult to the English native speaker. But they are really not as difficult as they first appear. Fortunately, each verb is not unique. It does not function as an entity unto itself. Many verbs that are formed in the same way can be grouped together in classes or conjugations. This greatly facilitates learning verb forms. As you will observe in subsequent parts of this chapter, even many so-called irregular verbs have characteristics in common and thus can be grouped together.

FORMAL VERSUS FAMILIAR FORMS

In French there are three ways to express the pronoun *you*. To address a friend, relative, or close associate, the pronoun **tu** is used. This is called the familiar singular form. To address someone whom you do not know well or someone older than yourself, the pronoun **vous** is used. This is called the formal singular form. To address two or more people, either friends or mere acquaintances, **vous** is also used. **Vous** is the plural for both the familiar **tu** singular form and for the formal **vous** singular form.

The third person singular pronoun **on** is an indefinite pronoun meaning *one, they,* or *people.*

THE PRESENT TENSE

First Conjugation Verbs

Regular first conjugation verbs are commonly referred to as **-er** verbs since their infinitives end in **-er**. Many of the most frequently used verbs belong to the first conjugation.

In order to form the present tense of **-er** verbs, the infinitive ending **-er** is dropped. To the root are added the personal endings **-e, -es, -e, -ons, -ez, ent.**

parler

je parl**e**	nous parl**ons**
tu parl**es**	vous parl**ez**
il, elle, on parl**e**	ils, elles parl**ent**

travailler

je travaill**e**   nous travaill**ons**
tu travaill**es**   vous travaill**ez**
il, elle, on travaill**e**   ils, elles travaill**ent**

Il parle français.
Tu chantes bien.
Je porte un parapluie.
Elles traversent la rue.
Nous travaillons bien.
Vous regardez les nuages.

Below is a partial list of **-er** verbs.

briller	*to shine*	**louer**	*to rent*
cacher	*to hide*	**marcher**	*to walk*
casser	*to break*	**monter**	*to climb, to go up*
chanter	*to sing*	**montrer**	*to show*
chercher	*to look for*	**parler**	*to speak*
commander	*to order*	**porter**	*to carry*
compter	*to count*	**préparer**	*to prepare*
danser	*to danse*	**présenter**	*to present*
décider	*to decide*	**quitter**	*to leave*
déjeuner	*to have lunch*	**raconter**	*to tell (a story)*
demander	*to ask*	**refuser**	*to refuse*
dessiner	*to draw*	**regarder**	*to look at*
dîner	*to dine*	**rencontrer**	*to meet*
donner	*to give*	**rester**	*to stay*
fermer	*to close*	**retourner**	*to return*
fouiller	*to rummage through*	**sauter**	*to jump*
fréquenter	*to frequent*	**tomber**	*to fall*
gagner	*to win*	**toucher**	*to touch*
garder	*to keep*	**travailler**	*to work*
goûter	*to taste*	**traverser**	*to cross*
jouer	*to play*	**tromper**	*to deceive*
laisser	*to leave*	**visiter**	*to visit*
laver	*to wash*		

1. Complete the following sentences with the appropriate ending.

   1. Le soleil brill_____.
   2. L'enfant cass_____ le jouet.
   3. On cherch_____ le cadeau.
   4. Je gagn_____ le prix.
   5. Je donn_____ le livre à Pierre.
   6. Tu ferm_____ la porte.
   7. Tu fréquent_____ ce restaurant.
   8. Ils chant_____ une chanson.
   9. Les femmes lav_____ les vêtements.
   10. Nous march_____ dans le parc.
   11. Nous mont_____ la tour.
   12. Vous port_____ un bel habit.
   13. Vous prépar_____ le dîner.

2. Complete the following sentences with the correct form of the indicated verb.

   1. L'homme _____ un appartement. *louer*
   2. Nous _____ français. *parler*
   3. Elles _____ les peintures. *regarder*
   4. Vous _____ à la maison. *rester*

    5. Je _____ au bureau. *travailler*
    6. Les enfants _____ sur l'escalier. *tomber*
    7. Tu _____ la rue. *traverser*
    8. La fille _____ une histoire. *raconter*
    9. Ils _____ leurs amis au café. *rencontrer*
  10. Nous _____ beaucoup de questions. *poser*

3. Rewrite the following sentences, putting the verbs in the singular.

    1. Elles dansent bien.
    2. Nous louons un appartement.
    3. Ils jouent dans le parc.
    4. Vous goûtez le vin.
    5. Nous fermons la fenêtre.

4. Rewrite the following sentences, putting the verbs in the plural.

    1. Je cache le cadeau.
    2. Tu déjeunes à midi.
    3. Le garçon fouille dans le tiroir.
    4. Elle garde le souvenir.
    5. Je ferme la porte.

Verbs Beginning with a Vowel

    Many verbs beginning with a vowel or silent **h** are **-er** verbs. They are conjugated like **-er** verbs but a few special problems must be noted. The pronoun **je** becomes **j'**. This is called elision. In spoken French, in the **nous, vous, ils,** and **elles** forms, a **z** sound is heard between the pronoun and a following verb. This is called liaison. The **n** of **on** is pronounced before words beginning with a vowel. Study the following.

aimer

j'aime
tu aimes
il, elle aime
on aime
nous aimons
vous aimez
ils aiment
elles aiment

    Below is a partial list of some common **-er** verbs beginning with a vowel.

abandonner	*to abandon*	**attraper**	*to catch*
accrocher	*to hang*	**avaler**	*to swallow*
admirer	*to admire*	**avouer**	*to admit*
aider	*to help*	**échapper**	*to escape*
aimer	*to like, to love*	**échouer**	*to fail*
allumer	*to light*	**écouter**	*to listen to*
amuser	*to amuse*	**écraser**	*to break*
apporter	*to bring*	**embrasser**	*to kiss, to embrace*
arriver	*to arrive*	**emporter**	*to carry*
attacher	*to attach*	**enseigner**	*to teach*
attirer	*to attract*	**entourer**	*to surround*

entrer	*to enter*	inspirer	*to inspire*
épouser	*to marry*	inviter	*to invite*
étudier	*to study*	irriter	*to irritate*
expliquer	*to explain*	opposer	*to oppose*
exprimer	*to express*	oser	*to dare*
habiter	*to live (in)*	oublier	*to forget*
imaginer	*to imagine*	utiliser	*to use*

J'avale la pilule.
Nous_arrivons l'heure.
Vous_osez le faire.
Elles_admirent les statues.
Il échoue à l'examen.
Tu attrapes le ballon.

5. Rewrite the following sentences, putting the verbs in the singular.

    1. Nous allumons la lampe.
    2. Nous oublions son nom.
    3. Nous attirons une foule.
    4. Nous arrivons en retard.
    5. Nous apportons le déjeuner.

6. Rewrite the following sentences, inserting the correct form of the indicated verb. Make all necessary changes.

    1. Je _____ la peinture moderne. *aimer*
    2. Nous _____ à l'heure. *arriver*
    3. Tu _____ le livre. *oublier*
    4. Je _____ mes amis. *aider*
    5. Vous _____ le français. *enseigner*
    6. Ils _____ l'histoire. *étudier*
    7. Elles _____ à Paris. *habiter*
    8. Je _____ les disques. *écouter*
    9. Le garçon _____ le bifteck. *apporter*

Verbs with Spelling Changes

Verbs Ending in *-cer* and *-ger*

Verbs ending in **-cer** add a cedilla to the **c** before the letters **a** or **o** in order to retain the soft **c** sound.

avancer	**nous avançons**
commencer	**nous commençons**
lancer	**nous lançons**

Verbs ending in **-ger** add an **e** after the **g** before the letters **a** and **o** in order to maintain the soft **g** sound.

changer	**nous changeons**
manger	**nous mangeons**
nager	**nous nageons**

7. Complete the following sentences with the correct form of the indicated verb.

1. Nous _____ la leçon. *commencer*
2. Nous _____ le travail. *recommencer*
3. Nous _____ . *avancer*
4. Nous _____ beaucoup. *manger*
5. Nous _____ de place. *changer*
6. Nous _____ dans la rivière. *nager*

8. Complete the following sentences with the correct form of the indicated verb, according to the model.

> Elle_____ le travail, mais nous ne le _____ pas. *commencer*
> Elle *commence* le travail, mais nous ne le *commençons* pas.

1. Il _____ le travail, mais nous ne le _____ pas. *commencer*
2. Tu _____ le disque, mais nous ne le _____ pas. *changer*
3. Elles _____ du pain, mais nous n'en _____ pas. *manger*
4. Je _____ la leçon, mais vous ne la _____ pas. *commencer*
5. Je _____ bien, mais vous ne _____ pas bien. *nager*
6. Il _____ la balle, mais elles ne la _____ pas. *lancer*

Verbs with -é- in the Infinitive

Verbs which have **-é-** in the next to the last syllable of the infinitive change **-é-** to **-è-** in all forms except the **nous** and **vous** forms.

compléter

je complète
tu complètes
il, elle, on complète
nous complétons
vous complétez
ils, elles complètent

Some of the most common of these verbs are:

céder	*to yield, to cede*	**posséder**	*to possess*
célébrer	*to celebrate*	**précéder**	*to precede*
compléter	*to complete*	**préférer**	*to prefer*
considérer	*to consider*	**protéger**	*to protect*
espérer	*to hope*	**répéter**	*to repeat*
interpréter	*to interpret*		

9. Rewrite the following sentences, putting the verbs in the singular.

1. Vous cédez les places.
2. Nous considérons ce poste.
3. Nous célébrons la fête.
4. Vous répétez les exercices.
5. Vous préférez partir de bonne heure.

10. Rewrite the following sentences, putting the verbs in the plural.

1. J'espère le voir.

2. Je cède à ses demandes.
3. Tu préfères venir à huit heures.
4. Tu interprètes le poème.

11. Complete the following sentences with the correct form of the indicated verb.

1. Vous _____ le poème. *interpréter*
2. Elles _____ le travail. *compléter*
3. Nous _____ nos amis. *protéger*
4. Je_____ aller au cinéma. *préférer*
5. Ces hommes_____ cette profession. *considérer*
6. Tu _____ à ses demandes. *céder*

Verbs with -e- in the Infinitive

In some verbs which contain -e- in the next to the last syllable of the infinitive, the -e- changes to -è- in all forms except the **nous** and **vous** forms. Study the following.

lever

je l**è**ve
tu l**è**ves
il, elle, on l**è**ve
nous levons
vous levez
ils, elles l**è**vent

Some of the most common of these verbs are:

acheter	*to buy*	lever	*to raise*
mener	*to lead*	élever	*to raise*
amener	*to bring, to lead toward*	enlever	*to lift*
emmener	*to take, to lead away*	geler	*to freeze*
promener	*to take a walk*	peser	*to weigh*

In other verbs with -e- in the infinitive, the final consonant is doubled in all but the **nous** and **vous** forms.

jeter

je je**tt**e
tu je**tt**es
il, elle, on je**tt**e
nous jetons
vous jetez
ils, elles je**tt**ent

Two verbs belonging to this group are:

appeler	*to call*
jeter	*to throw (away)*

12. Rewrite the following sentences, putting the verbs in the singular.

1. Nous levons le rideau.
2. Vous pesez 50 kilos.
3. Nous appelons un taxi.
4. Vous jetez la balle.

13. Rewrite the following sentences, putting the verbs in the plural.

    1. J'achète des disques.
    2. Tu lèves le rideau.
    3. J'appelle Pierre.
    4. Tu jettes le livre.

14. Complete the following sentences with the correct form of the indicated verb.

    1. Elle ＿＿＿＿＿＿ une vie tranquille. *mener*
    2. Les ouvriers ＿＿＿＿＿＿ le papier dans la corbeille. *jeter*
    3. Vous ＿＿＿＿＿＿ le journal. *jeter*
    4. Elles ＿＿＿＿＿＿ un taxi. *appeler*
    5. Nous ＿＿＿＿＿＿ la tache. *enlever*
    6. Ces paquets ＿＿＿＿＿＿ deux kilos. *peser*
    7. Tu ＿＿＿＿＿＿ le garçon. *appeler*
    8. Vous ＿＿＿＿＿＿ une vie tranquille. *mener*
    9. J' ＿＿＿＿＿＿ une voiture. *acheter*
    10. Nous ＿＿＿＿＿＿ les copains. *appeler*

Verbs with *-yer* in the Infinitive

Verbs whose infinitive ends in **-yer** change **-y-** to **-i-** in all but the **nous** and **vous** forms.

payer

je paie
tu paies
il, elle, on paie
nous payons
vous payez
ils, elles paient

Some of the verbs belonging to this group are:

employer	*to use*	**essuyer**	*to wipe*
ennuyer	*to bore*	**nettoyer**	*to clean*
envoyer	*to send*	**payer**	*to pay (for)*
essayer	*to try*		

15. Complete the following sentences with the correct form of the indicated verb.

    1. La femme de ménage ＿＿＿＿＿＿ la salle. *nettoyer*
    2. Tu ＿＿＿＿＿＿ la lettre par avion. *envoyer*
    3. Je ＿＿＿＿＿＿ la facture. *payer*
    4. Ils ＿＿＿＿＿＿ les fenêtres. *essuyer*
    5. Les classes m'＿＿＿＿＿＿. *ennuyer*
    6. Nous ＿＿＿＿＿＿ une bonne. *employer*
    7. Vous ＿＿＿＿＿＿ l'addition. *payer*

16. Rewrite the following, putting the verbs in the singular.

    1. Nous payons les dettes.
    2. Vous employez une femme de ménage.
    3. Vous essayez de réussir.

4. Nous envoyons le cadeau.
5. Ils nettoient les meubles.
6. Elles essaient de le faire.

Second Conjugation Verbs

Verbs whose infinitive ends in **-ir** are second conjugation verbs. The endings **-is, -is, -it, -issons, -issez, -issent** are added to the stem.

<table>
<tr><td align="center">finir</td><td align="center">choisir</td></tr>
<tr><td align="center">je finis</td><td align="center">je choisis</td></tr>
<tr><td align="center">tu finis</td><td align="center">tu choisis</td></tr>
<tr><td align="center">il, elle, on finit</td><td align="center">il, elle, on choisit</td></tr>
<tr><td align="center">nous finissons</td><td align="center">nous choisissons</td></tr>
<tr><td align="center">vous finissez</td><td align="center">vous choisissez</td></tr>
<tr><td align="center">ils, elles finissent</td><td align="center">ils, elles choisissent</td></tr>
</table>

Je finis la leçon.
Tu obéis aux lois.
Elle punit l'enfant.
Nous choisissons une peinture.
Vous remplissez la tasse.
Ils réussissent à l'examen.

Below is a list of the most common **-ir** verbs.

accomplir	*to accomplish*	grandir	*to become bigger*
agrandir	*to enlarge*	obéir	*to obey*
applaudir	*to applaud*	punir	*to punish*
bâtir	*to build*	remplir	*to fill*
choisir	*to choose*	réunir	*to reunite*
embellir	*to embellish*	réfléchir	*to think, to reflect*
envahir	*to invade*	réussir	*to succeed*
finir	*to finish*	saisir	*to seize*

17. Complete the following sentences with the correct verb ending.

1. Il chois_____ du poulet rôti.
2. L'artiste embell_____ la salle.
3. Je réuss_____ à l'examen.
4. Je sais_____ l'occasion.
5. Tu rempl_____ la verre.
6. Tu fin_____ la leçon.
7. Les mères pun_____ les enfants.
8. Ils obé_____ aux lois.
9. Nous applaud_____ beaucoup.
10. Nous bât_____ une maison.
11. Vous envah_____ sa maison.
12. Vous grand_____ beaucoup.

18. Complete the following sentences with the correct form of the indicated verb.

1. Je _____ la tasse de café. *remplir*
2. Nous _____ les deux amis. *réunir*
3. Ils _____ au professeur. *obéir*
4. L'ami _____ un cadeau. *choisir*
5. Tu _____ aux injustices. *réfléchir*
6. Vous _____ la maison. *agrandir*
7. Les soldats _____ le territoire. *envahir*
8. On _____ les coupables. *punir*

19. Rewrite the following sentences, putting the verbs in the plural.

    1. Je réussis à l'examen.
    2. Tu saisis l'occasion.
    3. Il remplit la verre.
    4. Elle applaudit à la fin du concert.

20. Rewrite the following sentences, putting the verbs in the singular.

    1. Nous réfléchissons aux problèmes.
    2. Vous finissez le travail.
    3. Ils réussissent à trouver le livre.
    4. Elles choisissent de nouvelles robes.

Third Conjugation Verbs

Verbs whose infinitive ends in **-re** are third conjugation verbs. The endings **-s, -s, -, -ons, -ez, -ent** are added to the stem.

répondre	**entendre**
je répond**s**	j'entend**s**
tu répond**s**	tu entend**s**
il, elle, on répond	il, elle, on entend
nous répond**ons**	nous entend**ons**
vous répond**ez**	vous entend**ez**
ils, elles répond**ent**	ils, elles entend**ent**

Below is a list of some common **-re** verbs:

attendre	*to wait for*	**perdre**	*to lose*
défendre	*to defend*	**rendre**	*to give back*
descendre	*to go down, to descend*	**répandre**	*to spread*
entendre	*to hear*	**répondre**	*to answer*
fendre	*to split*	**tendre**	*to pull, to set (a trap)*
fondre	*to melt*	**vendre**	*to sell*
pendre	*to hang*		

Je réponds à la question.
Tu attends tes amis.
Il descend l'escalier.
Nous vendons la maison.
Vous entendez le bruit.
Elles perdent l'espoir.

21. Complete the following sentences with the correct form of the indicated verb.

    1. L'avocat _____ son client. *défendre*
    2. La glace _____. *fondre*
    3. Je_____ aux questions. *répondre*
    4. Je_____ l'escalier. *descendre*
    5. Tu_____la peinture. *pendre*
    6. Tu _____ du bruit. *entendre*
    7. Les charpentiers_____ le bois. *fendre*
    8. Elles_____ la nouvelle. *répandre*

    9. Nous _____ l'auto. *vendre*
  10. Nous _____ les devoirs au professeur. *rendre*
  11. Vous _____ la clef. *perdre*
  12. Vous _____ la corde. *tendre*

22. Follow the model.

> répondre aux questions *Nous*
> **Nous répondons aux questions.**

1. tendre un piège *Vous*
2. entendre la chanson *Je*
3. descendre la rue *Elles*
4. perdre l'espoir *Nous*
5. rendre les devoirs *Il*
6. attendre un copain *Je*
7. vendre la maison *Tu*
8. répondre au professeur *Ils*

23. Rewrite the following sentences, putting the verbs in the plural.

1. Elle vend l'auto.
2. Tu descends sur la place.
3. J'entends le professeur.
4. Il fend le bois.

24. Rewrite the following sentences, putting the verbs in the singular.

1. Ils entendent du bruit.
2. Vous attendez le train.
3. Elles perdent le match.
4. Nous défendons cet homme.

Irregular Verbs

Verbs like *ouvrir*

Some verbs, although the infinitive ends in **-ir**, are conjugated like regular **-er** verbs. Some of the most common are: **ouvrir** (*to open*), **couvrir** (*to cover*), **recouvrir** (*to cover again, cover completely*), **découvrir** (*to discover*), **offrir** (*to offer*), **souffrir** (*to suffer*), **cueillir** (*to pick, to gather*), **accueillir** (*to welcome*), and **recueillir** (*to collect, to pick, to gather*).

ouvrir	**cueillir**
j'ouvr**e**	je cueill**e**
tu ouvr**es**	tu cueill**es**
il, elle, on ouvr**e**	il, elle, on cueill**e**
nous ouvr**ons**	nous cueill**ons**
vous ouvr**ez**	vous cueill**ez**
ils, elles ouvr**ent**	ils, elles cueill**ent**

25. Complete the following sentences with the correct form of the indicated verb.

1. Les paysannes _____ les fleurs. *cueillir*
2. J'_____ la porte. *ouvrir*

3. Elle_____les invités. *accueillir*
4. Vous_____ un cadeau. *offrir*
5. Tu_____beaucoup. *souffrir*
6. Nous_____la fenêtre. *ouvrir*
7. L'enfant _____un nouveau jouet. *découvrir*
8. La neige_____ la terre. *recouvrir*
9. Nous_____ la boîte. *recouvrir*
10. Elles _____ d'une maladie étrange. *souffrir*

Verbs like *courir, rire, rompre, conclure*

Some verbs whose infinitives end in **-ir** or **-re** are conjugated like regular **-re** verbs except in the **il, elle, on** form where a **t** is added to the stem. Some of the most common are **courir** (*to run*), **parcourir** (*to pass through, to pass over, to tour*), **secourir** (*to help, to assist*), **rire** (*to laugh*), **sourire** (*to smile*), **conclure** (*to conclude*), **rompre** (*to break*) and its derivatives **corrompre** (*to corrupt, to spoil*), and **interrompre** (*to interrupt*).

courir

je cours
tu cours
il, elle, on cour**t**
nous courons
vous courez
ils, elles courent

rire

je ris
tu ris
il, elle, on ri**t**
nous rions
vous riez
ils, elles rient

rompre

je romps
tu romps
il, elle, on romp**t**
nous rompons
vous rompez
ils, elles rompent

conclure

je conclus
tu conclus
il, elle, on conclu**t**
nous concluons
vous concluez
ils, elles concluent

26. Rewrite the following sentences, putting the verbs in the singular.

1. Ils rient aux éclats.
2. Elles courent vite.
3. Ils concluent l'accord.
4. Elles sourient beaucoup.
5. Ils rompent les liens.
6. Elles interrompent le professeur.

27. Complete the following sentences with the correct form of the indicated verb.

1. L'enfant _____vers son père. *courir*
2. Elles _____ à haute voix. *rire*
3. La chaleur _____ la viande. *corrompre*
4. Vous_____vos amis. *secourir*
5. Tu _____ le discours. *conclure*
6. Tu _____ les liens. *rompre*
7. Je_____ aux éclats. *rire*
8. Nous _____ le monde. *parcourir*

9. Il_____beaucoup. *rire*
10. Nous_____beaucoup. *sourire*
11. Nous_____l'entretien. *interrompre*
12. Tu _____très vite. *courir*
13. Les hommes d'affaire_____l'accord. *conclure*
14. Ils _____leur travail. *interrompre*
15. Vous _____au spectacle. *rire*

Battre and *mettre*

The verb **battre** (*to beat, to hit, to win*) and its derivatives **se battre** (*to fight*) and **combattre** (*to combat*), and **mettre** (*to put, to place*) and its derivatives **admettre** (*to admit*), **permettre** (*to permit*), **promettre** (*to promise*), **remettre** (*to put back*), **soumettre** (*to overcome, to submit, to subjugate, to subject*), and **transmettre** (*to transmit*) are conjugated like regular **-re** verbs except that the double **t** becomes a single **t** in the singular forms.

battre	**mettre**
je ba**t**s	je mets
tu ba**t**s	tu mets
il, elle, on ba**t**	il, elle, on met
nous ba**tt**ons	nous me**tt**ons
vous ba**tt**ez	vous me**tt**ez
ils, elles ba**tt**ent	ils, elles me**tt**ent

28. Rewrite the following sentences, putting the verbs in the singular.

1. Nous mettons les vêtements dans l'armoire.
2. Vous battez le tapis.
3. Ils remettent le travail à demain.
4. Elles promettent d'aller avec moi.

29. Rewrite the following sentences, putting the verbs in the plural.

1. Il admet le crime.
2. Elle soumet ses passions.
3. Tu mets la nappe sur la table.
4. Je bats le garçon.

30. Complete the following sentences with the correct form of the indicated verb.

1. Elles_____les enfants. *battre*
2. Tu_____la question aux autres. *soumettre*
3. Elle _____d'y aller. *promettre*
4. Nous _____les livres sur l'étagère. *remettre*
5. Vous _____dans l'armée. *combattre*
6. Je _____le bois. *battre*
7. Tu _____les livres sur la table. *mettre*
8. Les soldats _____les rebelles. *soumettre*
9. Vous_____que vous avez tort. *admettre*
10. Il lui _____d'y aller. *permettre*
11. Nous _____le message. *transmettre*
12. Je lui _____de venir. *promettre*

Verbs like *partir*

Verbs like **partir** (*to leave*), **dormir** (*to sleep*), **s'endormir** (*to fall asleep*), **mentir** (*to tell a lie*), **servir** (*to serve*), **sentir** (*to feel, to smell*), and **sortir** (*to leave, to go out*) are conjugated like regular **-re** verbs in the plural. The regular **-re** endings are added to the stem of the first and second person singular forms after the final consonant has been dropped. A **-t-** is added to the third person singular form after the final consonant has been dropped. In the plural, note the consonant sounds **t** in **partir, mentir, sentir,** and **sortir**; **m** in **dormir** and **v** in **servir**.

partir	dormir	servir
je **pars**	je **dors**	je **sers**
tu **pars**	tu **dors**	tu **sers**
il, elle, on **part**	il, elle, on **dort**	il, elle, on **sert**
nous partons	nous dormons	nous servons
vous partez	vous dormez	vous servez
ils, elles partent	ils, elles dorment	ils, elles servent

31. Complete the following sentences with the correct form of the indicated verb.

1. Il _____ tout le temps. *mentir*
2. Elle _____ de la salle. *sortir*
3. Je _____ le dîner. *servir*
4. Je _____ pour l'aéroport. *partir*
5. Tu _____ huit heures. *dormir*
6. Tu _____ les fleurs. *sentir*
7. Ils _____ de bonne heure. *partir*
8. Elles _____ souvent le samedi soir. *sortir*
9. Nous _____ du thé. *servir*
10. Nous ne _____ jamais. *mentir*
11. Vous _____ ce soir. *sortir*
12. Vous _____ bien. *dormir*

32. Rewrite the following sentences, putting the verbs in the singular.

1. Nous partons à huit heures.
2. Vous dormez bien.
3. Elles servent un bon repas.
4. Ils sentent l'odeur fraîche.

33. Rewrite the following sentences, putting the verbs in the plural.

1. Je sors de la classe.
2. Il ment au professeur.
3. Elle dort sur le divan.
4. Tu pars de bonne heure.

Vaincre

Vaincre (*to conquer*) and **convaincre** (*to convince*) are conjugated like regular **-re** verbs except that the **c** changes to **qu** in the plural.

vaincre

je vaincs	nous vain**qu**ons
tu vaincs	vous vain**qu**ez
il, elle, on vainc	ils, elles vain**qu**ent

34. Rewrite the following sentences, putting the verbs in the plural.

1. Je vaincs le rival.
2. Tu vaincs la difficulté.
3. Il convainc le sceptique.
4. Elle convainc l'homme de sa culpabilité.

35. Rewrite the following sentence, using the cues provided.

Ils vainquent l'ennemi.

Je _____.   Elles _____.

Vous _____.   Nous _____.

                                             Tu _____.

Verbs like *connaître*

Connaître (*to know someone or to be acquainted with someone, some place or thing*) and similar verbs such as **apparaître** (*to appear, to seem*), **disparaître** (*to disappear*), **paraître** (*to seem, to appear*), **reconnaître** (*to recognize*), and **naître** (*to be born*) are conjugated alike. Note the circumflex over the **i** in the third person singular.

connaître

je connais
tu connais
il, elle, on connaît
nous connaissons
vous connaissez
ils, elles connaissent

Haïr (*to hate*) is conjugated like **connaître** in the singular, except that there is no circumflex on the **i** in the third person singular. Note the dieresis on the **i** in the plural.

haïr

je hais
tu hais
il, elle, on hait
nous haïssons
vous haïssez
ils, elles haïssent

36. Complete the following sentences with the correct form of the indicated verb.

1. Elles _____ les Dupont. *connaître*
2. Ils _____ cet homme. *reconnaître*
3. Une étoile _____ sur l'horizon. *apparaître*
4. Un enfant _____ chaque minute. *naître*
5. Elle _____ dans le brouillard. *disparaître*
6. Il _____ l'injustice. *haïr*
7. Il _____ facile de le faire. *paraître*
8. Nous _____ nos amis. *reconnaître*

9. Nous _____ cette ville. *connaître*
10. Vous _____ la pauvreté. *haïr*
11. Vous _____ cette chanson. *reconnaître*
12. Je _____ cette femme. *connaître*
13. Je _____ dans la neige. *disparaître*
14. Tu _____ les menteurs. *haïr*
15. Tu _____ ces romans. *connaître*

37. Rewrite the following sentences, putting the verbs in the singular.

1. Les invités apparaissent à la porte.
2. Nous connaissons les Leclerc.
3. Vous reconnaissez le criminel.
4. Ils haïssent la bureaucratie.
5. Ils disparaissent souvent.

38. Rewrite the following sentences, putting the verbs in the plural.

1. Je reconnais cet enfant.
2. Tu connais le poète.
3. Elle hait l'injustice.
4. Cet homme paraît malade.
5. Le chien disparaît derrière l'arbre.

Plaire and *se taire*

Plaire (*to be pleasing*), **déplaire** (*to displease*), and **se taire** (*to be quiet*) are conjugated like **connaître** except that there is only one **s** in the plural forms. There is no circumflex on the **i** in the third person singular of **se taire**.

plaire	se taire
je plais	je me tais
tu plais	tu te tais
il, elle, on plaît	il, elle, on se tait
nous plaisons	nous nous taisons
vous plaisez	vous vous taisez
ils, elles plaisent	ils, elles se taisent

39. Rewrite the following sentences, putting the verbs in the singular.

1. Ils plaisent à tout le monde.
2. Elles se taisent pendant le concert.
3. Nous plaisons à Marie.
4. Vous vous taisez pendant la conférence.

40. Rewrite the following sentences, putting the verbs in the plural.

1. Il plaît à cette femme.
2. Elle se tait pendant le spectacle.
3. Tu plais à tout le monde.
4. Je me tais maintenant.
5. Ce livre déplaît à Pierre.

Verbs with Infinitives Ending in -ire

Lire, dire, conduire, traduire

Many verbs whose infinitives end in -**ire** have a base ending in a **z** sound. Belonging to this group are **lire** (*to read*), **élire** (*to elect*), **dire** (*to speak, to tell, to say*), **interdire** (*to forbid*), **suffire** (*to be sufficient*), **conduire** (*to conduct, to drive*), **produire** (*to produce*), **traduire** (*to translate*), **construire** (*to build*), **reconstruire** (*to rebuild, to reconstruct*), **détruire** (*to destroy*), **cuire** (*to cook*), and **nuire** (*to do harm*). These verbs add the endings -**s**, -**s**, -**t**, -**sons**, -**sez**, -**sent** to the stem. The second person plural of **dire** (**vous dites**) is an exception.

lire	dire	conduire
je lis	je dis	je conduis
tu lis	tu dis	tu conduis
il, elle, on lit	il, elle, on dit	il, elle, on conduit
nous lisons	nous disons	nous conduisons
vous lisez	vous di**tes**	vous conduisez
ils, elles lisent	ils, elles disent	ils, elles conduisent

41. Rewrite the following sentences, putting the verbs in the singular.

1. Les troupes détruisent la ville.
2. Ils élisent un président.
3. Vous dites la vérité.
4. Vous traduisez la phrase.
5. Nous lisons un roman.
6. Nous conduisons une Citroën.

42. Rewrite the following sentences, putting the verbs in the plural.

1. Elle lit *Le Monde* tous les jours.
2. Il conduit une Renault.
3. Je dis la vérité.
4. Je détruis le livre.
5. Tu produis un nouveau jouet.
6. Tu dis bonjour.

43. Complete the following sentences with the correct form of the indicated verb.

1. Elle _____un poème. *lire*
2. Vous _____au revoir. *dire*
3. Ça _____. *suffire*
4. Je_____bien. *conduire*
5. Les ouvriers _____le pont. *reconstruire*
6. L'armée_____la ville. *détruire*
7. Nous_____les phrases. *traduire*
8. Cette affiche nous _____de marcher sur le gazon. *interdire*
9. Tu _____l'accident. *reconstruire*
10. On _____une maison. *construire*

Écrire, vivre, suivre

Écrire (*to write*), **décrire** (*to describe*), **vivre** (*to live*), **survivre** (*to survive*), **suivre** (*to follow, to take a course or class*), **poursuivre** (*to pursue, to follow up*) and **s'ensuivre** (*to come after, to follow*) are conjugated alike. Note the **v** in the plural forms.

écrire	vivre	suivre
j'écris	je vis	je suis
tu écris	tu vis	tu suis
il, elle, on écrit	il, elle, on vit	il, elle, on suit
nous écrivons	nous vivons	nous suivons
vous écrivez	vous vivez	vous suivez
ils, elles écrivent	ils, elles vivent	ils, elles suivent

44. Complete the following sentences with the correct form of the indicated verb.

1. Elles _____ ce sentier. *suivre*
2. Les romanciers _____ les romans. *écrire*
3. Nous _____ la fête. *décrire*
4. Nous _____ un cours de français. *suivre*
5. Vous _____ une lettre. *écrire*
6. Vous _____ bien ici. *vivre*
7. Elle _____ un cours de chimie. *suivre*
8. Il _____ souvent à ses parents. *écrire*
9. Je _____ la scène. *décrire*
10. Je _____ cet homme. *poursuivre*
11. Tu _____ cette route. *suivre*
12. Tu _____ au XXe siècle. *vivre*

45. Rewrite the following sentences, putting the verbs in the plural.

1. Je vis bien ici.
2. Tu suis ce cours.
3. Elle écrit un poème.
4. Il décrit le match.

46. Rewrite the following sentences, putting the verbs in the singular.

1. Elles survivent à l'accident.
2. Ils écrivent les devoirs.
3. Nous vivons bien.
4. Vous suivez un cours de français.

Croire, voir, and mourir

Like -**yer** verbs, **croire** (*to believe*) and **voir** (*to see*), **prévoir** (*to foresee*), and **revoir** (*to see again*) have an internal vowel change. The **i** changes to **y** in the **nous** and **vous** forms. The other forms are conjugated like regular -**re** verbs except in the third person singular where a **t** is added to the stem.

croire	voir
je crois	je vois
tu crois	tu vois
il, elle, on croit	il, elle, on voit
nous croyons	nous voyons
vous croyez	vous voyez
ils, elles croient	ils, elles voient

Fuir (*to flee*) and **s'enfuir** (*to flee, run away*) have the same vowel change in the first and second person plural.

fuir

je fuis
tu fuis
il, elle, on fuit
nous fu**y**ons
vous fu**y**ez
ils, elles fuient

Mourir (*to die*) has an internal vowel change from **ou** to **eu** in the singular and the third person plural.

mourir

je m**eu**rs
tu m**eu**rs
il, elle, on m**eu**rt
nous mourons
vous mourez
ils, elles m**eu**rent

47. Complete the following sentences with the correct form of the indicated verb.

1. Nous _____ l'histoire. *croire*
2. Nous _____ clair. *voir*
3. Nous _____ de la salle. *s'enfuir*
4. Vous _____ qu'elle a raison. *croire*
5. Vous _____ votre ami. *croire*
6. Vous _____ la nouvelle dans le journal. *voir*

48. Change the sentence, using the cues given.

Nous mourons de faim.
Vous _____ .
Il _____ .
Je _____ .
Tu _____ .
Elles _____ .

49. Rewrite the following sentences, putting the verbs in the singular.

1. Elles le voient.
2. Nous croyons en Dieu.
3. Vous fuyez sa présence.
4. Ils croient cette histoire.
5. Ils meurent de fatigue.
6. Nous mourons de peur.

50. Rewrite the following sentences, changing the first verb to the plural.

1. Je vois qu'il a tort.
2. Elle croit que vous êtes fatigué.
3. Il s'enfuit de la salle précipitamment.
4. Tu meurs de faim.
5. Tu crois l'histoire.

Verbs like *craindre, peindre, joindre*

Craindre (*to fear*), **plaindre** (*to pity, to feel sorry for*), **se plaindre** (*to complain*), **atteindre** (*to reach*), **éteindre** (*to put out, to extinguish*), **peindre** (*to paint*), **joindre** (*to join, to unite*), and **rejoindre** (*to rejoin, to reunite*) are conjugated similarly. They have an internal change from **n** to **gn** in the plural.

craindre	peindre	joindre
je crains	je peins	je joins
tu crains	tu peins	tu joins
il, elle, on craint	il, elle, on peint	il, elle, on joint
nous craignons	nous peignons	nous joignons
vous craignez	vous peignez	vous joignez
ils, elles craignent	ils, elles peignent	ils, elles joignent

51. Complete the following sentences with the correct form of the indicated verb.

1. Elles _____ la pluie. *craindre*
2. Ils _____ l'utile à l'agréable. *joindre*
3. Nous _____ la lumière. *éteindre*
4. Nous _____ le sommet. *atteindre*
5. Vous me _____ trop. *plaindre*
6. Vous _____ un portrait. *peindre*
7. Elle _____ d'être en retard. *craindre*
8. Il _____ un paysage. *peindre*
9. Je vous _____ . *plaindre*
10. Je _____ mes amis au café. *rejoindre*
11. Tu _____ l'examen. *craindre*
12. Tu _____ les murs de la maison. *peindre*

52. Rewrite the following sentences, putting the verbs in the plural.

1. Je crains cet homme.
2. Tu rejoins Pierre à l'heure.
3. Il peint un paysage.
4. Elle se plaint de tout.
5. Elle joint les deux bouts.

53. Rewrite the following sentences, putting the verbs in the singular.

1. Elles craignent de répondre.
2. Nous peignons le mur.
3. Vous éteignez la lumière.
4. Ils vous plaignent.

54. Follow the model.

> **Je crains le professeur, mais vous ne le_____ pas.**
> **Je crains le professeur, mais vous ne le *craignez* pas.**

1. Je rejoins les copains, mais vous ne les _____ pas.
2. Il craint l'examen, mais nous ne le _____ pas.
3. Tu peins le mur, mais ils ne le _____ pas.
4. Vous éteignez la lumière, mais je ne l' _____ pas.

5. Nous plaignons les misérables, mais tu ne les_____ pas.

6. Elles atteignent ce but, mais il ne l'_____ pas.

Verbs like *prendre*

Prendre (*to take*), **apprendre** (*to learn*), **comprendre** (*to understand*), **reprendre** (*to take back*), and **surprendre** (*to surprise*) are conjugated like regular -re verbs in the singular. In the plural, the final -d is dropped from the stem and the regular endings are added. The consonant n is doubled in the third person plural.

prendre

je prends
tu prends
il, elle, on prend
nous pre**nons**
vous pre**nez**
ils, elles pre**nnent**

55. Rewrite the following sentences, putting the verbs in the plural.

1. Je prends le déjeuner à midi.
2. J'apprends les verbes.
3. Tu reprends le disque.
4. Tu surprends l'enfant.
5. Il comprend le français.
6. Cette nouvelle nous surprend.

56. Complete the following sentences with the correct form of the indicated verb.

1. Je _____ la leçon.   *comprendre*
2. Elle _____ son ami.   *surprendre*
3. Nous_____ nos places.   *prendre*
4. Elles_____ les difficultés.   *comprendre*
5. Tu _____ le poème.   *apprendre*
6. Vous _____ l'autobus.   *prendre*
7. Il _____ ses possessions.   *reprendre*

Venir and *tenir*

Venir (*to come*) and its derivatives **revenir** (*to come back*), **convenir** (*to be convenient*), **devenir** (*to become*), **redevenir** (*to become again*), **parvenir** (*to reach, to attain*), and **se souvenir** (*to remember*); **tenir** (*to have, to hold*), and its derivatives **appartenir** (*to belong to*), **contenir** (*to hold, to contain*), **maintenir** (*to maintain*), **obtenir** (*to obtain*), and **retenir** (*to retain*) are conjugated alike.

Note the vowel change from -e- to -ie- in the singular forms and the third person plural. Note the double consonant nn in the third person plural. **Tenir à** plus an infinitive means *to be anxious to*. **Tenir à** plus a noun means *to like very much, to be attached to*.

venir	tenir
je v**ie**ns	je t**ie**ns
tu v**ie**ns	tu t**ie**ns
il, elle, on v**ie**nt	il, elle, on t**ie**nt
nous v**e**nons	nous t**e**nons
vous v**e**nez	vous t**e**nez
ils, elles v**ie**nnent	ils, elles t**ie**nnent

57. Complete the following sentences with the correct form of the indicated verb.

1. Ils _____ maintenant. *venir*
2. Elles _____ une chambre à l'hôtel. *retenir*
3. Cette robe vous _____ bien. *convenir*
4. Ce gant vous _____ . *appartenir*
5. Je _____ tout de suite. *revenir*
6. Je _____ fatigué. *devenir*
7. Tu _____ le prix. *obtenir*
8. Tu _____ à vos fins. *parvenir*
9. Nous _____ de ce voyage. *revenir*
10. Nous _____ à vous voir. *tenir*
11. Vous _____ votre opinion. *maintenir*
12. Vous _____ de bons résultats. *obtenir*

58. Rewrite the following sentences, putting the verbs in the singular.

1. Ils viennent tout de suite.
2. Vous devenez riches.
3. Nous maintenons notre position.
4. Les boîtes contiennent des papiers.

59. Rewrite the following sentences, putting the verbs in the plural.

1. Il tient à vous voir.
2. Elle vient tout de suite.
3. Ce livre vous appartient.
4. Tu obtiens le prix.
5. Je viens maintenant.

Acquérir and *conquérir*

Acquérir (*to acquire, to buy, to gain*) and **conquérir** (*to conquer, to win*) have an internal vowel change from **é** to **ie** in all but the **nous** and **vous** forms. Study the following.

acquérir

j'acqu**ie**rs
tu acqu**ie**rs
il, elle, on acqu**ie**rt
nous acqu**é**rons
vous acqu**é**rez
ils, elles, acqu**iè**rent

60. Rewrite the following sentences, putting the verbs in the singular.

1. Nous acquérons de l'expérience.
2. Nous conquérons son affection.
3. Vous acquérez une maison.
4. Vous conquérez l'ennemi.

61. Complete the following sentences with the correct form of the indicated verb.

1. J'_____ une auto. *acquérir*
2. Elles _____ son estime. *conquérir*

3. Tu _____ une maison. *acquérir*
4. Vous _____ beaucoup de livres. *acquérir*
5. Il _____ l'ennemi. *conquérir*
6. Nous _____ son affection. *conquérir*

Pouvoir, vouloir, pleuvoir

Pouvoir (*to be able to*), **vouloir** (*to want, to wish*), and **pleuvoir** (*to rain*) are conjugated similarly. Note the change from **ou** to **eu** in the stem of **vouloir** and **pouvoir** in all but the first and second person plural forms. **Pleuvoir** has only a third person singular form.

pouvoir	**vouloir**	**pleuvoir**
je p**eu**x	je v**eu**x	
tu p**eu**x	tu v**eu**x	
il, elle, on p**eu**t	il, elle, on v**eu**t	il pl**eu**t
nous pouvons	nous voulons	
vous pouvez	vous voulez	
ils, elles p**eu**vent	ils, elles v**eu**lent	

62. Complete the following sentences with the correct form of the indicated verb.

1. Les garçons _____ jouer au football. *pouvoir*
2. Je _____ de l'argent. *vouloir*
3. Tu _____ partir. *pouvoir*
4. Elle _____ m'accompagner. *vouloir*
5. Nous _____ attendre. *vouloir*
6. Vous _____ voir le film. *pouvoir*

63. Rewrite the following sentences, putting the verbs in the singular.

1. Nous pouvons partir maintenant.
2. Nous voulons revenir demain.
3. Vous pouvez sortir maintenant.
4. Vous voulez rester ici.
5. Ils peuvent parler français.
6. Elles veulent savoir la réponse.

64. Rewrite the following sentences in the plural.

1. Je peux attendre une minute.
2. Je veux sortir maintenant.
3. Il veut jouer au football samedi.
4. Elle peut rester ici si elle le veut.

Boire, devoir, recevoir

Boire (*to drink*), **devoir** (*to owe, to have to*), **recevoir** (*to receive*), **apercevoir** (*to perceive*), and **décevoir** (*to disappoint, to deceive*) are conjugated similarly. Note the cedilla on the **c** in the singular and third person plural forms of **recevoir**. Note the internal vowel change in the first and second person plural forms. Note also the **v** in all plural forms.

boire	**devoir**	**recevoir**
je b**ois**	je d**ois**	je re**çois**
tu b**ois**	tu d**ois**	tu re**çois**
il, elle, on b**oit**	il, elle, on d**oit**	il, elle, on re**çoit**
nous b**uv**ons	nous d**ev**ons	nous rece**v**ons
vous b**uv**ez	vous d**ev**ez	vous rece**v**ez
ils, elles b**oiv**ent	ils, elles d**oiv**ent	ils, elles re**çoiv**ent

65. Complete the following sentences with the correct form of the indicated verb.

1. Les enfants _____ beaucoup de lait. *boire*
2. Elles _____ beaucoup de cadeaux. *recevoir*
3. Ils _____ de l'argent à Pierre. *devoir*
4. Marie _____ un coup de téléphone. *recevoir*
5. Elle _____ partir de bonne heure. *devoir*
6. Il vous _____ . *décevoir*
7. Je _____ du café. *boire*
8. Je _____ des paquets. *recevoir*
9. Tu _____ la tache sur la robe. *apercevoir*
10. Tu _____ une lettre. *recevoir*
11. Nous _____ du vin. *boire*
12. Nous _____ beaucoup de lettres. *recevoir*
13. Vous _____ vos amis. *décevoir*
14. Vous _____ de l'eau. *boire*

66. Follow the model.

> Je_____ partir, mais vous ne_____ pas partir.
> Je *dois* partir, mais vous ne *devez* pas partir.

1. Je _____ de l'eau, mais vous n'en _____ pas. *boire*
2. Tu _____ un cadeau, mais nous n'en _____ pas. *recevoir*
3. Je_____ de l'argent, mais vous n'en_____ pas. *devoir*
4. Vous _____ du vin, mais ils n'en _____ pas. *boire*
5. Nous _____ 100 francs, mais elles ne _____ rien. *devoir*

67. Rewrite the following sentences, putting the verbs in the plural.

1. Je dois de l'argent.
2. Je reçois la carte postale.
3. Tu bois du vin.
4. Tu reçois la lettre.
5. Il déçoit le professeur.
6. Elle reçoit de l'argent.

Avoir

The verb **avoir** (*to have*) is completely irregular. Study the following.

j'ai	nous avons
tu as	vous avez
il, elle, on a	ils, elles ont

68. Complete the following sentences with the correct form of the verb **avoir**.

1. Il _____ sommeil.
2. Elle _____ faim.
3. Tu_____ beaucoup d'amis.
4. Tu_____ tort.
5. J'_____ froid.
6. J'_____ chaud.

7. Nous_____une Renault.
8. Nous_____de la chance.
9. Vous_____honte.
10. Vous_____peur.
11. Ils _____ soif.
12. Elles _____ raison.

69. Follow the model.

Il a faim. Et vous?
Nous avons faim aussi.

1. Il a soif. Et les amis?
2. Nous avons faim. Et toi?
3. Tu as raison. Et nous?
4. Ils ont tort. Et vous, Marie et Hélène?
5. Il a les billets. Et les autres?
6. J'ai un disque. Et Pierre?

70. Answer the following questions, using the cue provided.

Qui a soif? *Tu*
Tu as soif.

1. Qui a un billet? *Je*
2. Qui a une peinture? *Vous*
3. Qui a raison? *Nous*
4. Qui a du raisin? *Pierre*
5. Qui a honte? *Les enfants*
6. Qui a mal? *Tu*
7. Qui a le panier? *Maman*

Être

The verb **être** (*to be*) is completely irregular. Study the following.

je suis	nous sommes
tu es	vous êtes
il, elle, on est	ils, elles sont

71. Complete the following sentences with the correct form of the verb **être**.

1. Il _____français.
2. Elle _____petite.
3. Tu_____fatigué.
4. Tu_____gentil.
5. Je _____ en retard.
6. Je _____ à l'heure.

7. Ils _____malades.
8. Elles_____heureuses.
9. Nous _____contents.
10. Nous _____ fatiguées.
11. Vous _____américain.
12. Vous _____ françaises.

72. Rewrite the following sentences in the plural.

1. Je suis française.
2. Il est heureux.

3. Elle est malade.
4. Tu es loyal.
5. Je suis fort.
6. Tu es grand.

73. Rewrite the following sentences in the singular.

1. Vous êtes petites.
2. Ils sont africains.
3. Nous sommes heureux.
4. Vous êtes gentils.
5. Elles sont canadiennes.
6. Nous sommes malheureuses.

Aller

The verb **aller** (*to go*) is completely irregular. Study the following.

je vais	nous allons
tu vas	vous allez
il, elle, on va	ils, elles vont

74. Complete the following sentences with the correct form of the verb **aller**.

1. Il _____ à Paris en voiture.
2. Elle _____ à la boutique.
3. Tu _____ à l'école.
4. Tu _____ en ville.
5. Je _____ à pied.
6. Je _____ au cinéma.
7. Ils _____ à la chasse.
8. Elles _____ au musée.
9. Nous _____ à Paris.
10. Nous _____ au théâtre.
11. Vous _____ par le train.
12. Vous _____ à la plage.

75. Answer the following questions, using the cue provided.

1. Où allez-vous? *à la bibliothèque*
2. Où va-t-il? *au cinéma*
3. Où vont-elles? *au musée*
4. Où vas-tu? *à Londres*
5. Où allez-vous? *au concert*

76. Rewrite the following sentences in the singular.

1. Nous allons très bien.
2. Vous allez mal.
3. Ils vont à New York.
4. Vous allez à Paris.

Faire

The verb **faire** (*to do, to make*) is completely irregular. Study the following.

je fais	nous faisons
tu fais	vous faites
il, elle, on fait	ils, elles font

77. Complete the following sentences with the correct form of the verb **faire.**

1. Il _____ froid.
2. Elle _____ la salade.
3. Je _____ la leçon.
4. Je _____ un gâteau.
5. Tu _____ du golf.
6. Tu _____ ton droit.

7. Elles _____ du bien.
8. Ils _____ mal.
9. Nous _____ du bruit.
10. Nous _____ du piano.
11. Vous _____ du sport.
12. Vous _____ votre possible.

78. Change the sentence, using the cue provided.

Je fais fortune.
Tu _____ .
Nous _____ .
Ils _____ .
Elle _____ .
Vous _____ .

79. Follow the model.

Il fait ses devoirs. Et vous, Pierre?
Je fais mes devoirs aussi.

1. Elle fait sa valise. Et les autres?
2. Nous faisons un voyage. Et elle?
3. Tu fais un gâteau. Et nous?
4. Ils font de leur mieux. Et toi?
5. Je fais du sport. Et eux?
6. Il fait du français. Et vous, Pierre et Anne?

Savoir

The verb **savoir** (*to know a fact, to know how to*) is completely irregular. Study the following.

je sais	nous savons
tu sais	vous savez
il, elle, on sait	ils, elles savent

80. Complete the following sentences with the correct form of the verb **savoir.**

1. Il _____ la vérité.
2. Elle _____ la réponse.
3. Je _____ parler français.
4. Je _____ la date de sa naissance.
5. Tu _____ son nom.
6. Tu _____ qu'il arrive.
7. Elles _____ jouer du piano.
8. Ils _____ son adresse.
9. Nous _____ où elle va.
10. Nous _____ conduire une voiture.
11. Vous _____ quand l'avion va partir.
12. Vous _____ qu'elles sont contentes.

81. Rewrite the following sentences, putting the first verb in the plural.

1. Je sais qu'elle est malade.
2. Tu sais où elle habite.
3. Il sait faire du ski.
4. Elle sait faire la cuisine.

82. Rewrite the following sentences, putting the verbs in the singular.

1. Nous savons la réponse.
2. Vous savez son numéro de téléphone.
3. Ils savent parler espagnol.
4. Elles savent votre adresse.

Valoir and *falloir*

The verbs **valoir** (*to be worth*) and **falloir** (*to be necessary*) are irregular. Study the following.

valoir	falloir
je vaux	
tu vaux	
il, elle, on vaut	il faut
nous valons	
vous valez	
ils, elles valent	

Il vaut mieux means *it is better.*

83. Complete the following sentences with the correct form of the indicated verb.

1. Il _____ la peine de le faire. *valoir*
2. Il _____ partir de bonne heure. *falloir*
3. Ces robes _____ le prix. *valoir*
4. Vous _____ la peine. *valoir*

84. Rewrite the following, substituting the words provided.

Il faut rentrer de bonne heure.
_____ arriver_____.
Il vaut mieux_____.
_____ venir_____.

Special Uses of the Present Tense

The present tense in French is used the same as in English to express an action which is going on in the present. Note, however, special helping verbs such as **am, are, is** in English are not used in French. The present tense is also used, as in English, to express habitual actions taking place in the present or a permanent situation.

Elle dort maintenant.
She is sleeping now.
Tous les matins ils vont à l'école.
Every morning they go to school.
La neige est blanc.
Snow is white.

Depuis, il y a . . . que, voilà . . . que, and *ça fait . . . que* plus the Present Tense

A special use of the present tense is with the time expressions **depuis, il y a... que, voilà...
que,** and **ça fait . . . que** to express an action which began in the past but continues into the
present.

    Depuis quand attend-elle?   *How long has she been waiting?*

    Elle attend depuis une semaine.
    Voilà une semaine qu'elle attend.
    Il y a une semaine qu'elle attend.   *She has been waiting for a week.*
    Ça fait une semaine qu'elle attend.

You will note that in English the past tense (present perfect) is used. Since the action
continues into the present, the present tense must be used in French.
    Note that **une heure** may mean *one o'clock.* To say *since one o'clock* use **depuis.** To say
for an hour, use **il y a . . . que, voilà . . . que,** or **ça fait . . . que.**

    J'attends depuis deux heures.   *I have been waiting since two o'clock.*
    Il y a deux heures que j'attends.   *I have been waiting for two hours.*

  85. Complete the following sentences with the appropriate form of the indicated verb.

      1. Nous _____ Pierre depuis cinq ans. *connaître*
      2. Elle _____ ici depuis deux ans. *être*
      3. Il y a un an que je_____ici. *demeurer*
      4. Ça fait deux mois que nous _____le français. *apprendre*
      5. Il y a longtemps que vous _____ce poème. *écrire*

  86. Change the sentence according to the model.

        Je travaille depuis une heure.
        Il y a une heure que je travaille.
        Ça fait une heure que je travaille.
        Voilà une heure que je travaille.

      1. Je lis ce poème depuis une heure.
      2. J'attends l'autobus depuis cinq minutes.
      3. Elle cherche ce livre depuis deux semaines.
      4. Ils dorment depuis cinq heures.

  87. Answer the following questions, using the cue provided.

      1. Depuis quand travaillez-vous? *depuis une heure*
      2. Depuis quand habite-t-il ici? *Il y a deux ans*
      3. Depuis quand attends-tu le train? *Ça fait 15 minutes*
      4. Depuis quand conduisez-vous une auto? *depuis l'âge de 18 ans*
      5. Depuis quand attendez-vous un taxi? *Voilà dix minutes*
      6. Depuis quand étudie-t-il le français? *Il y a longtemps*
      7. Depuis quand lisent-ils? *depuis une heure*
      8. Depuis quand jouez-vous de la guitare? *Il y a un mois*

REVIEW

88. Complete the following sentences with the appropriate form of the present tense of the indicated verb.

1. Je _____ voyager en avion. *préférer*
2. Tu _____ la carte à tes parents. *envoyer*
3. Nous _____ le travail. *commencer*
4. Elle _____ le garçon. *appeler*
5. Vous _____ une nouvelle robe. *choisir*
6. Tu _____ un cadeau à Pierre. *offrir*
7. Elle _____ aux éclats. *rire*
8. Ils _____ leurs passions. *vaincre*
9. Nous _____ l'histoire. *croire*
10. Il _____ de faim. *mourir*
11. Elle _____ cet homme. *connaître*
12. Cela me _____ . *plaire*
13. Je _____ le couvert. *mettre*
14. Vous _____ beaucoup de voyages. *faire*
15. Elle _____ huit heures. *dormir*
16. Nous _____ la phrase. *traduire*
17. Elle _____ ce boulevard. *suivre*
18. Vous _____ sa réponse. *craindre*
19. Elle _____ un portrait. *peindre*
20. Nous _____ la leçon. *comprendre*
21. Ils _____ tout de suite. *revenir*
22. Elles _____ le faire. *pouvoir*
23. Vous _____ partir. *vouloir*
24. Marie _____ une lettre. *recevoir*
25. Vous _____ travailler. *devoir*
26. Nous _____ du vin. *boire*
27. Elle _____ qu'il _____ . *savoir, venir*
28. Nous _____ beaucoup d'amis. *avoir*
29. Vous _____ contents. *être*
30. Je _____ à l'école. *aller*
31. Il _____ arriver de bonne heure. *falloir*

REFLEXIVE VERBS

A reflexive verb is one with which the action is both executed and received by the subject. Since the subject also receives the action, an additional pronoun is needed. This is called the reflexive pronoun. Study the following.

se réveiller	s'habiller
je **me** réveille	je **m'**habille
tu **te** réveilles	tu **t'**habilles
il, elle, on **se** réveille	il, elle, on **s'**habille
nous **nous** réveillons	nous **nous** habillons
vous **vous** réveillez	vous **vous** habillez
ils, elles **se** réveillent	ils, elles **s'**habillent

Note that **me** becomes **m'**, **te** becomes **t'**, and **se** becomes **s'** before a vowel or a mute **h**.

Je **m'**habille.
Tu **t'**arrêtes.
Il **s'**amuse bien.

Many reflexive verbs are conjugated like regular **-er** verbs or **-er** verbs with spelling changes. Below is a partial list.

-er *verbs*

s'amuser *to amuse oneself*
s'arrêter *to stop*
se blesser *to hurt oneself*
se brosser *to brush oneself*
se coucher *to go to bed*
se débrouiller *to get along, to handle a situation*
se demander *to wonder*
se dépêcher *to hurry*
se fâcher *to become angry*
s'habiller *to get dressed*
se laver *to wash*

se marier *to get married*
se moquer de *to make fun of*
se passer *to happen*
se peigner *to comb*
se porter *to feel*
se presser *to hurry*
se raser *to shave*
se reposer *to rest*
se retrouver *to meet each other*
se réveiller *to wake up*
se tromper *to be wrong*
se trouver *to be located, to be found*

Spelling change verbs

s'appeler *to be named*
se rappeler *to remember*
s'ennuyer *to become bored*

se lever *to get up*
se promener *to take a walk*

Below is a list of irregular reflexive verbs with references to a similarly conjugated non-reflexive verb.

s'en aller *to go away*   aller (p. 85.)
s'endormir *to fall asleep*   partir (p. 73.)
se plaindre *to complain*   craindre (p. 79.)
se sentir *to feel*   partir (p. 73.)
se souvenir *to remember*   venir (p. 80.)
se taire *to be quiet*   plaire (p. 75.)

89. Complete the following sentences with the correct form of the indicated verb.

  1. Il _____ à sept heures. *se réveiller*
  2. Je _____ pour arriver à l'heure. *se dépêcher*
  3. Tu _____ dans la salle de bains. *se laver*
  4. Nous _____ au café. *se retrouver*
  5. Vous _____ bien. *se débrouiller*
  6. Les hommes _____ le matin. *se raser*
  7. Elles _____ en blanc. *s'habiller*
  8. Je _____ Marie. *s'appeler*
  9. Tu _____ bien. *s'amuser*
 10. Elle_____ avec Jean. *se marier*
 11. Nous_____ dans le jardin. *se promener*
 12. Vous_____ de moi. *se moquer*

90. Answer the following questions, using the cue provided.

1. Comment vous appelez-vous? *Marie*
2. Où se passe l'action? *dans une rue déserte*
3. Où se trouve la pharmacie? *à côté du bureau de poste*
4. Qu'est-ce que vous vous demandez? *si nous recevrons une bonne note*
5. Pourquoi vous ennuyez-vous? *parce que le film n'est pas intéressant*
6. Pourquoi s'en va-t-il? *parce qu'il est fatigué*
7. À quelle heure se couchent-elles? *à dix heures*
8. Se fâchent-ils? *Oui, . . . souvent*
9. Comment vous portez-vous? *bien*
10. De quoi vous souvenez-vous? *de mes vacances*
11. Pourquoi se tait-il? *parce que la conférence commence*
12. Où est-ce que l'enfant s'endort? *sur le divan*

S'asseoir

A common, completely irregular reflexive verb is **s'asseoir** (*to sit down*). Study the following forms.

je m'assieds	nous nous asseyons
tu t'assieds	vous vous asseyez
il, elle, on s'assied	ils, elles s'asseyent

91. Complete the following sentences with the correct form of the verb **s'asseoir**.

1. Il _____ à table.
2. Elle _____ devant le bureau.
3. Je _____à ma place.
4. Je _____en face du professeur.
5. Tu _____au premier rang.
6. Tu_____ au balcon.
7. Ils _____dans les fauteuils.
8. Elles _____au théâtre.
9. Nous _____parce que nous sommes fatigués.
10. Nous_____à table.
11. Vous _____devant le feu.
12. Vous_____dans la chaise.

92. Rewrite the following sentences, changing the verbs to the plural.

1. Il s'assied devant vous.
2. Je m'assieds devant le feu.
3. Tu t'assieds dans le fauteuil.
4. Elle s'assied au premier rang.

93. Rewrite the following sentences, putting the verbs in the singular.

1. Nous nous asseyons.
2. Vous vous asseyez à table.
3. Ils s'asseyent devant le bureau.
4. Elles s'asseyent au balcon.

You will note that when a part of the body is used with reflexive verbs, the definite article rather than the possessive adjective is used.

| Je me lave **la** figure. | *I wash my face.* |
| Je me lave **les** mains. | *I wash my hands.* |

You will also note that when the noun is ordinarily plural in English, it is singular in French.

Elles se lavent **la figure.**   *They wash their faces.*

94. Complete the following sentences with the appropriate definite article.

1. La fille se lave _____ figure.
2. Elles se lavent _____ mains.
3. Ils se brossent _____ dents.
4. Ils se lavent _____ figure.

Reflexive versus Non-reflexive Verbs

Many verbs function both reflexively and non-reflexively. If the action reverts to the subject, the verb is reflexive. If, however, the action is performed on another person or object, the verb is not reflexive.

Reflexive:	Je me lave.	*I wash myself.*
Non-reflexive:	Je lave la voiture.	*I wash the car.*
Reflexive:	Je me lève.	*I get up.*
Non-reflexive:	Je lève la main.	*I raise my hand.*

The reflexive verb is also used to indicate reciprocal action.

Reflexive:	Nous nous aimons.	*We like each other.*
Non-reflexive:	Nous aimons nos amies.	*We like our friends.*

95. Complete the following sentences with the appropriate reflexive pronoun, when it is necessary.

1. Je _____ lave dans la salle de bains.
2. Je _____ lave la voiture.
3. Elle _____ lève la main.
4. Elle _____ lève de bonne heure.
5. Nous _____ couchons tôt.
6. Nous _____ couchons les enfants.
7. Tu _____ habilles le bébé.
8. Tu _____ habilles en noir.

96. Follow the model.

Nous aimons nos amis.
Nous nous aimons.

1. Nous écrivons à nos parents.
2. Ils aiment leurs amis.
3. Ils regardent leurs copains.
4. Nous cherchons nos amis.

Reflexive Verbs in the Infinitive

The reflexive pronoun always immediately precedes the reflexive verb in the infinitive. Note that the pronoun agrees with the subject.

Je vais **me promener.**	*I am going to take a walk.*
Tu vas **te peigner.**	*You are going to comb your hair.*
Il va **se raser.**	*He is going to shave.*
Nous allons **nous dépêcher.**	*We are going to hurry.*
Vous allez **vous amuser.**	*You are going to amuse yourself.*
Elles vont **s'asseoir.**	*They are going to sit down.*

97. Complete the following sentences with the correct form of the indicated reflexive verb.

1. Je vais _____. *s'asseoir*   4. Ils vont _____. *se réveiller*
2. Tu vas _____. *se raser*   5. Elle va _____. *s'habiller*
3. Nous allons_____. *se peigner*   6. Vous allez _____. *s'endormir*

IMPERATIVES

Affirmative Imperatives

The imperative or command is the same form as the second person singular and the first and second person plural forms of the verb without the pronoun. For -er verbs, the s is dropped from the singular imperative form.

parler		**finir**		**attendre**	
Parle!	*Speak!*	Finis!	*Finish!*	Attends!	*Wait!*
Parlons!	*Let's speak!*	Finissons!	*Let's finish*	Attendons!	*Let's wait!*
Parlez!	*Speak!*	Finissez!	*Finish!*	Attendez!	*Wait!*

The imperative forms of **aller** are **va, allons, allez.** **Va** becomes **vas** and the familiar imperative of -er verbs adds **s** before the pronouns **y** or **en.**

Vas-y   Parles-en!

The imperatives of **être, avoir,** and **savoir** are irregular.

être	**avoir**	**savoir**
Sois!	Aie!	Sache!
Soyons!	Ayons!	Sachons!
Soyez!	Ayez!	Sachez!

The forms for these verbs are the subjunctive forms.

98. Write the imperative forms for each of the following.

    1. Parler français
    2. Écouter le professeur
    3. Choisir un livre
    4. Réfléchir à ces idées
    5. Attendre le train
    6. Vendre l'auto
    7. Prendre le déjeuner
    8. Ouvrir la porte
    9. Boire du lait
    10. Écrire la lettre
    11. Partir maintenant
    12. Venir tout de suite

99. Follow the model.

> **Tu es à l'heure.**
> **Sois à l'heure!**

    1. Tu es en retard.
    2. Nous sommes en avance.

3. Vous êtes heureux.
4. Tu as de la patience.
5. Nous avons du courage.
6. Vous avez de la pitié.
7. Tu sais la vérité.
8. Nous savons la réponse.
9. Vous savez le poème par cœur.

The Affirmative Imperative of Reflexive Verbs

In the affirmative imperative, the reflexive pronoun follows the verb and is joined to it by a hyphen. Note that **te** changes to **toi** in the affirmative imperative.

Lève-toi!	*Get up!*
Levons-nous!	*Let's get up!*
Levez-vous!	*Get up!*

100. Follow the model.

se coucher/vous
Couchez-vous!

1. se lever/tu
2. s'amuser/vous
3. s'habiller vite/tu
4. se dépêcher/nous

The Negative Imperative

The imperative is made negative by placing **ne** or **n'** before the imperative form of the verb and **pas** after it.

Affirmative	*Negative*
Travaille!	Ne travaille pas!
Écoute!	N'écoute pas!

101. Rewrite the following imperatives in the negative.

1. Parlez!
2. Travaille!
3. Soyez en retard!
4. Restons ici!
5. Aie du courage!
6. Écoutez la conversation!
7. Arrivons à l'heure!

The Negative Imperative of Reflexive Verbs

In the negative imperative of reflexive verbs, the reflexive pronoun precedes the verb.

Affirmative	*Negative*
Réveille-toi!	Ne te réveille pas!
Réveillons-nous!	Ne nous réveillons pas!
Réveillez-vous!	Ne vous réveillez pas!

Note that the reflexive pronoun **te** does not change in the negative imperative.

102. Rewrite the following imperatives in the negative.

    1. Couche-toi!
    2. Habille-toi!
    3. Dépêchez-vous!
    4. Amusez-vous bien!
    5. Réveillons-nous!

THE PRESENT PARTICIPLE

Formation

The present participle is formed by dropping the ending **-ons** from the first person plural of the present tense and adding **-ant**.

nous parlons	**parlant**
nous finissons	**finissant**
nous répondons	**répondant**
nous dormons	**dormant**
nous craignons	**craignant**

Only **avoir, être** and **savoir** are irregular.

avoir	**ayant**
être	**étant**
savoir	**sachant**

Usage

The present participle is used mainly after the preposition **en** to express an action that takes place at the same time as the action of the principle verb.

On apprend le français **en étudiant.**
One learns French by studying.
En me promenant, j'ai rencontré mon ami.
While taking a walk, I met my friend.
En arrivant, j'ai vu Marie.
Upon arriving, I saw Mary.

By doing something is expressed in French by **en** plus the present participle except after the verbs **commencer** and **finir. Par** with the infinitive is used with these verbs.

Il a fini **par travailler.**
He finally started working.
Elle a commencé **par faire** l'appel.
She began by calling the roll.

103. Follow the model.

    Il travaille. Il écoute la radio.
    Il travaille en écoutant la radio.

    1. Il réussit. Il travaille.
    2. Vous lisez. Vous regardez la télévision.

3. Elle apprend. Elle étudie.
4. Les spectateurs se lèvent. Ils crient bravo.
5. Elle tombe. Elle descend la rue.
6. Vous vous fatiguez. Vous travaillez.

104. Follow the model.

> **Quand il entre, il sourit.**
> **En entrant, il sourit.**

1. Quand elle tombe, elle pleure.
2. Quand il étudie, il réussit.
3. Quand je mange, je regarde la télévision.
4. Quand vous travaillez, vous apprenez.

105. Answer the following questions according to the model.

> **Que fait-il?** *étudier/manger*
> **Il étudie en mangeant.**

1. Que fait-il?   *écouter la radio/lire le journal*
2. Que fait-elle?   *pleurer/nager*
3. Que faites-vous?   *s'amuser/danser*
4. Que font-elles?   *entrer/courir*
5. Que fait-il?   *parler/dormir*
6. Que fait-elle?   *finir/dormir*

THE IMPERFECT TENSE

Formation

The imperfect tense is formed by dropping the **-ons** ending from the first person plural of the present tense and adding the endings **-ais, -ais, -ait, -ions, -iez, -aient**. The singular and the third person plural forms all sound alike although they are spelled differently.

parler (base: **parlons**)	**finir** (base: **finissons**)
je parl**ais**	je finiss**ais**
tu parl**ais**	tu finiss**ais**
il, elle, on parl**ait**	il, elle, on finiss**ait**
nous parl**ions**	nous finiss**ions**
vous parl**iez**	vous finiss**iez**
ils, elles parl**aient**	ils, elles finiss**aient**

The imperfect tense of the verb **être** has an irregular stem to which the regular endings are added.

> j'**étais**
> tu **étais**
> il, elle, on **était**
> nous **étions**
> vous **étiez**
> ils, elles **étaient**

106. Rewrite the following sentences in the imperfect tense.

    1. Nous travaillons beaucoup.
    2. Nous prenons le déjeuner à huit heures.
    3. Nous pouvons le faire.
    4. Nous attendons longtemps.
    5. Nous écrivons beaucoup de lettres.
    6. Nous lisons les romans policiers.
    7. Nous voyons clair.
    8. Nous rions souvent.
    9. Nous craignons de partir.
  10. Nous venons souvent.
  11. Nous nous débrouillons.
  12. Nous nous couchons de bonne heure.

107. Complete the following sentences with the correct form of the imperfect tense of the indicated verb.

    1. Je _____ de place. *changer*
    2. Je _____ des livres d'occasion. *vendre*
    3. Tu _____ à haute voix. *parler*
    4. Tu _____ la musique classique. *préférer*
    5. Elle _____ une femme de ménage. *employer*
    6. Il _____ ce cours. *suivre*
    7. Elles _____ le petit déjeuner à sept heures. *prendre*
    8. Ils _____ réussir. *vouloir*
    9. Nous _____ la vérité. *dire*
  10. Nous _____ du vin. *boire*
  11. Vous _____ vos devoirs. *faire*
  12. Vous _____ des histoires. *lire*

108. Rewrite the following sentences in the imperfect tense.

    1. Je suis content.
    2. Tu es heureux.
    3. Elle est fatiguée.
    4. Nous sommes malades.
    5. Vous êtes triste.
    6. Ils sont enfants.

109. Rewrite the following sentences in the imperfect tense.

    1. Ils peuvent chanter.
    2. Nous apprenons le français.
    3. Je sors souvent.
    4. Tu as beaucoup de temps.
    5. Elle vient nous voir.
    6. Vous buvez du lait.
    7. Il ment souvent.
    8. Elle croit ses amis.
    9. Nous sommes heureuses.

    10. Elle se dépêche.

    11. Vous vous habillez bien.

    12. Ils se promènent dans le parc.

Uses of the Imperfect Tense

Continuing Action

The imperfect tense is used less in English than in French. The imperfect tense is used to describe activities in the past. The word *perfect* means *completed*. The prefix *im-* means *not*. Thus, the imperfect tense is used to indicate actions begun in the past but not necessarily completed. It is used to express those past actions which are habitual or customary. Some common adverbial expressions which would indicate continuance and thus demand the use of the imperfect are:

toujours	*always*
fréquemment	*frequently*
d'habitude	*usually*
bien des fois	*often, many times*
quelquefois	*sometimes*
de temps en temps	*sometimes, from time to time*
tous les jours (lundis)	*every day (Monday)*
en ce temps-là	*at that time*
chaque année (jour, mois)	*every year (day, month)*

Study the following examples:

Elles **mangeaient toujours** à ce restaurant.
They always used to eat at this restaurant.
Il **venait** me voir **fréquemment**.
He came to see me frequently.
Chaque été, j'**allais** à la plage.
Every summer I went to the beach.
Je **jouais** au football **souvent**.
I played football often.
Nous **allions bien des fois** à Paris.
We went to Paris many times.
Il **travaillait tous les jours**.
He worked every day.
En ce temps-là, je **chantais** bien.
At that time, I sang well.

The imperfect tense is used to describe what people were doing rather than report what people did.

Ils chantaient pendant que les filles bavardaient.
They were singing while the girls were talking.

110. Rewrite the following sentences in the imperfect tense.

    1. Chaque année elle va en vacances.

    2. Nous lisons souvent.

    3. Nous rentrons toujours à la même heure.

    4. Elle fait des courses tous les jours.

5. Chaque matin elles achètent des baguettes.
6. D'habitude je mange des croissants pour le petit déjeuner.
7. Bien des fois vous savez comment vous débrouiller.
8. Tu voyages fréquemment.

111. Follow the model.

> **Joues-tu au football?** *quand j'étais jeune*
> **Maintenant non, mais quand j'étais jeune, je jouais au football.**

1. Lis-tu souvent? *en ce temps-là*
2. Riez-vous? *quand j'étais jeune*
3. Chantes-tu bien? *autrefois*
4. Vous couchez-vous de bonne heure? *quand j'étais jeune*

With Verbs Denoting Mental Activity or Conditions

Since most mental processes involve duration or continuance, verbs which deal with mental activities or conditions are often expressed in the imperfect when used in the past. The most common of these verbs are:

aimer	*to like*
avoir	*to have*
croire	*to believe*
désirer	*to desire, to want*
espérer	*to hope*
être	*to be*
penser	*to think*
préférer	*to prefer*
pouvoir	*to be able to*
regretter	*to be sorry*
savoir	*to know*
vouloir	*to want*

112. Rewrite the following sentences in the past.

1. Je ne veux pas partir.
2. Vous regrettez les jours passés.
3. Nous pouvons venir tous les samedis.
4. Il ne sait pas les réponses.
5. Elles croient que vous avez raison.
6. Nous espérons recevoir de bonnes notes.
7. À quoi penses-tu?
8. Nous sommes désolés de ne pas pouvoir venir.
9. Elle préfère voyager en auto.
10. Je le désire beaucoup.

Descriptions in the Past

The imperfect tense is used to describe something in the past or to designate a condition in the past that no longer exists.

Il faisait beau.
The weather was nice.

Il avait de la chance.
He was lucky.
Le Louvre était le palais des rois de France.
The Louvre was the palace of the kings of France.
Louis XIV était roi de France.
Louis XIV was king of France.

113. Rewrite the following sentences in the past.

1. Il fait froid.
2. Marie est blonde, mais son frère est brun.
3. L'enfant a beaucoup de jouets.
4. Monsieur Leclerc a soixante ans.
5. Il est neuf heures.
6. Les rues sont étroites et sombres.
7. Il fait du vent.
8. Les étoiles brillent dans le ciel.
9. Je suis malade.
10. Les maisons sont grandes.

Si and the Imperfect Tense

Si and the **on** or **nous** form of the verb in the imperfect tense can be used as a kind of imperative.

Si on jouait au tennis?   *How about playing tennis?*
Si nous jouions au tennis?   *Suppose we play tennis?*

114. Follow the model.

Jouons au golf!
Si on jouait au golf?
Si nous jouions au golf?

1. Jouons aux cartes!
2. Parlons français!
3. Allons au cinéma!
4. Dînons au restaurant ce soir!
5. Dépêchons-nous!

Depuis, il y avait . . . que, voilà . . . que, ça faisait . . . que and the Imperfect Tense

Depuis, il y avait . . . que, voilà . . . que, and **ça faisait . . . que** are used with the imperfect tense to mean *had been.*

Depuis quand attendait-il?   *How long had he been waiting?*

Il attendait depuis dix minutes.
Voilà dix minutes qu'il attendait.
Il y avait dix minutes qu'il attendait.   *He had been waiting for ten minutes.*
Ça faisait dix minutes qu'il attendait.

115. Complete the following sentences with the appropriate form of the imperfect tense of the indicated verb.

1. Depuis quand _____ -vous?   *travailler*

2. Elle _____ ce livre depuis deux ans. *écrire*

3. Voilà longtemps que mon grand-père _____ aller au cinéma. *vouloir*

4. Il y avait deux mois que Jean _____ Marie. *connaître*

5. Voilà deux ans que j'_____ la médecine. *étudier*

6. Depuis quand _____ -ils ce bâtiment? *construire*

7. Nous_____ la vérité depuis longtemps. *savoir*

8. Vous_____ ici depuis trois mois. *habiter*

THE CONVERSATIONAL PAST TENSE (*PASSÉ COMPOSÉ*) OF VERBS CONJUGATED WITH *AVOIR*

The *Passé Composé* of *-er* Verbs

The *passé composé* or conversational past tense of most verbs is formed by adding the present tense of the helping verb **avoir** to the past participle. The past participle of **-er** verbs is formed by adding **-é** to the infinitive stem.

Infinitive: parler
Past participle: **parlé**

j'ai parl**é**
tu as parl**é**
il, elle, on a parl**é**
nous avons parl**é**
vous avez parl**é**
ils, elles ont parl**é**

Short adverbs precede the past participle.

Elle a **bien** chanté. *She sang well.*

But:

Elle a chanté **lentement**. *She sang slowly.*

116. Complete the following sentences with the correct form of the *passé composé* of the indicated verb.

1. Il_____de parler. *cesser*
2. Tu_____partout. *chercher*
3. J'_____ le gibier. *chasser*
4. Nous_____au restaurant. *dîner*
5. Vous_____la porte. *fermer*
6. Elles_____l'appartement. *louer*

117. Rewrite the following sentences in the *passé composé*.

1. J'oublie ma valise.
2. Elle prépare un bon repas.
3. Nous ramassons les papiers.
4. Vous sautez de joie.
5. Elles goûtent le vin.
6. Tu portes une nouvelle robe.
7. Le petit frappe à la porte.
8. Ils appellent leurs amis.
9. Je paie l'addition.
10. Je mange vite.

11. Elle garde toujours le secret.
12. Elle achète déjà des cadeaux pour Noël.
13. Je travaille vite.
14. Le conférencier quitte la salle.

The *Passé Composé* of *-ir* Verbs

The past participle of **-ir** verbs is formed by adding **-i** to the infinitive stem. Some verbs whose infinitive ends in **-ir** have regular past participles even though they are irregular in the present tense.

finir	**fini**
choisir	**choisi**
dormir	**dormi**
mentir	**menti**
servir	**servi**
accueillir	**accueilli**
cueillir	**cueilli**

118. Rewrite the following sentences in the *passé composé*.

1. Ils applaudissent au concert.
2. Je choisis un beau tapis.
3. Elle remplit la tasse de café.
4. Nous réfléchissons aux problèmes.
5. La police saisit le criminel.
6. Vous dormez bien.
7. Tu obéis aux lois.
8. Vous accomplissez déjà la tâche.
9. Les écoliers finissent leurs devoirs.
10. Les ouvriers bâtissent une maison.

The *Passé Composé* of *-re* Verbs

The past participle of **-re** verbs is formed by adding **-u** to the infinitive stem. Some **-re** verbs that are irregular in the present tense have regular past participles.

vendre	**vendu**
répondre	**répondu**
battre	**battu**
rompre	**rompu**
vaincre	**vaincu**

119. Rewrite the following sentences in the *passé composé*.

1. Le bûcheron fend le bois.
2. Nous entendons du bruit.
3. Ils rompent les liens.
4. Vous vainquez le problème.
5. Il bat le tapis.
6. Elle répond vite.
7. La marchande vend des légumes.
8. La glace fond.
9. Tu attends tes amis.
10. L'avocat défend son client.

Irregular Past Participles

Past Participles Ending in -é

être   été

Past Participles Ending in -i, -is, -it

-i
rire	ri
sourire	souri
suffire	suffi
suivre	suivi

-is
acquérir	acquis
conquérir	conquis
mettre	mis
prendre	pris
apprendre	appris
comprendre	compris
surprendre	surpris
reprendre	repris

-it
dire	dit
écrire	écrit
décrire	décrit
conduire	conduit
construire	construit
cuire	cuit
détruire	détruit
produire	produit
reconstruire	reconstruit
traduire	traduit

Past Participles Ending in -ait

faire   fait

120. Complete the following sentences with the correct form of the past participle of the indicated verb.

1. Elle a _____ à l'heure. *être*
2. Il a _____ un bon voyage. *faire*
3. Vous avez _____ en disant cela. *sourire*
4. Ces réponses ont _____. *suffire*
5. Nous avons _____ un cours de français. *suivre*
6. Ils ont _____ une collection de peintures. *acquérir*
7. J'ai _____ les livres sur l'étagère. *mettre*
8. Tu as_____ le dîner à sept heures. *prendre*
9. Nous avons _____ la leçon. *comprendre*
10. La police a _____ le voleur. *surprendre*
11. Il a _____ une Renault. *conduire*

12. L'architecte a _____ une belle maison. *construire*

13. Les œufs ont _____. *cuire*

14. Les bombes ont _____ la ville. *détruire*

15. Le traducteur a _____ le roman. *traduire*

16. Elles vous ont_____cela. *dire*

17. Vous avez_____ beaucoup de cartes postales. *écrire*

18. Il a _____ la scène. *décrire*

121. Rewrite the following sentences in the *passé composé*.

1. Elle suit un cours d'histoire.

2. L'élève apprend l'alphabet.

3. Vous écrivez vos devoirs.

4. Nous faisons des progrès.

5. Je dis la vérité.

6. Ils surprennent leurs amis.

7. Tu ris aux éclats.

8. Elle suit ce boulevard.

9. Ils construisent un pont.

10. Elle met le couvert.

Past Participles Ending in -*u*

Verbs with infinitives in -**aître, tenir** and its derivatives and **courir** and its derivatives add -**u** to the infinitive stem to form the past participle.

connaître	**connu**
reconnaître	**reconnu**
paraître	**paru**
apparaître	**apparu**
disparaître	**disparu**
tenir	**tenu**
convenir	**convenu**
courir	**couru**
secourir	**secouru**

Verbs with infinitives in -**aire, -evoir,** and some other verbs are completely irregular since they are not formed on the infinitive stem.

plaire	**plu**
déplaire	**déplu**
se taire	**tu**
devoir	**dû**
décevoir	**déçu**
apercevoir	**aperçu**
concevoir	**conçu**
recevoir	**reçu**
avoir	**eu**
boire	**bu**
croire	**cru**
pouvoir	**pu**
savoir	**su**
voir	**vu**

falloir	**fallu**
valoir	**valu**
vouloir	**voulu**
lire	**lu**
élire	**élu**
vivre	**vécu**
survivre	**survécu**

Note the circumflex on the **u** of **dû**. Note the cedilla on the **ç** of past participles ending in **çu**.

122. Complete the following sentences with the correct form of the past participle of the indicated verb.

1. Une étoile a _____ sur l'horizon. *apparaître*
2. J'ai _____ cet homme. *reconnaître*
3. Elles ont _____ deux places. *retenir*
4. Vous avez _____ vers votre ami. *courir*
5. Ce film m'a _____. *déplaire*
6. Elle a _____ un cadeau. *recevoir*
7. Nous avons _____ du café. *boire*
8. Tu as _____ cette histoire. *croire*
9. Elle a _____ la vérité. *savoir*
10. Nous avons _____ le faire. *pouvoir*
11. Vous avez _____ ce film. *voir*
12. Cette robe a _____ le prix. *valoir*
13. Vous avez _____ ce roman. *lire*
14. Elle a _____ au XIXe siècle. *vivre*

123. Rewrite the following sentences in the *passé composé*.

1. Je connais les Le Blanc.
2. Cette décision déplaît à ces gens.
3. Elle croit le professeur.
4. Il survit à ses parents.
5. Tu vois tes amis.
6. Elles reçoivent le prix.
7. Elle retient une chambre à l'hôtel.
8. Nous courons vite.
9. Ils maintiennent un air calme.
10. Vous apercevez quelque chose d'étrange.
11. Tu dois répondre.
12. Cet homme paraît étrange.
13. Elle lit les romans de Proust.
14. Cette conférence plaît à tout le monde.
15. Il a de l'argent.
16. Vous tenez votre promesse.
17. Ils élisent un président.
18. Nous reconnaissons cette peinture.
19. Nous buvons du lait.
20. Il veut faire ce devoir.

Past Participles Ending in -*ert*

Some verbs whose infinitives ends in -**rir** have past participles ending in -**ert**.

ouvrir	**ouvert**
couvrir	**couvert**
découvrir	**découvert**
offrir	**offert**
souffrir	**souffert**

124. Rewrite the following sentences in the *passé composé*.

1. Il ouvre la fenêtre.
2. Le biologiste découvre un microbe.
3. Vous souffrez d'un rhume.
4. Nous ouvrons les cadeaux.
5. La mère couvre l'enfant.
6. Il offre un cadeau à son ami.
7. Tu couvres le mur de peintures.
8. Je souffre des maux de têtes.

Past Participles of Verbs Ending in -*indre*

The past participles of verbs ending in -**indre** are irregular.

craindre	**craint**
plaindre	**plaint**
atteindre	**atteint**
éteindre	**éteint**
peindre	**peint**
joindre	**joint**

125. Rewrite the following sentences in the *passé composé*.

1. Il atteint son but.
2. Elle craint cet homme.
3. Nous rejoignons nos amis.
4. Vous éteignez la lumière.
5. L'artiste peint un portrait.
6. Nous plaignons cet homme.
7. Vous craignez les rues désertes.
8. Nous joignons nos amis par télégramme.

Agreement of the Past Participle with Verbs
Conjugated with *avoir*

The past participle of verbs, using **avoir** in the *passé composé*, agree in number and in gender with a preceding direct object.

Voilà **la lettre** que j'ai **écrite**.
Voilà **les photos** que j'ai **prises**.
Voilà **l'homme** que j'ai **craint**.
Voilà **les disques** que j'ai **achetés**.

Most past participles sound alike in the masculine and feminine except for those ending in a consonant.

> les hommes que j'ai **vus**
> la femme que j'ai **vue**

But:

> la lettre que j'ai **écrite**
> la poème que j'ai **écrit**

Compare the masculine and feminine of the following past participles.

Masculine	Feminine
pris	prise
mis	mise
dit	dite
offert	offerte
écrit	écrite
craint	crainte

Note that there is no oral or written change for the masculine singular and plural when the past participle ends in **s**.

> le disque que j'ai **pris**
> les disques que j'ai **pris**

126. Complete the following sentences with the correct form of the past participle of the indicated verb.

   1. Voilà la place que j'ai _____. *prendre*
   2. Voilà le billet que j'ai _____. *prendre*
   3. Voilà la ville qu'il a _____. *peindre*
   4. Voilà le tableau qu'il a _____. *peindre*
   5. Voilà les dames que j'ai _____. *craindre*
   6. Voilà les hommes que j'ai _____. *craindre*
   7. Voilà les peines que j'ai _____. *souffrir*
   8. Voilà les maux que j'ai _____. *souffrir*
   9. Voilà la photo que j'ai _____. *voir*
  10. Voilà le film que j'ai _____. *voir*

127. Rewrite the following sentences according to the model.

> **J'ai écrit la lettre.**
> **Quelle lettre avez-vous écrite?**

   1. J'ai appris la leçon.
   2. J'ai compris le livre.
   3. J'ai mis les disques.
   4. J'ai couvert les murs.
   5. J'ai dit la phrase.
   6. J'ai conduit cette auto.
   7. J'ai pris ces blouses.
   8. J'ai ouvert les fenêtres.

9. J'ai lu le poème.
10. J'ai craint le criminel.
11. J'ai vu ces pièces.
12. J'ai cru l'histoire.

THE *PASSÉ COMPOSÉ* OF VERBS CONJUGATED WITH *ÊTRE*

The following verbs use **être** as the helping verb in the *passé composé*. Study the following past participles.

aller	**allé**	*to go*
venir	**venu**	*to come*
entrer	**entré**	*to enter*
sortir	**sorti**	*to leave, to go out*
arriver	**arrivé**	*to arrive*
partir	**parti**	*to leave*
monter	**monté**	*to go up*
descendre	**descendu**	*to go down*
naître	**né**	*to be born*
mourir	**mort**	*to die*
revenir	**revenu**	*to come back*
retourner	**retourné**	*to go back*
tomber	**tombé**	*to fall*
rester	**resté**	*to stay*
rentrer	**rentré**	*to return*
devenir	**devenu**	*to become*

It is helpful to think of the first 12 of these verbs as opposite pairs.

With verbs conjugated with **être**, the past participle agrees in number and in gender with the subject.

aller

je suis allé(e)	nous sommes allé(e)s
tu es allé(e)	vous êtes allé(e)(s)(es)
il, on est allé	ils sont allés
elle est allée	elles sont allées

128. Complete the following sentences with the correct form of the *passé composé* of the indicated verb.

1. Elle_____ au théâtre. *aller*
2. Il_____ dans la salle. *entrer*
3. Elles_____à l'heure. *arriver*
4. Ils _____dans le taxi. *monter*
5. Elle_____ à huit heures du soir. *naître*
6. Il_____ chez lui. *retourner*
7. Elles_____sur le trottoir. *tomber*
8. Ils_____chez eux. *rester*
9. Elle _____à minuit. *rentrer*
10. Il_____ce soir. *sortir*

11. Elles _____ de bonne heure. *partir*
12. Ils _____ nous voir. *venir*
13. Elle _____ du train. *descendre*
14. Il _____ tard hier. *revenir*
15. Elles _____ riches. *devenir*
16. Ils _____ dans l'accident. *mourir*

129. Rewrite the following sentences in the *passé composé*.

1. Elle monte dans le wagon.
2. Nous (f.) arrivons de bonne heure.
3. Monsieur, vous rentrez tard.
4. Pierre et Georges, vous devenez ennuyeux.
5. Marie et Lucille, vous revenez trop tard.
6. Nous (m.) restons chez nous.
7. Vous (f. sing.) mourez de faim.
8. Nous (f.) partons de bonne heure.
9. Je (f.) rentre chez moi.
10. Tu (m.) descends dans la rue.
11. Vous (f. pl.) entrez dans l'atelier.
12. Les bonnes viennent à l'heure.
13. Les enfants tombent dans l'escalier.
14. Je (m.) vais au bureau.
15. Tu (f.) vas au restaurant.
16. Il part à l'heure.

Monter, descendre, sortir with *être* and *avoir* in the *Passé Composé*

When **monter, descendre,** and **sortir** have direct objects, they use **avoir** rather than **être** as the auxiliary verb in the *passé composé*.

Elle est montée.	*She went up.*
Elle a monté l'escalier.	*She went up the stairs.*
Elle est descendue.	*She came down.*
Elle a descendu les valises.	*She brought the suitcases down.*
Elle est sortie.	*She went out.*
Elle a sorti de l'argent.	*She got out some money.*

130. Rewrite the following sentences in the *passé composé*.

1. Elle monte vite.
2. Elle monte l'escalier.
3. Nous (f.) descendons du train.
4. Nous descendons la valise.
5. Elles sortent le samedi.
6. Elles sortent l'argenterie du tiroir.
7. Il monte dans sa chambre.
8. Ils descendent les valises.
9. Nous sortons de l'argent.
10. Elles descendent de l'autobus.

The *Passé Composé* of Reflexive Verbs

All reflexive verbs are conjugated with **être** in the *passé composé*.

se lever

je me suis levé(e)	nous nous sommes levé(e)s
tu t'es levé(e)	vous vous êtes levé(e)(s)(es)
il, on s'est levé	ils se sont levés
elle s'est levée	elles se sont levées

The past participle of **s'asseoir** is **assis**.

Agreement of the Past Participle with Reflexive Pronouns

The past participle of reflexive verbs agrees in number and in gender with the reflexive pronoun when it is used as a direct object.

Elle s'est lavée.   *She washed herself.*

Se is the direct object and therefore, the past participle agrees.

When the direct object is not the reflexive pronoun, there is no agreement.

Elle s'est lavé les mains.   *She washed her hands.*

Les mains is the direct object and therefore, there is no agreement. But if **les mains** is replaced by **les**, the participle will agree with the preceding direct object **les**.

Elle se **les** est **lavées**.   *She washed them.*

131. Rewrite the following sentences in the *passé composé*.

1. Il se débrouille bien.
2. Elle se lève de bonne heure.
3. Nous (f.) nous amusons bien.
4. Hélène et Marie, vous vous trompez.
5. Elles se retrouvent devant le musée.
6. Elle se lave les mains.
7. Ils se brossent les dents.
8. Je (f.) m'assieds devant le feu.
9. Elles se couchent dans le lit.
10. Tu (m.) te réveilles à huit heures.
11. Vous (f. sing.) vous peignez.
12. Je (m.) me trompe.
13. Nous (m.) nous dépêchons.
14. Pierre et Jean, vous vous rasez.

Uses of the *Passé Composé*

Past Action

The *passé composé* is used to express an action that was completed at a definite time in the past. Some common adverbial expressions that are used with the *passé composé* are:

hier	*yesterday*
avant hier	*the day before yesterday*
hier soir	*last night*
l'autre jour	*the other day*

la semaine dernière (passée)   *last week*
l'année passée (dernière)   *last year*

132. Complete the following sentences with the appropriate form of the *passé composé* of the indicated verb.

   1. Hier nous _____au cinéma. *aller*
   2. On _____ la cathédrale au neuvième siècle. *bâtir*
   3. Elle _____son ami l'autre jour. *voir*
   4. Ils _____me voir hier soir. *venir*
   5. Vous _____ en Europe l'année dernière. *voyager*
   6. Elle _____ de bonne heure hier soir. *se coucher*
   7. Nous _____ la maison la semaine dernière. *louer*
   8. Christophe Colombe_____ les Antilles. *découvrir*
   9. Elle_____ cela avant hier. *dire*
  10. Il_____ ce matin. *se raser*

Differences between the *Passé Composé* and the Imperfect Tense

Completed versus Non-completed Action

You have already learned the basic uses of the imperfect tense and the *passé composé*. The imperfect tense is used to describe continuing action, habitual action, or past action of long duration. The *passé composé* is used to express an action which definitely began and was completed in the past. Even though the action may have taken place in the past for an extended period of time, the *passé composé* is used if the action has been terminated.

       Il **a joué** au football **hier.**
       Il **jouait** au football **tous les samedis.**

       Elle **a parlé une fois** au professeur.
       Elle **parlait souvent** au professeur.

133. Rewrite the following in either the *passé composé* or the imperfect tense according to the indicated time expression.

   1. Ils ont regardé la télévision hier soir.
     _____ chaque soir.
   2. En ce temps-là, il jouait au tennis.
     L'autre jour_____.
   3. Elle répétait cette phrase bien des fois.
     _____ une fois.
   4. Pierre est venu ici hier.
     _____ tous les dimanches.
   5. Nous allions à ce restaurant tous les samedis.
     _____ samedi dernier.
   6. Hier soir nous avons discuté politique.
     Souvent _____.
   7. Ta mère était toujours malade.
     _____ pendant deux ans.
   8. Pendant son dernier voyage elle a payé avec les chèques de voyage.
     Pendant tous ses voyages _____.

    9. Nous y sommes allés l'année dernière.

        _____ de temps en temps.

   10. D'habitude il dormait jusqu'à sept heures.

        Ce matin_____.

134. Answer the following according to the model. Use the *passé composé* or the imperfect tense.

> **Lire le journal?** *Oui, hier*
> **Oui, j'ai lu le journal hier.**

    1. Recevoir la carte?   *Oui, hier*
    2. Habiter à New York?   *Oui, l'année dernière*
    3. Aller aux concerts?   *Oui, tous les dimanches*
    4. Travailler beaucoup?   *Oui, en ce temps-là*
    5. Dormir beaucoup?   *Oui, hier soir*
    6. Conduire cette auto?   *Oui, toujours*
    7. Nager beaucoup?   *Oui, l'été dernière*
    8. Aller à la plage?   *Oui, la semaine dernière*

Two Actions in One Sentence

    The imperfect tense is used to describe what was taking place and continuing to take place in the past when something else happened. The latter action is expressed in the *passé composé*. If the actions occurred simultaneously, the two actions are in the same tense.

> **Paul est venu et Marie est partie.**
> *Paul came and Mary left.*
> **Les enfants jouaient pendant que leurs parents les regardaient.**
> *The children were playing while their parents were watching them.*
> **Quand je suis arrivé, ils dansaient.**
> *When I arrived, they were dancing.*
> **Elle mangeait quand le téléphone a sonné.**
> *She was eating when the telephone rang.*

    Sometimes the tense will change depending upon the idea that the speaker wishes to convey.

> **Un homme a vendu la peinture et l'autre l'a achetée.**
> *One man sold the painting and the other bought it.*
> (Here the speaker is merely reporting what took place.)

> **Un homme vendait la peinture et l'autre l'achetait.**
> *One man was selling the painting and the other was buying it.*
> (Here the speaker wishes to describe the background, what was taking place.)

135. Complete the following sentences with the appropriate form of either the *passé composé* or the imperfect tense of the indicated verbs.

    1. Je_____quand elle_____à la porte. *lire, frapper*
    2. Ma mère _____ le repas pendant que je _____le couvert. *préparer, mettre*
    3. Elles _____ quand tu _____. *manger, téléphoner*

4. Nous _____ sa connaissance quand nous _____ en Europe. *faire, être*

5. Marie _____ avec sa mère quand je _____ . *parler, entrer*

6. Je vous_____ quand vous _____du théâtre. *voir, sortir*

7. Il _____ beau quand elles _____ du train. *faire, descendre*

8. Je _____quand le téléphone _____. *dormir, sonner*

9. Elles_____ des élections quand il _____ les résultats. *discuter,
   annoncer*

10. Quand il _____ « je m'excuse » , je lui _____. *dire, pardonner*

136. Complete the following sentences as if you were telling someone what happened.

1. Un homme _____ et l'autre _____ du vin. *manger, boire*

2. La police _____ et le voleur _____. *entrer, partir*

3. Pierre _____ les valises et Marie _____ les billets. *faire, prendre*

4. Le bébé _____ et le chien _____. *pleurer, aboyer*

5. Pierre _____ le poème et André _____ le poème. *écrire, lire*

137. Rewrite the sentences of the previous exercise as if you were describing to someone what
was happening.

REVIEW

138. Rewrite the following sentences in the *passé composé*.

1. Tu parles beaucoup.
2. Elles dorment bien.
3. Ils répondent à la question.
4. Elles suivent les instructions.
5. Elle descend l'escalier.
6. Nous (f.) nous levons de bonne heure.
7. Nous (m.) allons au musée.
8. Elle monte dans le wagon.
9. Nous prenons les billets.
10. Il fait la leçon.
11. Elles montent les bagages.
12. Je reconnais cet homme.
13. Il revient tout de suite.
14. Elles écrivent les devoirs.
15. Elles se promènent dans le parc.
16. Cette peinture me plaît.
17. Vous recevez la lettre.
18. Tu lis le roman.
19. Ils vivent bien ici.
20. Vous peignez ce paysage.
21. Elle ouvre la fenêtre.
22. Voilà les photos que je vous offre.
23. Voilà les pièces que je lis.
24. Elles se débrouillent bien.

THE LITERARY PAST TENSE (*PASSÉ SIMPLE*)

The *passé simple* or literary past tense has the same function as the *passé composé*. The *passé simple* is used in literary contexts whereas the *passé composé* is used in conversation.

The *Passé Simple* of *-er* Verbs

The *passé simple* of regular **-er** verbs is formed by dropping the **-er** ending from the infinitive and adding the endings **-ai, -as, -a, -âmes, -âtes, -èrent**. Note that some **-er** verbs that are irregular in the present tense are regular in the *passé simple*.

parler	aller
je parl**ai**	j'all**ai**
tu parl**as**	tu all**as**
il, elle, on parl**a**	il, elle, on all**a**
nous parl**âmes**	nous all**âmes**
vous parl**âtes**	vous all**âtes**
ils, elles parl**èrent**	ils, elles all**èrent**

Remember that **-cer** verbs add a cedilla to the **c** before the vowels **a** or **o** and that **-ger** verbs add **e** before the vowels **a** or **o**.

commencer	**il commença**
manger	**il mangea**

139. Rewrite the following sentences in the *passé simple*.

1. On a publié ce livre en 1973.
2. On a brûlé Jeanne d'Arc en 1431 à Rouen.
3. Tu as acheté ce disque.
4. Tu as appelé ton père.
5. J'ai emmené mes amis avec moi.
6. J'ai envoyé le télégramme.
7. Nous sommes allés à Paris.
8. Nous avons trouvé ce livre.
9. Vous avez célébré la fête.
10. Vous êtes arrivées à l'heure.
11. Les Américains ont débarqué en Normandie en 1944.
12. Ils ont commencé la construction de la cathédrale en 1150.

140. Rewrite the following sentences in the *passé composé*.

1. Il chercha son père.
2. Nous donnâmes de l'argent à nos amis.
3. Elles méditèrent sur l'avenir.
4. Je frappai à la porte
5. Vous devinâtes les résultats.
6. Tu montas vite.
7. Nous comptâmes notre argent.
8. Ils marchèrent dans les rues désertes.
9. Je retournai chez moi.
10. Elle alla à l'église.

The *Passé Simple* of -ir and -re Verbs

To form the *passé simple* of **-ir** and **-re** verbs, the endings **-is, -is, -it, -îmes, -îtes, -irent** are added to the infinitive stem.

finir	attendre
je fin**is**	j'attend**is**
tu fin**is**	tu attend**is**
il, elle, on fin**it**	il, elle, on attend**it**
nous fin**îmes**	nous attend**îmes**
vous fin**îtes**	vous attend**îtes**
ils, elles fin**irent**	ils, elles attend**irent**

Note that the singular forms of the present tense and the *passé simple* are identical for regular **-ir** verbs.

141. Complete the following sentences with the correct form of the *passé simple* of the indicated verb.

1. Christophe Colombe _____ le Nouveau Monde. *découvrir*
2. Elle _____ sa mère. *attendre*
3. Tu _____ la salle. *embellir*
4. Tu _____ tes amis. *défendre*
5. J' _____ les acteurs. *applaudir*
6. Je _____ tout de suite. *partir*
7. Nous _____ le fil. *perdre*
8. Nous _____ la lecture. *finir*
9. Vous _____ à l'examen. *réussir*
10. Vous _____ des fleurs. *vendre*
11. Ils _____ des chemises. *choisir*
12. Elles _____ aux questions. *répondre*

142. Rewrite the following sentences in the *passé composé*.

1. Ils découvrirent la vérité.
2. Nous réfléchîmes aux problèmes.
3. Il agrandit le palais.
4. Vous répandîtes la nouvelle.
5. Je vendis des timbres.
6. Tu rendis les devoirs.
7. Elles finirent leurs devoirs.
8. Vous descendîtes le boulevard.

The *Passé Simple* of Irregular Verbs Built upon the Past Participle

For most irregular verbs, the stem for the *passé simple* is the past participle. The endings **-s, -s, -t, -^mes, -^tes, -rent** are added to this stem.

Verbs with Past Participles Ending in -i

The *passé simple* of many irregular verbs whose infinitive ends in **-ir** or **-re** is formed by adding the endings **-s, -s, -t, -^mes, -^tes, -rent** to the past participle. Note that they are like **finir** in the *passé simple*.

Infinitive	Past participle	Passé simple
dormir	dormi	je dormis, nous dormîmes
mentir	menti	je mentis, nous mentîmes
partir	parti	je partis, nous partîmes
sentir	senti	je sentis, nous sentîmes
servir	servi	je servis, nous servîmes
sortir	sorti	je sortis, nous sortîmes
rire	ri	je ris, nous rîmes
sourire	souri	je souris, nous sourîmes
suffire	suffi	je suffis, nous suffîmes
suivre	suivi	je suivis, nous suivîmes

Verbs with Past Participles Ending in *-i* plus a Consonant

The final consonant of the past participle of these verbs is replaced by the endings **-s, -s, -t, -ˆmes, -ˆtes, -rent.**

Infinitive	Past participle	Passé simple
acquérir	acquis	j'acquis, nous acquîmes
dire	dit	je dis, nous dîmes
mettre	mis	je mis, nous mîmes
prendre (and its derivatives)	pris	je pris, nous prîmes

143. Rewrite the following sentences in the *passé simple.*

1. Elle a suivi la route.
2. Tu es parti.
3. Je suis sortie.
4. Nous avons menti.
5. Vous avez dormi huit heures.
6. Ils ont ri aux éclats.
7. Elle a acquis les peintures.
8. J'ai mis le couvert.
9. Tu as dit la vérité.
10. Nous avons pris le déjeuner.
11. Vous avez appris la vérité.
12. Ils ont compris la situation.

144. Rewrite the following sentences in the *passé composé.*

1. Nous sortîmes ce soir-là.
2. Elle suivit la route pour Dijon.
3. Elles prirent les livres.
4. Vous mîtes votre manteau.
5. Tu servis un bon repas.
6. Je souris en entrant.

Verbs with Past Participles Ending in *-u*

pouvoir

je **pus**	nous **pûmes**
tu **pus**	vous **pûtes**
il, elle, on **put**	ils, elles **purent**

avoir

j'**eus**	nous **eûmes**
tu **eus**	vous **eûtes**
il, elle, on **eut**	ils, elles **eurent**

Pouvoir and **avoir** can be used as a pattern for the following verbs.

Infinitive	*Past participle*	*Passé simple*
avoir	eu	**j'eus, nous eûmes**
boire	bu	**je bus, nous bûmes**
connaître	connu	**je connus, nous connûmes**
courir	couru	**je courus, nous courûmes**
croire	cru	**je crus, nous crûmes**
devoir	dû	**je dus, nous dûmes**
lire	lu	**je lus, nous lûmes**
paraître	paru	**je parus, nous parûmes**
plaire	plu	**je plus, nous plûmes**
pouvoir	pu	**je pus, nous pûmes**
recevoir	reçu	**je reçus, nous reçûmes**
savoir	su	**je sus, nous sûmes**
se taire	tu	**je me tus, nous nous tûmes**
valoir	valu	**je valus, nous valûmes**
vivre	vécu	**je vécus, nous vécûmes**
vouloir	voulu	**je voulus, nous voulûmes**

145. Rewrite the following sentences in the *passé simple*.

1. Elle a bu trop de vin.
2. Il a vite couru.
3. Tu as voulu venir.
4. Tu as pu le faire.
5. J'ai cru l'histoire.
6. J'ai reconnu cet homme.
7. Nous avons lu *Les Misérables*.
8. Nous avons reçu la lettre.
9. Vous avez dû travailler.
10. Vous avez eu des difficultés.
11. Les étoiles ont apparu sur l'horizon.
12. Ils ont vécu à Londres.

146. Complete the following sentences with the correct form of the *passé simple* of the indicated verb.

1. Nous _____ trop de café. *boire*
2. Elles nous _____. *reconnaître*
3. Tu _____ la carte. *recevoir*
4. Je _____ à New York. *vivre*
5. Vous _____ l'histoire. *lire*
6. Ils _____ venir. *pouvoir*
7. Elle _____ à tout le monde. *plaire*
8. Nous _____ le professeur. *croire*

The *Passé Simple* of Verbs not Built upon the Past Participle

Some verbs add the endings **-s, -s, -t, -ˆmes, -ˆtes, -rent** to an irregular stem. Note that all contain the vowel **i** except **mourir, être, venir,** and **tenir.**

Infinitive	Past participle	Passé simple
battre	battu	je battis, nous battîmes
rompre	rompu	je rompis, nous rompîmes
offrir	offert	j'offris, nous offrîmes
ouvrir	ouvert	j'ouvris, nous ouvrîmes
couvrir	couvert	je couvris, nous couvrîmes
souffrir	souffert	je souffris, nous souffrîmes
vaincre	vaincu	je vainquis, nous vainquîmes
écrire	écrit	j'écrivis, nous écrivîmes
conduire	conduit	je conduisis, nous conduisîmes
traduire	traduit	je traduisis, nous traduisîmes
naître	né	je naquis, nous naquîmes
voir	vu	je vis, nous vîmes
craindre	craint	je craignis, nous craignîmes
joindre	joint	je joignis, nous joignîmes
peindre	peint	je peignis, nous peignîmes
faire	fait	je fis, nous fîmes
mourir	mort	je mourus, nous mourûmes
être	été	je fus, nous fûmes
tenir	tenu	je tins, nous tînmes
venir	venu	je vins, nous vînmes

147. Complete the following sentences with the correct form of the *passé simple* of the indicated verb.

1. Elle _____ les liens. *rompre*
2. Nous _____ le tapis. *battre*
3. Vous _____ du vin. *offrir*
4. Il _____ à la gare. *conduire*
5. Ils _____ le roman. *traduire*
6. Tu _____ tes amis. *convaincre*
7. Nous _____ une lettre. *écrire*
8. Hugo _____ en 1802. *naître*
9. Vous _____ vos copains. *voir*
10. L'artiste _____ le portrait. *peindre*
11. Vous _____ l'examen final. *craindre*
12. Nous _____ nos amis. *rejoindre*
13. Il _____ de son mieux. *faire*
14. Nous _____ du tennis. *faire*
15. Je _____ content. *être*
16. Ils _____ malades. *être*
17. Camus _____ dans un accident. *mourir*
18. Il _____ de Paris. *venir*
19. Nous _____ une chambre à l'hôtel. *retenir*
20. Elles _____ ce soir. *revenir*

148. Rewrite the following sentences in the *passé composé*.

1. Il traduisit le livre.
2. Ils écrivirent des romans.
3. Il fut roi de France.
4. Je vins te voir.
5. Elles rejoignirent leurs amis.
6. Ils vinrent de Paris.
7. Nous ouvrîmes la porte.
8. Vous souffrîtes beaucoup.
9. Elle naquit à Paris.
10. Nous vîmes le film.

REVIEW

149. Rewrite the following sentences in the *passé simple*.

1. Elles sont arrivées à l'heure.
2. Vous avez beaucoup souffert.
3. Elle a réussi à le faire.
4. Nous avons traversé la route.
5. J'ai dit la vérité.
6. Vous êtes vite parti.
7. J'ai été malade.
8. Nous avons vendu la maison.
9. Elles ont pris la route vers Nice.
10. Elles sont venues nous voir.
11. Tu as lu le roman.
12. Il a vaincu l'ennemi.
13. Nous avons cru l'histoire.
14. Je suis venu à l'heure.
15. Elle a craint cet homme.

THE FUTURE

Aller with an Infinitive

The immediate future can be expressed by using the verb **aller** with an infinitive. This is the equivalent of the English *to be going to*.

Je vais travailler ici.
I am going to work here.
Nous allons aller au cinéma.
We are going to go to the movies.
Ils vont venir à sept heures.
They are going to come at seven o'clock.

150. Complete the following sentences with the appropriate form of the verb **aller**.

1. Je _____ partir demain.
2. Nous _____ faire du ski.
3. Qui _____ mettre le couvert?
4. Vous _____ nager dans la mer.
5. Elles _____ faire le repas.
6. Tu _____ voyager en avion.

151. Rewrite the following sentences in the future, using **aller** with the infinitive.

  1. Nous faisons les valises.
  2. Je regarde la télévision.
  3. Elle parle au professeur.
  4. Vous sortez de bonne heure.
  5. Ils habitent à New York.
  6. Tu viens tout de suite.
  7. Nous buvons du café.
  8. Vous lisez le journal.
  9. Il sait les résultats.
  10. Vous finissez le travail.

Regular Forms of the Future Tense

The future tense of most verbs is formed by adding **-ai**, **-as**, **-a**, **-ons**, **-ez**, **-ont** to the infinitive. The final **-e** of **-re** verbs is dropped before adding the future endings. The future tense is used as in English to express an event or describe a condition that will take place in the future.

parler	finir	attendre
je parler**ai**	je finir**ai**	j'attendr**ai**
tu parler**as**	tu finir**as**	tu attendr**as**
il, elle, on parler**a**	il, elle, on finir**a**	il, elle, on attendr**a**
nous parler**ons**	nous finir**ons**	nous attendr**ons**
vous parler**ez**	vous finir**ez**	vous attendr**ez**
ils, elles parler**ont**	ils, elles finir**ont**	ils, elles attendr**ont**

Note that the second and third person singular forms sound alike; the first person singular and the second person plural sound alike, and the first and third person plurals sound alike. The forms are all spelled differently, however.

For **-er** verbs, if the stem ends in two pronounced consonants, the **e** is pronounced.

   je parl<u>e</u>rai

If the stem ends in one pronounced consonant, the **e** is not pronounced.

   je dîn¢rai

152. Complete the following sentences with the correct form of the future tense of the indicated verb.

  1. Il _____ le problème avec nous. *discuter*
  2. Elle _____ à l'heure. *finir*
  3. Tu _____ tes livres. *vendre*
  4. Tu _____ de cela plus tard. *parler*
  5. Je _____ du bifteck ce soir. *manger*
  6. Je _____ la tasse de café. *remplir*
  7. Vous _____ aux lois. *obéir*
  8. Vous _____ à la question demain. *répondre*
  9. Nous _____ tous par hélicoptère dans cinquante ans. *voyager*
  10. Nous _____ les instructions. *suivre*
  11. Ils _____ de bonne heure. *se réveiller*
  12. Elles _____ leurs devoirs demain. *rendre*

153. Rewrite the following sentences in the future tense.

    1. Nous allons regarder la télévision.
    2. Vous allez étudier davantage.
    3. Je vais écrire des cartes postales.
    4. Il va plaire à cette fille.
    5. Elles vont dormir huit heures.
    6. L'artiste va peindre un portrait.
    7. Tu vas conduire prudemment.
    8. Elle va dire la vérité.
    9. Elles vont rejoindre leurs amis.
    10. Vous allez suivre les instructions.
    11. Je vais prendre le déjeuner à midi.
    12. Elle va se coucher à dix heures.

Verbs using the Third Person Singular Form of the Present Tense as the Future Stem

Some verbs use the third person singular form of the present tense rather than the infinitive as the future stem.

Verbs Ending in -yer

Infinitive	Base	Future
employer	il emploie	j'emploierai, nous emploierons
ennuyer	il ennuie	j'ennuierai, nous ennuierons
essayer	il essaie	j'essaierai, nous essaierons
essuyer	il essuie	j'essuierai, nous essuierons
nettoyer	il nettoie	je nettoierai, nous nettoierons
payer	il paie	je paierai, nous paierons

Verbs with -e- in the Infinitive

Infinitive	Base	Future
acheter	il achète	j'achèterai, nous achèterons
lever	il lève	je lèverai, nous lèverons
mener	il mène	je mènerai, nous mènerons
peser	il pèse	je pèserai, nous pèserons
appeler	il appelle	j'appellerai, nous appellerons
jeter	il jette	je jetterai, nous jetterons

154. Rewrite the following sentences in the future tense.

    1. Elle nettoie sa chambre.
    2. Il paie ses dettes.
    3. Elle essaie de partir.
    4. Il ennuie ses amis.
    5. On achète des bonbons.
    6. Elle mène une vie tranquille.
    7. Elle lève le rideau.
    8. Il appelle ses amis.
    9. Elle jette la lettre dans la corbeille.

155. Complete the following sentences with the correct form of the future tense of the indicated verb.

1. Nous _____ la salle. *nettoyer*
2. Vous _____ vos amis au téléphone. *appeler*
3. Ils _____ les enfants au cinéma. *emmener*
4. Je _____ les fruits. *peser*
5. Tu _____ la tache. *enlever*
6. Elle _____ cette viande. *jeter*
7. Il _____ du pain. *acheter*
8. Nous _____ de faire ce travail. *essayer*

Verbs with Irregular Future Stems

Some verbs have completely irregular future stems to which the regular future endings are added.

Infinitive	*Future*
cueillir	je cueillerai, nous cueillerons
s'asseoir	je m'assiérai, nous nous assiérons
aller	j'irai, nous irons
avoir	j'aurai, nous aurons
être	je serai, nous serons
faire	je ferai, nous ferons
savoir	je saurai, nous saurons
falloir	il faudra
valoir	je vaudrai, il vaudra
vouloir	je voudrai, nous voudrons
apercevoir	j'apercevrai, nous apercevrons
décevoir	je décevrai, nous décevrons
devoir	je devrai, nous devrons
pleuvoir	il pleuvra
recevoir	je recevrai, nous recevrons
courir	je courrai, nous courrons
secourir	je secourrai, nous secourrons
mourir	je mourrai, nous mourrons
pouvoir	je pourrai, nous pourrons
voir	je verrai, nous verrons
envoyer	j'enverrai, nous enverrons
tenir (and its derivatives)	je tiendrai, nous tiendrons
venir (and its derivatives)	je viendrai, nous viendrons

156. Complete the following sentences with the correct form of the future tense of the indicated verb.

1. Elles _____ des fleurs. *cueillir*
2. Ils _____ à table. *s'asseoir*
3. Nous _____ à Paris. *aller*

4. Il _____ besoin d'une voiture. *avoir*

5. Vous _____ à l'heure. *être*

6. Nous le _____ exprès. *faire*

7. Vous _____ le poème par cœur. *savoir*

8. Il _____ le faire. *falloir*

9. Il _____ mieux vous coucher maintenant. *valoir*

10. Nous _____ lire ce livre. *vouloir*

11. Nous _____ quelque chose d'étrange ici. *apercevoir*

12. Il _____ ses amis. *décevoir*

13. Tu _____ partir. *devoir*

14. Il _____ à verse. *pleuvoir*

15. Elle _____ une lettre demain. *recevoir*

16. Tu _____ à la maison. *courir*

17. Elles _____ les pauvres. *secourir*

18. Il _____ à l'hôpital. *mourir*

19. Elle _____ jouer ce rôle. *pouvoir*

20. Ils _____ leurs amis ce soir. *voir*

21. Tu _____ la lettre par avion. *envoyer*

22. Elles _____ avec nous. *venir*

23. Il _____ sa place. *retenir*

24. Nous _____ demain. *revenir*

157. Follow the model.

A-t-elle reçu une invitation?
Non, mais la prochaine fois elle recevra une invitation.

1. Ont-ils pu finir à l'heure?
2. Avez-vous fait le voyage en avion?
3. Ont-ils su la vérité?
4. Êtes-vous allé voir ce film?
5. A-t-il eu confiance en son ami?
6. As-tu envoyé la lettre par avion?
7. A-t-elle vu Pierre?
8. Avez-vous retenu une chambre à l'avance?
9. Est-elle venue avec André?
10. A-t-il reçu une bonne note?
11. Avez-vous secouru les pauvres?
12. A-t-il valu la peine d'y aller?
13. Avez-vous fait de votre mieux?
14. As-tu cueilli les fleurs?
15. Ont-ils été à l'heure?
16. As-tu voulu sortir?
17. A-t-il fallu le faire?
18. As-tu dû le faire?
19. Avez-vous aperçu l'incendie?
20. Vous êtes-vous assis au premier rang?
21. A-t-il plu?

Special Uses of the Future Tense

After Certain Conjunctions

The future tense is used after the following conjunctions when the verb of the main clause is in the future tense. The future time is implied in the dependent clause. Note that the present tense is often used in English.

quand
lorsque   } *when*
au moment où

dès que   } *as soon as*
aussitôt que

pendant que   } *while*
tandis que

Quand
Lorsque   } il arrivera, je le verrai.
Au moment où
When he arrives, I will see him.

Je le verrai { quand
              lorsque   } il arrivera.
              au moment où
I will see him when he arrives.

Dès que   } vous viendrez, nous dînerons.
Aussitôt que
As soon as you come, we will eat dinner.

Nous dînerons { dès que
                aussitôt que } vous viendrez.
We will eat as soon as you come.

Pendant que   } le garçon jouera de la guitare, les filles chanteront.
Tandis que
While the boy plays the guitar, the girls will sing.

Le garçon jouera de la guitare { pendant que
                                  tandis que } les filles chanteront.
The boy will play the guitar while the girls will sing.

The verb will also be in the future tense after these conjunctions with an imperative that refers to an action that will take place in the future.

Dites-moi quand il arrivera.
Tell me when he will arrive.
Parlez à Jean dès qu'il arrivera.
Speak to John when he arrives.

If the action is habitual, the present tense is used after these conjunctions.

Tous les jours je le vois quand il part pour l'école.
Every day I see him when he leaves for school.

158. Complete the following sentences with the correct form of the future tense of the indicated verb.

    1. Quand il _____, nous _____. *arriver, manger*
    2. Lorsque je _____ Paul, je lui _____ le livre. *voir, donner*
    3. Dès qu'il _____ le travail, je le _____. *finir, payer*
    4. Aussitôt que nous _____, nous _____. *terminer, sortir*
    5. Tandis que l'enfant _____, je _____ le journal. *dormir, lire*
    6. Pendant que les filles _____ la cuisine, les garçons _____. *faire, parler*
    7. Téléphonez-moi quand vous _____ venir. *pouvoir*
    8. Payez quand vous _____. *vouloir*
    9. Écrivez-moi une carte quand vous _____ en Europe. *voyager*
    10. Nous _____ au moment où nos amis _____. *partir, arriver*

After *penser que, savoir que, espérer que, ne pas savoir si* and in Indirect Discourse

The present or future tense can be used after **penser que, savoir que, espérer que, ne pas savoir si** and in indirect discourse when the main clause is in the present.

Je pense qu'il viendra.
Je pense qu'il vient.

Je sais qu'il viendra.
Je sais qu'il vient.

J'espère qu'il viendra.
J'espère qu'il vient.

Je ne sais pas s'il viendra.
Je ne sais pas s'il vient.

The future tense is also used in indirect discourse to express a future action when the main clause is in the present tense.

Il dit qu'il viendra.
He says he will come.

159. Rewrite the following sentences, putting the second verb in the future tense.

    1. Je pense qu'elle étudie.
    2. Je sais qu'il vient.
    3. J'espère que nous arrivons à l'heure.
    4. Je crois qu'ils viennent.
    5. Je ne sais pas s'il veut y aller.
    6. Je ne sais pas si elle peut venir.

160. Follow the model.

      Elle dit qu'elle va venir.
      Elle dit qu'elle viendra.

    1. Il dit qu'il va sortir.
    2. Elle dit qu'elle va pouvoir le faire.
    3. Elles disent qu'elles vont travailler.
    4. Ils disent qu'ils vont savoir le poème par cœur.

To Express Probability

In familiar conversational French, the future is sometimes used to express supposition or probability, particularly with **avoir** or **être**. Since these forms are used in conversation, the meaning is often conveyed by the intonation. The future of probability is never used out of context.

> J'entends la radio. Il **sera** à la maison.
> *I hear the radio. He must be at home.*
> Il court vite. Il **aura** froid.
> *He is running fast. He must be cold.*
> Elle ne mange pas. Elle **sera** malade.
> *She does not eat. She must be sick.*

161. Complete the following sentences with the correct form of the future tense of the indicated verb.

1. Il_____ à la maison. Je vois de la lumière. *être*
2. Il n'est pas au bureau aujourd'hui. Il_____ malade. *être*
3. Il_____ faim. Il en a l'air. *avoir*
4. Ils courent. Ils_____ peur. *avoir*

162. Rewrite the following sentences, using the future of probability.

1. Elle n'est pas dans sa chambre. Elle est (probablement) avec Pierre.
2. Regardez ce qu'ils achètent. Ils ont (probablement) de l'argent à jeter.
3. Comme elle court! Elle a (probablement) peur.
4. Elles viennent me voir. Elles ont (probablement) besoin de moi.
5. Elle ne mange pas. Elle est (probablement) malade.

163. Translate the following sentences, using the future tense.

1. He must be afraid.
2. He is probably home.
3. He must be sick.
4. She must be cold.

REVIEW

164. Complete the following sentences with the correct form of the future tense of the indicated verb.

1. Elles_____ devant le cinéma. *attendre*
2. Il_____ trois heures. *être*
3. Quand il_____, nous _____ le travail. *venir, faire*
4. Aussitôt qu'elles_____, nous_____ au cinéma. *venir, aller*
5. Quand elle _____ la chambre, je la _____. *nettoyer, payer*
6. Vous_____ une vie tranquille ici. *mener*
7. Tu _____ à cette question. *réfléchir*
8. Elle_____ vous aider. *savoir*
9. Ils_____ leurs amis samedi prochain. *voir*
10. Nous _____ le faire. *pouvoir*
11. Elle _____ besoin de ce livre. *avoir*

12. Il _____ le faire. *falloir*
13. Nous _____ à table. *s'asseoir*
14. Ils _____ de faim. *mourir*
15. Vous _____ voir ce film. *vouloir*

THE CONDITIONAL TENSE

Formation

The conditional tense is formed by adding the endings -**ais**, -**ais**, -**ait**, -**ions**, -**iez**, -**aient** to the future stem of the verb. Note that the endings are the same as those for the imperfect tense.

parler	finir	attendre
je parler**ais**	je finir**ais**	j'attendr**ais**
tu parler**ais**	tu finir**ais**	tu attendr**ais**
il, elle, on parler**ait**	il, elle, on finir**ait**	il, elle, on attendr**ait**
nous parler**ions**	nous finir**ions**	nous attendr**ions**
vous parler**iez**	vous finir**iez**	vous attendr**iez**
ils, elles parler**aient**	ils, elles finir**aient**	ils, elles attendr**aient**

Verbs that have irregular stems in the future tense have the same irregular stem in the conditional tense.

Infinitive	*Future*
employer	j'emploierais, nous emploierions
acheter	j'achèterais, nous achèterions
appeler	j'appellerais, nous appellerions
cueillir	je cueillerais, nous cueillerions
s'asseoir	je m'assiérais, nous nous assiérions
aller	j'irais, nous irions
avoir	j'aurais, nous aurions
être	je serais, nous serions
faire	je ferais, nous ferions
savoir	je saurais, nous saurions
falloir	il faudrait
valoir	je vaudrais, il vaudrait
vouloir	je voudrais, nous voudrions
apercevoir	j'apercevrais, nous apercevrions
décevoir	je décevrais, nous décevrions
devoir	je devrais, nous devrions
pleuvoir	il pleuvrait
recevoir	je recevrais, nous recevrions
courir	je courrais, nous courrions
secourir	je secourrais, nous secourrions
mourir	je mourrais, nous mourrions
pouvoir	je pourrais, nous pourrions
voir	je verrais, nous verrions
envoyer	j'enverrais, nous enverrions
tenir (and its derivatives)	je tiendrais, nous tiendrions
venir (and its derivatives)	je viendrais, nous viendrions

165. Rewrite the following sentences in the conditional tense.

1. Je dînerai en ville.
2. Tu resteras à la maison.
3. Elle prendra l'avion.
4. Nous paierons nos dettes.
5. Vous viendrez à trois heures.
6. Il sera de retour à huit heures.
7. Elle aura faim.
8. Nous le ferons.
9. Elle enverra la lettre par avion.
10. Il mourra de remords.
11. Elles verront leurs amis.
12. Vous pourrez voir ce film.
13. Ils secourront les pauvres.
14. Nous nous assiérons devant le feu.

166. Complete the following sentences with the correct form of the conditional tense of the indicated verb.

1. Elles _____ dans la mer, mais l'eau est trop froide. *nager*
2. J'_____ un sonnet, mais je ne suis pas poète. *écrire*
3. Il me _____, mais il n'a pas d'argent. *payer*
4. Pourquoi n'_____-vous pas en avion? *aller*
5. Elles _____ tout de suite, mais il n'y a pas de vol jusqu'à mardi. *venir*
6. Nous _____ à New York, mais nous avions autre chose à faire. *être*
7. Il le_____ tout de suite. *faire*
8. Il_____ la lettre par avion. *envoyer*
9. Nous_____ tous les détails. *savoir*
10. Vous_____ de bonne heure. *se coucher*
11. Je_____ à table. *s'asseoir*
12. Tu _____ tes amis. *recevoir*
13. Vous _____ le faire. *pouvoir*
14. Nous _____ travailler. *devoir*

Uses of the Conditional Tense

To Express the Idea *would*

The conditional tense describes an action that would happen if it were not for some other circumstances. It is translated by *would* in English.

Dans ce cas-là, je viendrais.
In that case, I would come.
À votre place, nous lui en parlerions.
In your situation, we would speak to him about it.

Do not confuse the meaning of the conditional with the verb **devoir**.

| Je **devrais** travailler. | *I should study.* |
| Je **travaillerais**. | *I would study.* |

167. Follow the model.

> Qu'est-ce que je devrais faire — accepter ou refuser? *À votre place*
> À votre place j'accepterais.

1. Qu'est-ce que je devrais faire — étudier ou sortir? *À votre place*
2. Qu'est-ce que je devrais faire — venir ou rester à la maison? *À votre place*
3. Qu'est-ce que je devrais faire — aller à Paris ou aller à Marseille? *Dans ce cas-là*
4. Qu'est-ce que je devrais faire — écrire ou téléphoner? *Dans ce cas-là*

After Certain Conjunctions

The conditional tense is used after **quand, lorsque, dès que, aussitôt que,** and **tant que** when the main verb is in the conditional tense.

> **Il mangerait quand il arriverait.**
> *He would eat when he arrived.*
> **Il ferait le travail dès qu'il reviendrait.**
> *He would do the work as soon as he returned.*

It is also used after **au cas où.**

> **J'attendrai encore une heure au cas où elle viendrait.**
> *I will wait another hour in case she comes.*

168. Complete the following sentences with the correct form of the conditional tense of the indicated verb.

1. Il _____ dès qu'il _____ . *finir, revenir*
2. Il _____ quand il _____ le temps. *lire, avoir*
3. Elle_____ aussitôt que vous _____ . *comprendre, expliquer*
4. Elle_____ le faire lorsque vous lui_____les instructions. *pouvoir, donner*
5. Je ne sortirai pas au cas où il _____ . *rentrer*
6. Nous rentrons à la maison au cas où nos invités_____ . *revenir*

To Soften a Request, Command, or Desire

The conditional tense is used to soften a request, command, or desire.

> **Je voudrais vous dire quelque chose.**
> *I would like to tell you something.*
> **J'aimerais aller à Paris.**
> *I would like to go to Paris.*
> **Pourriez-vous m'aider?**
> *Could you help me?*
> **Voudriez-vous aller au cinéma?**
> *Would you like to go to the movies?*

169. Follow the models.

> **Attendez-moi.**
> **Pourriez-vous m'attendre?**

1. Venez tout de suite.
2. Conduisez-moi à l'aéroport.

3. Donnez-moi ce livre.
4. Aidez-moi.

   Allons au cinéma!
   Voudriez-vous aller au cinéma?

5. Dînons en ville!
6. Assistons à la conférence!
7. Allons voir ce film!
8. Prenons le train!

   du café
   Je voudrais du café.

9. du vin rouge
10. deux billets d'aller et retour
11. ce livre
12. un paquet de cigarettes

To Express Possibility or Unsure Action

The conditional tense is used to express a possible action or condition in the present. It is often used with exclamations or questions.

Quelle heure **serait**-il?   Il **serait** trois heures.
What time could it be?   It could be three o'clock already.

It is also used to describe an action that is unsure or not known to be true. It is often used by journalists and reporters.

Il **serait** à New York aujourd'hui.
He is rumored to be in New York today.
Il **aurait** une peinture de Braque.
He allegedly has a Braque painting.
Quel accident!   Il y **aurait** trois morts.
What an accident!   It is said there are three deaths.

170. Rewrite the following sentences, using the conditional tense of possibility.

1. (Peut-être) est-il huit heures?   Ils sont arrivés.
2. Elle a (peut-être) bien 50 ans!
3. Comme il court!   (Peut-être) sait-il les résultats.
4. (On dit qu') il fait sa médecine à Paris maintenant.

171. Translate the following sentences into French, using the conditional tense.

1. He is rumored to live in Paris.
2. She allegedly has a Picasso painting.
3. The president is rumored to be in New York.
4. It could be two o'clock already.

Indirect Discourse

The conditional tense is used to express a future action in indirect discourse when the main verb is in the past tense.

Il m'a dit qu'il viendrait.
He told me he would come.
Il m'a demandé si je voyagerais en France.
He asked me if I would travel in France.
Je croyais qu'elle voudrait venir.
I thought she would want to come.

Remember that the future tense is used when the verb in the main clause is in the present tense.

Il dit qu'il viendra.
He says he will come.

172. Rewrite the following sentences, putting the verb in the main clause in the past tense. Make all necessary changes.

   1. Il me dit qu'il sortira ce soir.
   2. Elle m'assure qu'elle sera heureuse.
   3. Il me demande si je mènerai une vie tranquille.
   4. Elle dit qu'elle m'écrira.

173. Complete the following sentences with the correct form of the future or conditional tense of the indicated verb.

   1. Elle dit qu'elle _____ la lettre. *écrire*
   2. Il m'a demandé si je _____. *venir*
   3. Il décide qu'il _____ le voyage en avion. *faire*
   4. Elles ont dit qu'elles _____ peur. *avoir*
   5. Nous avons dit que nous _____ le couvert. *mettre*
   6. Elle dit qu'elle _____ le faire. *pouvoir*
   7. Elle m'a assuré qu'elle _____ heureuse. *être*
   8. Je dis que je ne _____ pas ici. *être*

COMPOUND TENSES

The compound tenses are formed by using the appropriate tense of the auxiliary verb **avoir** or **être** and the past participle. Review the formation of the past participles on pages 101-110.

Pluperfect Tense (*Plus-que-parfait*)

The pluperfect tense (*plus-que-parfait*) is formed by using the imperfect tense of the verb **avoir** or **être** with the past participle.

parler	entrer	se lever
j'avais parlé	j'étais entré(e)	je m'étais levé(e)
tu avais parlé	tu étais entré(e)	tu t'étais levé(e)
il, elle, on avait parlé	il, on était entré	il, on s'était levé
nous avions parlé	elle était entrée	elle s'était levée
vous aviez parlé	nous étions entré(e)s	nous nous étions levé(e)s
ils, elles avaient parlé	vous étiez entré(e)(s)(es)	vous vous étiez levé(e)(s)(es)
	ils étaient entrés	ils s'étaient levés
	elles étaient entrées	elles s'étaient levées

The pluperfect tense is used the same in French as in English to express a past action completed prior to another past action.

Elle avait parlé et ensuite nous sommes partis.
She had spoken and then we left.
Ils avaient déjà terminé quand je suis parti.
They had already finished when I left.
Elles étaient déjà descendues quand je suis entré.
They had already come down when I came in.

174. Complete the following sentences with the appropriate form of the pluperfect tense of the indicated verb.

1. Nous (f.) _____ déjà _____ . *arriver*
2. Elle _____ ce roman. *lire*
3. Tu _____ la valise. *faire*
4. Le petit _____ le disque. *casser*
5. Nous (m.) _____ déjà _____ . *descendre*
6. Ils _____ . *manger*
7. J'(f.) _____ déjà _____ . *partir*
8. Vous (m. pl.) _____ du voyage. *revenir*
9. Elle _____ de bonne heure. *se coucher*
10. Nous (f.) _____ tard. *se lever*

175. Rewrite the following sentences according to the model.

Je suis partie et ensuite il est entré.
J'étais déjà partie quand il est entré.

1. Je suis revenu et ensuite elle est entrée.
2. Elles ont déjeuné et ensuite je suis arrivé.
3. J'ai fini mes devoirs et ensuite le téléphone a sonné.
4. Elle a écrit la lettre et ensuite son ami a frappé à la porte.
5. Les voleurs sont partis et ensuite la femme a crié.
6. Nous nous sommes couchés et ensuite il est revenu.

Future Perfect Tense (*Futur Antérieur*)

The future perfect tense (*futur antérieur*) is formed by using the future tense of the auxiliary verb **avoir** or **être** with the past participle.

finir	venir	se réveiller
j'aurai fini	je serai venu(e)	je me serai réveillé(e)
tu auras fini	tu seras venu(e)	tu te seras réveillé(e)
il, elle, on aura fini	il, on sera venu	il, on se sera réveillé
nous aurons fini	elle sera venue	elle se sera réveillée
vous aurez fini	nous serons venu(e)s	nous nous serons réveillé(e)s
ils, elles auront fini	vous serez venu(e)(s)(es)	vous vous serez réveillé(e)(s)(es)
	ils seront venus	ils se seront réveillés
	elles seront venues	elles se seront réveillées

The future perfect tense is used to express a future action that will be completed prior to another future action.

Elles auront mangé avant mon arrivée.
They will have eaten before my arrival.
Il sera déjà parti quand vous arriverez.
He will have already left when you arrive.
Nous nous serons couchés quand vous reviendrez.
We will have already gone to bed when you return.
Demain à cette heure, nous serons arrivés en France.
Tomorrow at this time, we will have arrived in France.

Like the future tense, the future perfect tense is often used to express probability. It is often used in this way with all verbs. See page 126.

Il n'est pas ici. Il **sera parti.**
He is not here. He must have left.
Qu'est-ce que j'ai fait de mon journal?   Je l'**aurai jeté!**
What did I do with my newspaper? I must have thrown it away!

176. Complete the following sentences with the appropriate form of the future perfect of the indicated verb.

1. Nous _____ déjà_____ avec le directeur. *parler*
2. Vous _____ avant minuit. *rentrer*
3. Elles _____ le travail avant notre arrivée. *faire*
4. Tu_____cela avant lundi. *apprendre*
5. Elle _____ ces disques avant la soirée. *acheter*
6. Elle _____ de Paris avant samedi. *rentrer*
7. Je_____déjà_____quand vous reviendrez. *partir*
8. Nous _____ cette exposition avant votre départ. *voir*
9. Vous _____ votre composition avant la fin de juin. *écrire*
10. Vous _____ quand ils reviendront. *se coucher*

Conditional Past Tense (*Passé du Conditionnel*)

The conditional past tense (*passé du conditionnel*) is formed by using the conditional tense of the auxiliary verb **avoir** or **être** and the past participle.

attendre	partir	se laver
j'aurais attendu	je serais parti(e)	je me serais lavé(e)
tu aurais attendu	tu serais parti(e)	tu te serais lavé(e)
il, elle, on aurait attendu	il, on serait parti	il, on se serait lavé
nous aurions attendu	elle serait partie	elle se serait lavée
vous auriez attendu	nous serions parti(e)s	nous nous serions lavé(e)s
ils, elles auraient attendu	vous seriez parti(e)(s)(es)	vous vous seriez lavé(e)(s)(es)
	ils seraient partis	ils se seraient lavés
	elles seraient parties	elles se seraient lavées

The conditional past tense is used to describe what would have taken place if something else had not interfered.

> **Dans ce cas-là, j'aurais refusé.**
> *In that case, I would have refused.*
> **Ils auraient fait le voyage, mais ils n'avaient pas assez d'argent.**
> *They would have taken the trip, but they didn't have enough money.*
> **Elle serait venue, mais elle n'avait pas d'auto.**
> *She would have come, but she didn't have a car.*
> **Il se serait rasé, mais il n'avait pas de rasoir.**
> *He would have shaved, but he didn't have a razor.*

Like the conditional, the conditional perfect is used to express a possible action in the past.

> J'ai trouvé sa lettre. **Serait**-il **venu** en mon absence?
> *I found his letter. Could it be that he came in my absence?*

It is also used to describe an action that is unsure. Like the conditional, it is used by journalists and reporters.

> Dix avions **auraient été abattus** hier.
> *It is reported that ten planes were brought down yesterday.*

See page 130.

177. Complete the following sentences with the correct form of the conditional past tense of the indicated verb.

1. Ils _____ , mais il a commencé à pleuvoir. *finir*
2. Nous _____ , mais nous n'avions pas faim. *manger*
3. Nous _____ hier, mais il n'y avait pas de vol. *rentrer*
4. Elle_____ le petit, mais elle ne pouvait pas. *accompagner*
5. Tu_____ tes amis, mais ils ne sont pas venus. *voir*
6. Vous _____ de l'eau, mais vous n'avez pas eu soif. *boire*
7. Elle_____ le médicament, mais elle n'était pas malade. *prendre*
8. Dans ce cas-là, elle_____ venir. *pouvoir*
9. Dans ce cas-là, je _____. *se coucher*
10. Tu _____ en noir. *s'habiller*

The Past Anterior (*Passé Antérieur*) and the *Passé Surcomposé*

The *passé antérieur* is formed by using the *passé simple* of the auxiliary verb **avoir** or **être** and the past participle.

finir	**venir**
j'eus fini	je fus venu(e)
tu eus fini	tu fus venu(e)
il, elle, on eut fini	il, on fut venu
nous eûmes fini	elle fut venue
vous eûtes fini	nous fûmes venu(e)s
ils, elles eurent fini	vous fûtes venu(e)(s)(es)
	ils furent venus
	elles furent venues

The *passé surcomposé* is a double compound tense formed by using the *passé composé* of the auxiliary verb **avoir** and the past participle. It is rarely used with verbs conjugated with **être** except when these verbs imply result, not action.

finir	arriver
j'ai eu fini	j'ai été arrivé(e)
tu as eu fini	tu as été arrivé(e)
il, elle, on a eu fini	il, on a été arrivé
nous avons eu fini	elle a été arrivée
vous avez eu fini	nous avons été arrivé(e)s
ils, elles ont eu fini	vous avez été arrivé(e)(s)(es)
	ils ont été arrivés
	elles ont été arrivées

Like the *plus-que-parfait*, the *passé antérieur* expresses a past action that occurred before another past action. It is usually used in subordinate clauses after **quand, lorsque, après que, dès que,** or **à peine** which indicate a past action immediately preceding another.

Quand il eut fini, il partit.
When he had finished, he left.
Lorsqu'elle fut arrivée, nous partîmes.
When she had arrived, we left.

Note that the subject and verb are inverted after **à peine.**

À peine eut-elle fini qu'elle partit.
She had hardly finished when she left.

The *passé antérieur* is only used in written language. In spoken language, it is replaced by the *passé surcomposé*.

Quand il a eu fini, il est parti.
When he had finished, he left.

178. Rewrite the following sentences in spoken language.

1. Quand il eut mangé, il partit.
2. Lorsqu'elles furent réunies, elles élurent un président.
3. Lorsque le professeur eut fini le discours, il descendit de l'estrade.
4. À peine eut-il fini que nous arrivâmes.
5. Après qu'ils furent guéris, ils retournèrent au travail.
6. Quand il fut arrivé, la conférence commença.

179. Rewrite the following sentences in written language.

1. Dès qu'elle a eu appris la nouvelle, elle a décidé de partir.
2. À peine a-t-elle eu reçu l'invitation qu'elle y a répondu.
3. À peine a-t-elle été entrée qu'elle a compris la situation.
4. Aussitôt qu'ils ont été partis, ils ont soupiré.

SI CLAUSES

Si (*if*) clauses are used to express conditions contrary to fact. For such clauses, there is a definite sequence of tenses to be followed.

Si *clause*	Result *clause*
Present indicative or passé composé	Future or imperative
Imperfect	Conditional
Pluperfect	Past conditional

Study the following examples.

Si vous n'avez pas compris, dites-le-moi.
If you didn't understand, tell me.
Si vous n'avez pas compris, vous me le direz.
If you didn't understand, you will tell me.
Si j'ai assez d'argent, je ferai le voyage.
If I have enough money, I will take the trip.
Si j'avais assez d'argent, je ferais le voyage.
If I had enough money, I would take the trip.
Si j'avais eu assez d'argent, j'aurais fait le voyage.
If I had had enough money, I would have taken the trip.

Si vous venez, nous resterons.
If you come, we will stay.
Si vous veniez, nous resterions.
If you came, we would stay.
Si vous étiez venu, nous serions restés.
If you had come, we would have stayed.

180. Complete the following sentences with the appropriate form of the indicated verb.

1. Elles y iront si elles _____ le temps. *avoir*
2. Si vous _____ à l'heure, je vous attendrai. *être*
3. Je _____ s'il ne pleut pas. *partir*
4. S'il fait beau, nous _____ une promenade. *faire*
5. S'ils _____ assez de temps, ils viendraient. *avoir*
6. Il paierait ses dettes s'il _____ de l'argent. *avoir*
7. Si j'avais le temps, je le _____. *faire*
8. Nous _____ chez nous s'il pleuvait. *rester*
9. S'il _____ des billets, il serait allé au théâtre. *prendre*
10. J'aurais été content si vous _____. *venir*
11. S'il avait fait froid, il _____ son manteau. *mettre*
12. Vous _____ à l'heure si vous étiez parti de bonne heure. *arriver*

181. Answer the following questions according to the model.

S'il fait beau, que ferez-vous? *marcher dans le parc*
S'il fait beau, je marcherai dans le parc.

1. Si vous avez sommeil, que ferez-vous? *dormir*
2. Si vous aviez sommeil, que feriez-vous? *dormir*
3. Si vous aviez eu sommeil, qu'est-ce que vous auriez fait? *dormir*
4. Si elle vient, que ferez-vous? *partir*
5. Si elle venait, que feriez-vous? *partir*
6. Si elle était venue, qu'est-ce que vous auriez fait? *partir*

SUBJUNCTIVE

In French there are two moods of the verb, the indicative and the subjunctive. The indicative mood is used to report an action which is taking, has taken, or will take place. The action is not dependent upon an opinion or condition. When the statement implies a truth, fact, or probability, the indicative mood is used.

> **Marie mange beaucoup.**
> *Mary eats a lot.*
> **Je sais qu'il est parti.**
> *I know he left.*
> **Il est probable qu'il ira à New York.**
> *It is probable that he will go to New York.*
> **Il est vrai que le monde est rond.**
> *It is true that the world is round.*

The subjunctive is used to express an action which is dependent upon a subjective idea, opinion, or condition. The idea in the dependent clause is either contrary to fact, or possible, but not probable.

> **Le père veut que son fils devienne médecin.**
> *The father wants his son to become a doctor.*
> **Il faut qu'elle se réveille tôt.**
> *It is necessary for her to wake up early.*
> **Je doute qu'il vienne.**
> *I doubt that he is coming.*

In the first example, even though the father wants his son to become a doctor, it is not certain that the boy will carry out the father's desire. Therefore, the action is expressed in the subjunctive. In English an infinitive, rather than the subjunctive, is used.

> *The father wants his son to become a doctor.*

In French, however, a clause must be used.

PRESENT SUBJUNCTIVE

Regular Forms

The present subjunctive is formed by dropping the **-ent** ending from the third person plural of the present indicative and adding the endings **-e, -es, -e, -ions, -iez, -ent.**

	parler	finir	attendre
Base:	**ils parlent**	**ils finissent**	**ils attendent**
	je parl**e**	je finiss**e**	j'attend**e**
	tu parl**es**	tu finiss**es**	tu attend**es**
	il, elle, on parl**e**	il, elle, on finiss**e**	il, elle, on attend**e**
	nous parl**ions**	nous finiss**ions**	nous attend**ions**
	vous parl**iez**	vous finiss**iez**	vous attend**iez**
	ils, elles parl**ent**	ils, elles finiss**ent**	ils, elles attend**ent**

Note that for **-er** verbs, there is no difference between the subjunctive and the present indicative in the **je, tu, il, on, elle, ils, elles** forms. The same is true for the third person plural of all regular subjunctive forms. Note that unlike the present indicative of regular **-ir** and **-re** verbs, there is no audible difference between the third person plural and the singular forms.

Present indicative	*Subjunctive*
il finit	**il finisse**
ils finissent	**ils finissent**
il attend	**il attende**
ils attendent	**ils attendent**

Note that the verbs **étudier, oublier, rire,** and **sourire** have a double **i** in the **nous** and **vous** forms since the base ends in **-i.**

Base	*Subjunctive*
ils étudient	**nous étudiions**
	vous étudiiez

Other verbs that are regular in the subjunctive are:

	Verb	*Base*
Verbs like	ouvrir	**ils ouvrent**
Verbs like	courir	**ils courent**
	rire	**ils rient**
	conclure	**ils concluent**
	rompre	**ils rompent**
	battre	**ils battent**
	mettre	**ils mettent**
	partir	**ils partent**
Verbs like	connaître	**ils connaissent**
	plaire	**ils plaisent**
	se taire	**ils se taisent**
	lire	**ils lisent**
	dire	**ils disent**
	conduire	**ils conduisent**
	traduire	**ils traduisent**
	dormir	**ils dorment**
	servir	**ils servent**
	suivre	**ils suivent**
	vivre	**ils vivent**
	vaincre	**ils vainquent**
	craindre	**ils craignent**
	joindre	**ils joignent**
	peindre	**ils peignent**
	s'asseoir	**ils s'asseyent**

182. Complete the following sentences with the correct form of the subjunctive of each indicated verb.

    1. Il faut qu'elles _____.
       (parler, entrer, finir, réussir, attendre, répondre)
    2. Il ne veut pas qu'elle _____.
       (partir, sortir, mentir, repentir, dormir)
    3. Il veut que je _____.
       (rompre les liens, vaincre mes passions, craindre cet homme, peindre ce portrait.

4. Il est nécessaire que tu _____.
   (écrire la lettre, suivre la route, vivre ici, décrire la vue, servir le déjeuner)
5. Elle désire que nous _____.
   (parler, lire, dormir, disparaître, s'asseoir)
6. Il veut que vous _____.
   (sourire, étudier, rire, oublier ceci)

Spelling Changes in the Present Subjunctive

Verbs ending in **-oyer** such as **employer, envoyer, nettoyer**, etc., and verbs ending in **-ayer** such as **essayer, payer**, etc., and **croire** and **voir** change the **i** of the third person plural base to **y** in the **nous** and **vous** forms. The vowel changes are the same as those for the present indicative.

	envoyer		**croire**
Base:	**ils envoient**		**ils croient**

j'envoie	je croie
tu envoies	tu croies
il, elle, on envoie	il, elle, on croie
ils, elles envoient	ils, elles croient
nous envo**y**ions	nous cro**y**ions
vous envo**y**iez	vous cro**y**iez

Verbs with Internal Vowel Changes in the Present Subjunctive

Verbs with -é- in the Infinitive

Verbs with **-é-** in the infinitive such as **céder, compléter, considérer, espérer, préférer, répéter**, etc., change the **è** of the third person plural stem to **-é-** in the **nous** and **vous** forms.

	céder		
Base:	**ils cèdent**		
	je cède		
	tu cèdes	*But:*	**nous cédions**
	il, elle, on cède		**vous cédiez**
	ils, elles cèdent		

Verbs with -e- in the Infinitive

Verbs with **-e-** in the infinitive such as **acheter, appeler, jeter, lever, mener**, etc., change the base in the **nous** and **vous** forms. Verbs which in the present indicative change **-e-** to **-è-** in the singular and the third person plural forms retain the **e** in the **nous** and **vous** forms.

acheter

Base:	**ils achètent**
But:	**nous achetions**
	vous achetiez

Verbs which double the consonant in the third person plural have only one consonant in the **nous** and **vous** forms.

jeter

Base:	**ils jettent**
But:	**nous jetions**
	vous jetiez

In other words, the spelling changes are the same as those for the present indicative.

183. Complete the following sentences with the correct form of the present subjunctive of the indicated verb.

    1. Il est essentiel qu'ils _____ le paquet. *envoyer*
    2. Il est nécessaire que nous _____ la salle. *nettoyer*
    3. Je veux qu'elles _____ l'histoire. *croire*
    4. Elle veut que vous _____ ce film. *voir*
    5. Il faut qu'ils _____ ce problème. *considérer*
    6. Il faut que nous _____ nos places. *céder*
    7. Il est important qu'ils _____ ce livre. *acheter*
    8. Il est important que nous _____ le rideau. *lever*
    9. Il faut qu'ils _____ leurs amis. *appeler*
    10. Il est nécessaire que vous _____ ce papier. *jeter*

Prendre, tenir, venir

Prendre, tenir, and **venir** also undergo an internal vowel change in the present subjunctive.

prendre

  Base: **ils prennent**
  But: **nous prenions**
        vous preniez

tenir

  Base: **ils tiennent**
  But: **nous tenions**
        vous teniez

venir

  Base: **ils viennent**
  But: **nous venions**
        vous veniez

Verbs with Variable Bases in the Present Subjunctive

The following verbs have variable bases in the present subjunctive.

mourir

  Base: **ils meurent**
  But: **nous mourions**
        vous mouriez

recevoir (décevoir, concevoir), devoir

recevoir   **devoir**

  Base: **ils reçoivent**   *Base:* **ils doivent**
  But: **nous recevions**   *But:* **nous devions**
        vous receviez   **vous deviez**

boire

Base: **ils boivent**
But: **nous buvions**
   vous buviez

Note that the base changes are the same for these verbs in the present indicative and the present subjunctive.

Present indicative	*Subjunctive*
nous mourons	**nous mourions**
nous recevons	**nous recevions**
nous buvons	**nous buvions**

184. Complete the following sentences with the correct form of the present subjunctive of the indicated verb.

 1. Il faut qu'ils_____ leur temps. *prendre*
 2. Il est important que vous_____ l'autobus. *prendre*
 3. Il est possible qu'elle_____ à l'heure. *venir*
 4. Il est important que vous_____ les places maintenant. *retenir*
 5. Il est possible que le malade_____. *mourir*
 6. Il est possible que vous_____de fatigue. *mourir*
 7. Il faut qu'ils_____ de l'argent. *recevoir*
 8. Il est possible que nous_____ de l'argent. *recevoir*
 9. Il faut que tu_____ le médicament. *boire*
 10. Il vaut mieux que nous_____du lait. *boire*

Verbs with Irregular Bases in the Present Subjunctive

The following verbs have irregular bases in the present subjunctive.

avoir	**être**
j'aie	je sois
tu aies	tu sois
il, elle, on ait	il, elle, on soit
ils, elles aient	ils, elles soient
nous ayons	nous soyons
vous ayez	vous soyez

pouvoir	**faire**
je puisse	je fasse
tu puisses	tu fasses
il, elle, on puisse	il, elle, on fasse
ils, elles puissent	ils, elles fassent
nous puissions	nous fassions
vous puissiez	vous fassiez

savoir

je sache
tu saches
il, elle, on sache
ils, elles sachent
nous sachions
vous sachiez

vouloir

je veuille
tu veuilles
il, elle, on veuille
ils, elles veuillent
nous voulions
vous vouliez

aller

j'aille
tu ailles
il, elle, on aille
ils, elles aillent
nous allions
vous alliez

valoir

je vaille
tu vailles
il, elle, on vaille
ils, elles vaillent
nous valions
vous valiez

falloir

il faille

pleuvoir

il pleuve

185. Change the following sentences, substituting the words given.

1. Il est nécessaire que nous soyons à l'heure. (vous, ils, elle, tu, je)
2. Il faut que tu aies de la patience. (je, il, elles, nous, vous)
3. Il est bon que je puisses venir. (nous, vous, ils, tu, elle)
4. Il est important que tu fasses le travail. (je, il, elles, nous, vous)
5. Il faut que tu saches la vérité. (vous, nous, ils, elle, je)
6. Il est possible qu'il veuille partir. (nous, vous, tu, elles, je)
7. Il faut que j'aille au supermarché. (tu, ils, elle, nous, vous)
8. Il est important que ça vaille la peine. (elle, nous, vous, tu, ils)

Uses of the Subjunctive

Subjunctive in Noun Clauses

The subjunctive is required in clauses following verbs which denote desire, doubt, denial, necessity, fear, etc. The subjunctive verb usually appears in a clause introduced by **que**.

Some common expressions requiring the subjunctive are:

1. wish, preference or desire

vouloir	*to want*
désirer	*to wish, to desire*
préférer	*to prefer*
souhaiter	*to wish*

Je veux qu'il parte.
I want him to leave.

2. doubt

douter	*to doubt*

Je doute qu'il vienne.
I doubt he is coming. (will come)

3. denial

nier　　　　　　*to deny*

Elle nie qu'elle vous connaisse.
She denies that she knows you.

4. emotions

être heureux	*to be happy*
être triste	*to be sad*
être fâché	*to be angry*
être désolé	*to be sorry*
être surpris	*to be surprised*
avoir peur	*to be afraid*
avoir craint	*to be afraid*
regretter	*to be sorry*
se fâcher	*to be angry*
se réjouir	*to rejoice, to be happy*

Je suis heureux que vous puissiez venir.
I am happy that you can come.
Elle est triste que nous partions.
She is sad that we are leaving.
Elle craint que nous n'attendions pas.
She is afraid that we will not wait.

5. an order, command, or requirement (See page 152.)

commander	*to ask, to order*
exiger	*to demand*
ordonner	*to command, to order*

Il exige que nous soyons à l'heure.
He demands that we be on time.

6. permission or refusal of permission (See page 152.)

permettre	*to permit*
consentir	*to consent*
défendre	*to forbid*
empêcher	*to prevent*

Il permet que nous fassions cela.
He permits us to do that.
Il défend que nous fumions en classe.
He forbids us to smoke in class.

186. Complete the following sentences with the correct form of the present subjunctive of each indicated verb.

1. Je veux qu'ils _____.
   (parler, manger, écrire, dormir, venir, sortir, conduire)
2. Elle préfère que nous _____.
   (payer, céder, appeler le garçon, venir, boire, aller, être ici)
3. Pourquoi commandes-tu que je _____.
   (travailler, lire, venir, finir, sortir)
4. Elle craint que vous ne_____.
   (venir, comprendre, manger, attendre)

187. Rewrite the following according to the model.

>   **Je veux que: Vous travaillez.**
>   **Je veux que vous travailliez.**

A.   Je veux que:

1. Tu dis la vérité.
2. Tu attends une heure.
3. Elle peint ce portrait.
4. Ils partent à l'heure.
5. Vous étudiez la leçon.
6. Nous le complétons.

B.   Elle doute que:

1. J'envoie la lettre.
2. Tu crois l'histoire.
3. Elle cède sa place.
4. Ils achètent cette maison.
5. Nous considérons ce projet.
6. Vous prenez votre temps.

C.   Il est heureux que:

1. Nous venons ici.
2. Elle prend l'avion.
3. Elles reçoivent le paquet.
4. Il ne meurt pas de faim.
5. Nous buvons du lait.
6. Vous recevez le prix.

D.   J'exige que:

1. Elle est à l'heure.
2. Il a de la patience.
3. Tu le fais.
4. Elles savent les réponses.
5. Vous avez le temps.
6. Vous êtes ici tous les jours.

E.   Je regrette que:

1. Vous ne voulez pas venir.
2. Tu ne veux pas le faire.
3. Elle ne peut pas venir.
4. Il pleut.
5. Ils ne savent pas nager.

188. Complete the following sentences with the appropriate form of the indicated verb.

1. Je préfère que tu _____ l'auto. *conduire*
2. Elle craint que vous _____ en retard. *arriver*
3. Mes parents défendent que je _____. *fumer*
4. Il nie qu'il la _____. *connaître*
5. Je suis triste que vous _____ malade. *être*

6. Il ordonne que je _____ le travail. *faire*
7. Il permet que nous y _____. *aller*
8. Elle doute que vous le _____. *savoir*
9. Nous sommes contents qu'elles _____ venir. *vouloir*
10. Il veut que nous _____ son œuvre. *traduire*
11. Ils commandent que je _____ de bonne heure. *rentrer*
12. Nous sommes désolés qu'il ne _____ pas ce soir. *venir*
13. Il désire que je _____ la leçon. *comprendre*
14. Nous voulons que tout _____ bien. *aller*
15. Je prefère que vous ne _____ pas ce soir. *sortir*

Subjunctive with Impersonal Expressions

The subjunctive is also required after many impersonal expressions that denote an element of subjectivity.

il est temps que	*it is time that*
il vaut mieux que	*it is better that*
il est préférable que	*it is better that*
il faut que	*it is necessary that*
il est nécessaire que	*it is necessary that*
il est essentiel que	*it is essential that*
il importe que	*it is important that*
il est important que	*it is important that*
il suffit que	*it is enough that, it suffices that*
il convient que	*it is fitting that, it is proper that*
il est convenable que	*it is fitting that, it is proper that*
il est possible que	*it is possible that*
il se peut que	*it is possible that*
il est impossible que	*it is impossible that*
il est douteux que	*it is doubtful that*
il n'est pas certain que	*it is uncertain that*
il est heureux que	*it is fortunate that*
il est bon que	*it is good that*
c'est (il est) dommage que	*it is a pity that*
il semble que	*it seems that*
il est honteux que	*it is shameful that*
il est triste que	*it is sad that*
il est surprenant que	*it is surprising that*
il est étonnant que	*it is surprising that*

Il est temps que vous veniez.
It is time for you to come.
Il faut que vous étudiiez.
It is necessary for you to study.
Il est douteux qu'il réussisse.
It is doubtful that he will succeed.
C'est dommage qu'elle ne vienne pas.
It's a pity that she is not coming.

189. Complete the following sentences with the correct form of the present subjunctive of each indicated verb.

    1. Il est possible qu'il le _____.
    (préparer, lire, recevoir, faire, savoir, perdre)
    2. Il est nécessaire que nous le _____.
    (finir, manger, comprendre, suivre, faire, répéter, retenir)
    3. Il est douteux que vous _____.
    (comprendre, venir, finir, sortir, savoir la réponse)
    4. Il n'est pas certain qu'il _____.
    (réussir, comprendre, arriver, finir, répondre)

190. Introduce each of the following by the indicated expression.

    1. Nous recevons ces lettres. *Il est essentiel*
    2. Je te le dis. *Il suffit*
    3. Tu es ici. *Il vaut mieux*
    4. Vous voulez venir. *Il est bon*
    5. Elle écrit ses devoirs. *Il est important*
    6. Ils vont au marché. *Il faut*
    7. Vous venez. *Il est temps*
    8. Vous êtes malade. *C'est dommage*
    9. Elles partent tout de suite. *Il vaut mieux*
    10. Tu réussis à l'examen. *Il est heureux*
    11. Paul peut venir. *Il est douteux*
    12. Tu mens. *Il est honteux*
    13. Ils savent la vérité. *Il est bon*
    14. On le craint. *Il est possible*
    15. Ils viendront demain. *Il convient*

Subjunctive with Expressions of Doubt

The indicative is used with expressions that denote certainty in the affirmative.

il est sûr	*it is sure*
il est certain	*it is certain*
il est probable	*it is probable*

The subjunctive is used in the negative and interrogative forms of the above expressions, since uncertainty is implied.

Indicative	*Subjunctive*
Il est sûr qu'il viendra.	**Il n'est pas sûr qu'il vienne.** **Est-il sûr qu'il vienne?**
Il est certain qu'elle comprend.	**Il n'est pas certain qu'elle comprenne.** **Est-il certain qu'elle comprenne?**
Il est probable qu'il le fera.	**Il n'est pas probable qu'il le fasse.** **Est-il probable qu'il le fasse?**

The indicative is used with affirmative forms of **croire** and **penser** since there is no uncertainty.

Je pense qu'il vient.
Je crois qu'elle comprend.

The subjunctive is used with the negative and interrogative forms of **croire** and **penser** when they express doubt or uncertainty.

Je ne crois pas qu'il vienne.
I don't believe he is coming. (but I don't know for sure)
Croyez-vous qu'il vienne?
Do you think he is coming? (the answer is unknown for sure)

You will note that many expressions that take the indicative are followed by a future tense.

Indicative	*Subjunctive*
Il est certain qu'il viendra.	**Il n'est pas certain qu'il vienne.**
Je crois qu'elles seront ici.	**Je ne crois pas qu'elles soient ici.**

191. Complete the following sentences with the correct form of the indicated verb.

    1. Il est sûr qu'il _____ ici demain. *être*
    2. Il n'est pas sûr qu'elle le _____. *faire*
    3. Est-il sûr qu'ils _____? *venir*
    4. Il est certain qu'elles _____ demain. *venir*
    5. Il n'est pas certain que nous _____ les résultats aujourd'hui. *savoir*
    6. Est-il certain que vous y _____? *aller*
    7. Il est probable qu'elle le _____. *faire*
    8. Il n'est pas probable qu'il _____ les billets. *obtenir*
    9. Est-il probable que nous _____ le travail? *finir*
    10. Je pense qu'elle _____ raison. *avoir*
    11. Je ne pense pas qu'elle _____ la réponse. *savoir*
    12. Pensez-vous qu'il le _____? *croire*
    13. Je crois qu'elle _____ venir. *vouloir*
    14. Je ne crois pas qu'elles _____ le faire. *vouloir*
    15. Croyez-vous que nous _____ le faire? *pouvoir*

192. Answer the following questions, according to the indicated cue.

    1. Crois-tu que Jean le sache? *Non*
    2. Êtes-vous certain que Pierre le sache? *Non*
    3. Est-il probable qu'il conduise une auto? *Non*
    4. Est-il sûr qu'ils viennent? *Non*
    5. Croyez-vous qu'elles arrivent demain? *Non*
    6. Est-il sûr qu'elle parte tout de suite? *Non*
    7. Est-il probable qu'il vienne? *Non*
    8. Êtes-vous certain que Jean vienne? *Non*

Subjunctive with Subordinate Conjunctions

The following conjunctions require the subjunctive.

    1. of time

avant que	*before*
en attendant que	*until*
jusqu'à ce que	*until*

On lui dira au revoir avant qu'il (ne) parte.
We will tell him goodbye before he leaves.

2. of cause or negation

non que	*not that*
non pas que	*not that*
sans que	*without*
loin que	*far from*

Elle est partie sans que je la voie.
She left without my seeing her.

3. of purpose or result

afin que	*in order that*
pour que	*in order that*
de manière que	*so that*
de façon que	*so that*
de sorte que	*so that*
de crainte que	*for fear that*
de peur que	*for fear that*

Elle ne vous parle pas de peur que vous la réprimandiez.
She does not speak to you for fear that you will scold her.

You will note that in certain cases, **de manière que, de façon que,** and **de sorte que** are followed by the indicative, particularly when the result is an accomplished and presumably irreversible deed or fact.

Les étudiants se taisait de sorte que personne ne pouvait entendre le moindre bruit.
The students were so quiet you couldn't hear the slightest noise.

4. of concession

bien que	*although*
quoique	*although*
encore que	*although*
malgré que	*although*
soit que. . .soit que	*whether . . . or*

Bien qu'il soit chez lui, il ne répond pas au téléphone.
Although he is at home, he does not answer the telephone.

5. of condition

en cas que	*in case*
pourvu que	*provided that*
supposé que	*supposing that*
à moins que	*unless*

Ils iront à la plage à moins qu'il (ne) pleuve.
They will go to the beach unless it rains.

Ne is usually used after **à moins que, avant que, de peur que** when the verb in the dependent clause is affirmative. When the verb is negative, **ne . . . pas** is used.

Nous nous réveillons tôt de peur qu'elle ne parte sans nous.
We are getting up early for fear that she will leave without us.
Nous nous réveillons tôt de peur qu'elle ne nous attende pas.
We are getting up early for fear that she will not wait for us.

The following conjunctions do not take the subjunctive.

aussitôt que	*as soon as*
dès que	*as soon as*
après que	*after*
pendant que	*while*
parce que	*because*

Review the use of conjunctions with the future and conditional tenses on pages 124 and 129.

193. Complete the following sentences with the correct form of each indicated expression.

    1. À moins que tu ne_____, le professeur se fâchera.
       (savoir la leçon, faire tes devoirs, lire le roman, écrire la composition)
    2. Quoiqu'il _____, je m'en irai.
       (neiger, faire froid, pleuvoir)
    3. Il se couchera aussitôt qu'il _____.
       (être fatigué, arriver, rentrer, revenir)

194. Complete the following sentences with the correct form of the subjunctive of the indicated verb.

    1. Je le verrai avant qu'il ne_____. *partir*
    2. Je lui répondrai avant qu'elle ne _____. *sortir*
    3. Je lirai en attendant qu'elle_____. *venir*
    4. Il m'aidera jusqu'à ce que je_____ une meilleure note. *recevoir*
    5. Je les attendrai jusqu'à ce qu'ils _____. *revenir*
    6. Elle part sans qu'on lui _____ au revoir. *dire*
    7. Je parlerai lentement pour que vous_____. *comprendre*
    8. Je partirai tôt afin que je_____ arriver à l'heure. *pouvoir*
    9. Il fera cela de sorte que nous_____ contents. *être*
  10. De peur qu'il ne_____, je prendrai un parapluie. *pleuvoir*
  11. Je resterai ici de crainte que mes amis n'_____. *arriver*
  12. Quoiqu'il _____ riche, je ne l'aime pas. *être*
  13. Bien qu'elles _____, elles ne réussissent pas. *étudier*
  14. Nous sortirons ce soir à moins qu'il ne_____. *neiger*
  15. Je vous attendrai pourvu que vous n'_____ pas trop en retard. *arriver*
  16. À moins qu'il ne _____ beau, je ne sortirai pas. *faire*
  17. À moins que tu ne _____ la leçon, il se fâchera. *savoir*

195. Complete the following sentences with the correct form of the indicated verb.

    1. Aussitôt qu'il _____, nous partirons. *arriver*
    2. Je me dépêche de peur qu'elle ne m'_____ pas. *attendre*
    3. Dès qu'elle _____, nous mangerons. *venir*
    4. Je vous l'expliquerai afin que vous le _____ mieux. *comprendre*
    5. Ils chantaient pendant que je _____ de la guitare. *jouer*
    6. Elle me verra avant que je ne _____. *partir*

The Subjunctive as an Imperative

The subjunctive may be used as an imperative when not talking to the person to whom the command is directed.

Qu'il parte tout de suite!
Let him leave immediately!
Qu'elle ne revienne jamais!
May she never return!
Vive le roi!
Long live the king!
Ainsi soit-il!
So be it!

196. Change the sentence according to the model.

> **Il part maintenant.**
> **Qu'il parte maintenant!**

1. Elle vient tout de suite.
2. Il conduit sagement.
3. Il répond au professeur.
4. Ils obéissent à leurs parents.
5. Elle apprend la leçon.
6. Elles disent la vérité.
7. Il sait la réponse.
8. Elles finissent leurs devoirs.

Subjunctive in Relative Clauses

Indefinite antecedent

The subjunctive is used in relative clauses when the antecedent (the word the clause modifies) is indefinite. If the antecedent is definite, the indicative is used.

Je connais un médecin qui peut m'aider.
I know a doctor who can help me.
Je cherche un médecin qui puisse m'aider.
I am looking for a doctor who can help me. (but I haven't found him yet)

Je connais un homme qui sait parler français.
I know someone who knows how to speak French.
Je cherche un homme qui sache parler français.
I am looking for a man who knows how to speak French. (but I haven't found him yet)

197. Complete the following sentences with the correct form of each indicated expression.

1. Je connais une dactylographe qui _____.
   (parler français, écrire bien, savoir taper à la machine)
2. J'ai besoin d'une dactylographe qui _____.
   (parler français, écrire bien, savoir taper à la machine)

198. Rewrite the following sentences according to the model.

> **Je connais une fille. Elle sait parler français.**
> **Je connais une fille qui sait parler français.**

1. Je cherche un homme. Il connaît la route.
2. J'ai trouvé un homme. Il connaît cette chanson.

3. Je veux acheter une blouse. Elle me va bien.
4. J'ai une blouse. Elle me va bien.
5. Je cherche un poste. Il est intéressant.
6. J'ai un poste. Il est intéressant.

After *rien, personne, quelqu'un*

The subjunctive is also used after **rien, personne,** or **quelqu'un** when doubt is implied.

Il n'y a personne qui puisse m'aider.
Il n'y a rien qu'il puisse faire.
Y a-t-il quelqu'un qui puisse le faire?

But:

Il y a quelqu'un qui peut le faire.

199. Complete the following sentences with the correct form of the indicated verb.

1. Y a-t-il quelqu'un qui _____ la réponse? *savoir*
2. Il n'y a personne qui _____ le faire. *vouloir*
3. Il n'y a rien qui _____ m'aider. *pouvoir*
4. Il y a quelqu'un qui _____ le français. *lire*
5. Il n'y a personne qui _____ aider cet enfant. *pouvoir*

With the superlative and *seul, unique*

The subjunctive is used in a relative clause after a superlative expression, and **seul, unique** since the superlative expression is considered to be an exaggeration.

C'est le plus beau poème qu'il connaisse.
It is the most beautiful poem that he knows.
C'est le seul livre que je comprenne.
It is the only book that I understand.

200. Complete the following sentences with the appropriate form of the indicated verb.

1. C'est le meilleur livre que j'_____. *avoir*
2. C'est le seul livre que je _____. *vouloir*
3. Pierre est le garçon le plus gentil que je _____. *connaître*
4. C'est la ville la plus cosmopolite qui _____ dans le monde. *exister*
5. C'est la seule chose que je _____. *comprendre*

The subjunctive after *si . . . que, quelque . . . que, quel . . . que, qui que . . .* , etc.

The subjunctive is used after certain indefinite words.

Si . . . que	*However*
Quelque	*However*
Quel . . . que	*Whatever*
Qui que	*Whoever*
Quoi que	*Whatever*
Où que	*Wherever*
De quelque manière que	*However*

Si intelligent qu'il soit, il ne pourra pas comprendre.
However intelligent he may be, he will not understand.
Où que vous alliez, vous ne verrez jamais une telle beauté.
Wherever you may go, you will never see such beauty.

Qui que vous soyez, je ne vous connais pas.
Whoever you may be, I don't know you.

201. Complete the following sentences with the appropriate form of the indicated verb.

    1. Quelque difficulté que vous _____, perséverez. *avoir*

    2. Qui que vous _____, travaillez bien. *être*

    3. Quoi qu'il _____, il le fait bien. *faire*

    4. Où que nous _____, nous vous téléphonerons. *aller*

    5. Quels que _____ vos problèmes, je vous aiderai. *être*

    6. Quoi qu'on _____, vous êtes gentille. *dire*

    7. Si bon que je _____, elle ne m'aime pas. *être*

    8. Quelque méchamment qu'il _____, il a beaucoup d'amis. *agir*

    9. De quelque manière qu'il _____, on ne le comprend pas. *parler*

Avoiding the Subjunctive

When there is no change of subject in the relative clause, the infinitive is usually used.

Il est heureux qu'il vienne.
Il est heureux de venir.

Verbs indicating a command, permission, or refusal of permission (see page 143) are usually not used with a subjunctive clause. The clause is normally replaced by an indirect object introduced by **à** and followed by an infinitive introduced by **de**.

Il permet que son fils parte.
Il permet à son fils de partir.
He permits his son to leave.

202. Rewrite the following sentences using an infinitive construction instead of the subjunctive.

    1. Il se dépêche afin qu'il arrive à l'heure.

    2. Il est content qu'il soit ici.

    3. Il ordonne que son fils parte.

    4. Il permet que l'avocat parle.

REVIEW

203. Complete the following sentences with the appropriate form of the indicated verb.

    1. Je veux que vous y _____ aussi. *aller*

    2. Je n'ai rien qui leur _____. *plaire*

    3. Je crois qu'il _____. *venir*

    4. Il va attendre jusqu'à ce que nous _____. *revenir*

    5. Je connais quelqu'un qui _____ le faire. *pouvoir*

    6. Il permet que je _____ du vin. *boire*

    7. Il regrette que je ne _____ pas le faire. *pouvoir*

    8. Il vaut mieux qu'il _____ de bonne heure. *partir*

    9. Il est probable qu'il _____ la réponse. *savoir*

    10. C'est le plus beau livre que je _____. *connaître*

    11. Il faut que nous _____ le travail. *faire*

    12. Il est certain qu'il _____ la vérité. *dire*

    13. Croyez-vous qu'il _____ demain? *pleuvoir*

14. Si malades que nous _____, nous travaillerons. *être*
15. Je le ferai à moins que vous n'_____ le temps de le faire. *avoir*
16. Il se dépêche afin d'_____ à l'heure. *arriver*

THE PAST SUBJUNCTIVE

The past subjunctive is formed by using the subjunctive of the verb **avoir** or **être** and the past participle.

<table>
<tr><td>**parler**</td><td>**venir**</td></tr>
<tr><td>j'aie parlé</td><td>je sois venu(e)</td></tr>
<tr><td>tu aies parlé</td><td>tu sois venu(e)</td></tr>
<tr><td>il, elle, on ait parlé</td><td>il, on soit venu</td></tr>
<tr><td>nous ayons parlé</td><td>elle soit venue</td></tr>
<tr><td>vous ayez parlé</td><td>nous soyons venu(e)s</td></tr>
<tr><td>ils, elles aient parlé</td><td>vous soyez venu(e)(s)(es)</td></tr>
<tr><td></td><td>ils soient venus</td></tr>
<tr><td></td><td>elles soient venues</td></tr>
</table>

Je regrette qu'il n'ait pas attendu.
I am sorry that he didn't wait.
Je suis content qu'elle soit venue.
I am happy that she came.

204. Complete the following sentences with the correct form of the past subjunctive of the indicated verb.

1. Elle est contente que tu _____. *arriver*
2. Elle a peur que nous _____ cela à tout le monde. *dire*
3. Il est possible qu'elles vous _____. *reconnaître*
4. Je ne crois pas qu'elle _____. *venir*
5. Il est possible que vous _____. *rester*
6. Nous doutons qu'elle _____. *souffrir*
7. Je ne crois pas qu'ils _____ leurs devoirs. *faire*
8. Bien qu'il _____, il n'a pas réussi. *étudier*
9. Nous sommes heureux qu'elle _____. *s'amuser*
10. Quoique les enfants _____ de bonne heure, ils étaient fatigués le matin. *se coucher*

205. Rewrite the following sentences, putting the action of the dependent clause in the past.

1. Elle doute que nous comprenions.
2. Je regrette que tu arrives.
3. Il est possible que vous finissiez à l'heure.
4. Je ne crois pas qu'elles viennent.
5. Je doute qu'elle fasse le travail.
6. Pensez-vous qu'il se rase?

206. Follow the model.

Elle est arrivée à l'heure. *Je doute que*
Je doute qu'elle soit arrivée à l'heure.

1. Nous avons reconnu cet homme. *Il doute que*
2. Ils sont partis. *Je ne crois pas que*

3. Vous avez fait vos devoirs. *Il est important que*
4. Elle est revenue de bonne heure. *Il se peut que*
5. Il a su la réponse. *Je doute que*

THE IMPERFECT SUBJUNCTIVE

The imperfect subjunctive is formed by dropping the **s** from the second person singular form of the *passé simple* (literary past tense) and adding the endings **-sse, -sses, -ˆt, -ssions, -ssiez, -ssent.**

	parler	**finir**	**attendre**
Base:	**tu parlas**	**tu finis**	**tu attendis**
	je parla**sse**	je fini**sse**	j'attendi**sse**
	tu parla**sses**	tu fini**sses**	tu attendi**sses**
	il, elle, on parl**ât**	il, elle, on fin**ît**	il, elle, on attend**ît**
	nous parla**ssions**	nous fini**ssions**	nous attendi**ssions**
	vous parla**ssiez**	vous fini**ssiez**	vous attendi**ssiez**
	ils, elles parla**ssent**	ils, elles fini**ssent**	ils, elles attendi**ssent**

	avoir	**être**
Base:	**tu eus**	**tu fus**
	j'eu**sse**	je fu**sse**
	tu eu**sses**	tu fu**sses**
	il, elle, on e**ût**	il, elle, on f**ût**
	nous eu**ssions**	nous fu**ssions**
	vous eu**ssiez**	vous fu**ssiez**
	ils, elles eu**ssent**	ils, elles fu**ssent**

Study the following. For other verbs which have irregular forms in the *passé simple*, see pages 116-118.

Infinitive	Passé simple	Imperfect subjunctive
partir	tu partis	je partisse, il partît
rire	tu ris	je risse, il rît
dire	tu dis	je disse, il dît
prendre	tu pris	je prisse, il prît
avoir	tu eus	j'eusse, il eût
boire	tu bus	je busse, il bût
connaître	tu connus	je connusse, il connût
courir	tu courus	je courusse, il courût
croire	tu crus	je crusse, il crût
devoir	tu dus	je dusse, il dût
lire	tu lus	je lusse, il lût
paraître	tu parus	je parusse, il parût
plaire	tu plus	je plusse, il plût
pouvoir	tu pus	je pusse, il pût
recevoir	tu reçus	je reçusse, il reçût
savoir	tu sus	je susse, il sût
se taire	tu te tus	je me tusse, il se tût
vivre	tu vécus	je vécusse, il vécût
vouloir	tu voulus	je voulusse, il voulût

battre	tu battis	je battisse, il battît
rompre	tu rompis	je rompisse, il rompît
offrir	tu offris	j'offrisse, il offrît
ouvrir	tu ouvris	j'ouvrisse, il ouvrît
couvrir	tu couvris	je couvrisse, il couvrît
souffrir	tu souffris	je souffrisse, il souffrît
vaincre	tu vainquis	je vainquisse, il vainquît
écrire	tu écrivis	j'écrivisse, il écrivît
conduire	tu conduisis	je conduisisse, il conduisît
traduire	tu traduisis	je traduisisse, il traduisît
naître	tu naquis	je naquisse, il naquît
voir	tu vis	je visse, il vît
craindre	tu craignis	je craignisse, il craignît
joindre	tu joignis	je joignisse, il joignît
peindre	tu peignis	je peignisse, il peignît
faire	tu fis	je fisse, il fît
mourir	tu mourus	je mourusse, il mourût
être	tu fus	je fusse, il fût
tenir	tu tins	je tinsse, il tînt
venir	tu vins	je vinsse, il vînt

Use of the Imperfect Subjunctive

The imperfect subjunctive is used only in written language when the verb in the main clause is in the past of the indicative or in the conditional. In spoken language, the present subjunctive replaces the imperfect subjunctive.

Spoken and written:	**Je veux qu'il vienne me voir.** *I want him to come to see me.*
Written: Spoken:	**Je voulais qu'il vînt me voir.** **Je voulais qu'il vienne me voir.** *I wanted him to come to see me.*

207. Complete the following sentences with the correct form of the imperfect subjunctive of the indicated verb.

1. Je doutais qu'il _____ me voir. *venir*
2. Elle cherchait quelqu'un qui _____ le faire. *pouvoir*
3. Je voudrais qu'il _____ à l'heure. *être*
4. Je ne croyais pas qu'ils _____ à l'heure. *finir*
5. Il doutait que nous _____ malades. *être*
6. Elle était heureuse que vous_____ la vérité. *savoir*
7. Il était content que nous _____ le travail. *faire*
8. Elle était heureuse qu'il _____ la lettre. *écrire*
9. Elle voulait que vous _____ tout de suite. *venir*
10. On craignait que les enfants ne_____pas à l'heure. *rentrer*
11. Il avait peur que tu ne_____ fâché. *devenir*
12. Il fallait que les enfants _____ de bonne heure. *se coucher*

208. Rewrite the following sentences in spoken language.

1. Il voulait que nous vinssions.
2. J'étais heureux qu'elles fussent à l'heure.

3. Il fallait qu'elle le fît.
4. Elle était trop fatiguée pour que la soirée fût agréable.
5. Je cherchais quelqu'un qui pût le faire.
6. Je craignais que l'équipe ne gagnât pas le prix.

THE PLUPERFECT SUBJUNCTIVE

The pluperfect subjunctive is formed by using the imperfect subjunctive of **avoir** or **être** and the past participle.

parler	partir
j'eusse parlé	je fusse parti(e)
tu eusses parlé	tu fusses parti(e)
il, elle, on eût parlé	il, on fût parti
nous eussions parlé	elle fût partie
vous eussiez parlé	nous fussions parti(e)s
ils, elles eussent parlé	vous fussiez parti(e)(s)(es)
	ils fussent partis
	elles fussent parties

Use of the Pluperfect Subjunctive

The pluperfect subjunctive is a literary tense. In conversation, the past subjunctive replaces the pluperfect subjunctive.

Spoken and   **Il regrette que nous ne soyons pas venus.**
   written: *He is sorry we didn't come.*

Written: **Il regrettait que nous ne fussions pas venus.**
Spoken: **Il regrettait que nous ne soyons pas venus.**
             He was sorry we didn't come.

If the subjunctive is obligatory, the sentence can usually be rewritten to avoid it.

Bien qu'il eût déjà mangé, il alla au restaurant.
Il avait déjà mangé, mais il est allé au restaurant.

209. Complete the following sentences with the correct form of the pluperfect subjunctive of the indicated verb.

1. Il doutait qu'elle _____ malade. *être*
2. Je regrettais qu'elles ne _____ pas _____. *venir*
3. Elle était heureuse que vous _____ la vérité. *savoir*
4. Elle était triste qu'il _____. *partir*
5. J'étais heureux qu'il _____ la lettre. *écrire*
6. Il était content que tu _____. *réussir*
7. Il était possible qu'elles _____ cela. *savoir*
8. Elles ne croyaient pas que j'_____ tant de chance. *avoir*
9. Nous préférions attendre jusqu'à ce qu'ils _____. *revenir*
10. Elle avait peur qu'il n'_____ pas _____ le travail. *finir*
11. Il semblait que nous _____ des efforts inutiles. *faire*
12. Elle était contente que nous _____. *se débrouiller*

210. Rewrite the following sentences in spoken language.

1. Je regrettais qu'elle ne fût pas venue à l'heure.
2. Bien qu'elles eussent déjà compris, ils continuaient à leur expliquer.
3. J'étais contente qu'il eût connu mon ami.
4. Il fallait que vous eussiez dit cela.
5. Il semblait que nous eussions fait des efforts.
6. Il avait peur que le pain ne fût devenu trop dur.

SI CLAUSES IN THE SUBJUNCTIVE

The subjunctive is used in *if* clauses in literary style. The pluperfect subjunctive can be used in the *if* clause to replace the pluperfect indicative and in the main clause to replace the past conditional. It is in reality "a literary past conditional."

Spoken: **S'il l'avait cru, il serait parti.**
Written: **S'il l'eût cru, il fût parti.**
          S'il l'avait cru, il fût parti.
          S'il l'eût cru, il serait parti.

211. Rewrite the following sentences, putting all verbs in literary style.

1. S'il avait eu assez d'argent, il serait allé au cinéma.
2. Si vous étiez venu, vous auriez vu Paul.
3. S'il avait été prêt, il serait parti.
4. Si vous étiez venu, vous auriez appris la nouvelle.
5. S'il avait fait beau, nous serions partis.
6. Si elle était revenue, elle serait venue nous revoir.

212. Rewrite the following sentences in spoken language.

1. Le nez de Cléopâtre s'il eût été plus court, toute la face de la terre eût changé.
2. Si elle eût eu assez d'argent, elle fût venue nous voir.
3. Si nous eussions su cela, nous l'eussions dit.
4. S'il eût fait beau, elle fût partie.
5. S'il eût plu, elles ne fussent pas venues.
6. Si j'eusse su cela, je ne vous eusse pas répondu.

USES OF THE INFINITIVE

After Prepositions

The infinitive is used after most prepositions, such as **avant de, pour, afin de,** and **sans.** The present participle is sometimes used in English.

avant de partir	*before leaving*
pour aller	*in order to go*
afin de venir	*in order to come*
sans comprendre	*without understanding*

Je lui ai parlé **avant de partir.**
I spoke to him before leaving.

En is followed by the present participle

en parlant   *while speaking*
en sortant   *upon leaving*

En sortant, il nous a dit au revoir.
Upon leaving, he told us goodbye.
En faisant ses courses, elle a vu son ami.
While shopping, she saw her friend.

See the use of the present participle, page 95.

After the preposition **après**, the infinitive of **avoir** or **être** plus the past participle of the verb is used.

après avoir parlé   *after having spoken*
après être parti(e)(s)(es) *after having left*

213. Substitute each indicated infinitive in the following sentences. Make all necessary changes.

1. Je lui parlerai avant de partir. (manger, chanter, danser, décider, revenir, finir, commencer)
2. Que faut-il faire afin de comprendre?   (venir, réussir, finir à l'heure, savoir la leçon)
3. Il part sans dire au revoir.   (manger, attendre, faire ses devoirs, parler)
4. Après avoir chanté, il est parti.   (parler, finir, manger, dire au revoir)
5. Après être arrivé, il est venu me voir.   (rentrer, entrer, retourner, descendre)

214. Translate the following into French.

1. before arriving
2. after arriving
3. upon arriving
4. while eating
5. after eating
6. before eating

215. Combine the following sentences according to the model.

> **Il a fini la leçon. Ensuite il est allé au théâtre.**
> **Après avoir fini la leçon, il est allé au théâtre.**

1. Il a mangé. Ensuite, il est parti.
2. Nous avons déjeuné. Ensuite, nous sommes allés au musée.
3. Nous sommes arrivées. Ensuite, nous avons décidé de partir.
4. Elle est rentrée. Ensuite, elle s'est couchée.

Faire in Causative Construction

An important use of the verb **faire** is in causative construction. In this construction, the subject causes an action to be done by someone or something else. **Faire** is followed by the infinitive.

Je fais chanter les enfants.
I have (make) the children sing.
J'ai fait réciter les élèves.
I had (made) the students recite.
Il fait faire ce travail.
He has this work done.

Il a fait faire ce travail.
He had this work done.

When there is one object, it is a direct object. If it is a noun, it follows the infinitive. If it is a pronoun, it precedes **faire.**

Il fait chanter la fille.
He has the girl sing.
Il la fait chanter.
He has her sing.
Elle fait faire une robe.
She has a dress made.
Elle la fait faire.
She has it made.
Elle a fait construire une maison.
She had a house built.
Elle l'a fait construire.
She had it built.

In the above sentence, the object of **faire** is **construire.** **Faire** does not agree with the direct object pronoun.

When there are two noun or pronoun complements, one will be the direct object and the other will be the indirect object. The person or thing doing the action is the indirect object. Again, all pronoun objects precede **faire.**

Il fait réciter le poème aux étudiants.
He has the students recite the poem.
Il le fait réciter aux étudiants.
He has the students recite it.
Il leur fait réciter le poème.
He has them recite the poem.
Il le leur fait réciter.
He has them recite it.

If necessary, review object pronouns in Chapter 7.

To avoid possible ambiguity with the indirect object, the person or thing doing the action can be introduced by **par** instead of **à.** For example; **Il fait chanter une chanson à Marie** can mean (1) *He has Mary sing a song* or (2) *He has a song sung to Mary.* If the first meaning is intended, **par** can replace **à.**

Il fait chanter une chanson par Marie.
He has Mary sing a song.

A reflexive pronoun can be used with the verb **faire** in causative construction.

Elle s'est fait faire une robe.
She had a dress made (for herself).

216. Answer the following, using the causative construction, according to the model.

> Qui chante une chanson? *la fille*
> On fait chanter une chanson à la fille.

1. Qui étudie la leçon? *les étudiants*
2. Qui peint le tableau? *l'artiste*
3. Qui écrit le poème? *le poète*
4. Qui construit le pont? *les ouvriers*
5. Qui lit le roman? *les élèves*

217. Rewrite the following sentences, substituting **par** for **à**.

    1. Le professeur a fait écrire le devoir à la classe.
    2. Elle fait chanter la chanson aux garçons.
    3. Nous faisons écrire une lettre à notre ami.
    4. Je fais jouer du piano à l'enfant.

218. Rewrite the following sentences, replacing the direct object by a pronoun, according to the model.

> **Le professeur fait expliquer la leçon.**
> **Le professeur la fait expliquer.**

    1. Le professeur fera réciter les élèves.
    2. La fille a fait faire la robe.
    3. Nous ferons faire les portraits.
    4. Il fera construire la maison.
    5. Vous avez fait venir le médecin.

219. Rewrite the following sentences, replacing the direct and indirect objects by pronouns, according to the model.

> **Il fait lire le poème aux étudiants.**
> **Il le leur fait lire.**

    1. Il fera écrire la lettre à son fils.
    2. Elle s'est fait faire un chandail.
    3. Il fait écrire le résumé aux élèves.
    4. Il fera faire la robe par la couturière.
    5. Il fait apprendre les verbes à Marie.
    6. On a fait jouer le jeu aux enfants.

Laisser, entendre, and *voir* plus the Infinitive

    After the verbs *to let*, *to hear*, or *to see* someone do something, the infinitive is used. Unlike English, the infinitive precedes the noun. The pronoun precedes the main verb. **Laisser, entendre,** and **voir** function similarly to the verb **faire** in causative construction.

> **Je laisse Marie finir le travail.**
> *I let Mary finish the work.*
> **Je la (lui) laisse finir le travail.**
> *I let her finish the work.*
> **Je la laisse le finir.**
> *or*
> **Je le lui laisse finir.**
> *I let her finish it.*
> **Je vois coudre Hélène.**
> *I see Helen sewing.*
> **Je la vois coudre.**
> *I see her sewing.*
> **J'ai entendu chanter Marie.**
> *I heard Mary singing.*
> **Je l'ai entendue chanter.**
> *I heard her singing.*

J'ai entendu chanter la chanson.
I heard the song sung.
Je l'ai entendu chanter.
I heard it sung.

Note that the past participle agrees with the preceding direct object if the object performs the action expressed by the infinitive. In the expression: **La femme que j'ai entendue chanter**, the woman did the singing and, therefore, the past participle agrees. However, in the expressions: **La chanson que j'ai entendu chanter**, the past participle does not agree since **chanson** is the object of **chanter**.

220. Translate the following sentences into French.

    1. I saw Mary walking on the boulevard.
    2. I see her arriving.
    3. I let Peter leave.
    4. I let him play.
    5. I heard the baby cry.
    6. I heard them (f.) sing.

The Use of the Prepositions *à* and *de* before an Infinitive

à

The following verbs are followed by the preposition **à** before an infinitive.

aider à	continuer à (de)	inviter à	se résigner à
aimer (à)	se décider à	se mettre à	se résoudre à
s'amuser à	demander à (de)	obliger à	réussir à
apprendre à	destiner à	parvenir à	servir à
arriver à	encourager à	passer (du temps) à	songer à
s'attendre à	engager à	penser à	suffire à
avoir à	enseigner à	persister à	tendre à
chercher à	forcer à	pousser à	tenir à
commencer à	s'habituer à	se préparer à	travailler à
condamner à	hésiter à	recommencer à	trouver à
consentir à	s'intéresser à	renoncer à	

de

The following verbs are followed by the preposition **de** before an infinitive.

accepter de	continuer de	s'efforcer de (à)	finir de
accuser de	convenir de	empêcher de	forcer de (à)
achever de	craindre de	s'ennuyer (de/à)	se garder de
s'arrêter de	décider de	entreprendre de	se hâter de
avoir peur de	défendre de	envisager de	s'indigner de
blâmer de	demander de	essayer de	inspirer de
cesser de	se dépêcher de	s'étonner de	interdire de
charger de	dire de	éviter de	jurer de
choisir de	dispenser de	s'excuser de	jouir de
commander de	douter de	feindre de	manquer de
se contenter de	écrire de	féliciter de	menacer de

mériter de	persuader de	se réjouir de	souhaiter de
obliger de	plaindre de	remercier de	soupçonner de
offrir de	se plaindre de	se repentir de	supplier de
ordonner de	prier de	résoudre de	supporter de
oublier de	promettre de	rêver de	tâcher de
parler de	proposer de	rire de	tenter de
se passer de	refuser de	risquer de	trembler de
permettre de	regretter de		

The following verbs are followed directly by an infinitive.

aimer	devoir	paraître	revenir
affirmer	écouter	partir	savoir
aller	entendre	penser	sembler
assurer	envoyer	pouvoir	sentir
avouer	espérer	préférer	souhaiter
compter	faire	prétendre	supposer
courir	falloir	se rappeler	se trouver
croire	laisser	reconnaître	valoir mieux
déclarer	mener	regarder	venir
descendre	monter	rentrer	voir
désirer	oser	retourner	vouloir
détester			

221. Complete the following sentences with the correct preposition when it is necessary.

1. Il apprend _____ chanter.
2. Elle lui a dit _____ le faire.
3. Je vous demande _____ venir me voir.
4. Nous avons essayé _____ faire du ski.
5. Savez-vous _____ jouer de la guitare?
6. Il a commencé _____ neiger.
7. Tu veux _____ parler avec moi.
8. Il refuse _____ m'aider.
9. Elle a peur _____ voir ce film.
10. Il préfère _____ rester ici.
11. Je vous prie _____ m'aider.
12. Nous espérons _____ réussir.
13. Tu réussis _____ le faire.
14. Il faut _____ commencer le travail.
15. Nous envoyons _____ chercher le médecin.
16. Elle m'a empêché _____ venir.
17. Je vous invite _____ aller au cinéma.
18. Venez _____ voir le spectacle!
19. Je dois _____ rentrer à la maison.
20. Il vous permet _____ l'aider.

PASSIVE VOICE

True Passive with *être*

The passive voice is used less frequently in French than in English. When the true passive voice is used, however, it is formed by using a form of the verb **être** plus the past participle.

Passive: **Les lettres ont été distribuées par le facteur.**
The letters were delivered by the mailman.
Active: **Le facteur a distribué les lettres.**
The mailman delivered the letters.

The agent or person who performed the action is usually introduced by the preposition **par.**

Cette lettre a été envoyée par Marie.
This letter was sent by Mary.

De is used with verbs expressing condition or emotion.

Le professeur est aimé de ses étudiants.
The teacher is liked by his students.
La montagne est couverte de neige.
The mountain is covered with snow.

The passive voice should be avoided, if possible. If the agent is expressed, simply rewrite the sentence actively.

Passive: **Ce livre sera écrit par un grand auteur.**
Active: **Un grand auteur écrira ce livre.**

When the agent is not expressed, the passive voice can be replaced by **on** and an active verb.

Passive: **La lettre a été envoyée.**
Active: **On a envoyé la lettre.**
Passive: **J'ai été admiré.**
Active: **On m'a admiré.**

The passive voice cannot be used with intransitive verbs. In English we can say:

The letter was answered.

But in French, we must say:

On a répondu à la lettre.

In English, an indirect object can be the subject of a passive verb. This cannot be done in French.

English: *John was given a present.*
French: **Un cadeau a été donné à Jean.**
On a donné un cadeau à Jean.

222. Rewrite the following sentences in the active voice, according to the models.

La carte a été envoyée par Marie.
Marie e envoyé la carte.

La carte a été envoyée.
On a envoyé la carte.

1. Le roman a été écrit par Balzac.
2. Ce monument a été construit par les Romains.

3. Le bâtiment a été détruit par un incendie.
4. Le repas a été préparé par la bonne.
5. Cette maison sera construite par un grand architecte.
6. J'ai été aimé.
7. Le travail a été fini.
8. Cette ville a été détruite pendant la guerre.

The Passive Voice with *se*

A common way to form the passive voice in French is by using the reflexive pronoun **se** with the third person singular or plural form of the verb. This construction is most common when the action is habitual or normal or when the person by whom the action is carried out (the agent) is unimportant.

Les cravates se vendent ici.
Ties are sold here.
Le gouvernement se compose de trois parties.
The government is composed of three parts.
Le français se parle ici.
French is spoken here.
Cela ne se fait pas.
That is not done.

223. Rewrite the following sentences in the passive voice, using the reflexive form.

1. On parle français en Québec.
2. On n'écrit pas ce mot sans *s*.
3. On voit le plus beau monument au centre de la ville.
4. Autrefois on faisait cela à la main.
5. On modernise la ville.
6. On ouvrira les portes à huit heures.
7. On fabrique ces autos dans cette usine.
8. On ne dit pas cela.

Chapter 5

Interrogative Words and Constructions

FORMING QUESTIONS

Questions are formed in French in the following way:

1. by changing the period of a statement to a question mark and using a rising intonation.

Statement	*Question*
Marie parle français.	**Marie parle français?**
Vous avez bien dormi.	**Vous avez bien dormi?**
Il se réveille.	**Il se réveille?**

2. by adding **n'est-ce pas?** to an affirmative sentence.

Statement	*Question*
Tu vas au musée.	**Tu vas au musée, n'est-ce pas?**
Il est arrivé.	**Il est arrivé, n'est-ce pas?**
Elle se débrouille.	**Elle se débrouille, n'est-ce pas?**

3. by adding **est-ce que** or **est-ce qu'** (before vowels) at the beginning of the statement and by adding a question mark at the end.

Statement	*Question*
Pierre nous parlera.	**Est-ce que Pierre nous parlera?**
Il se rase.	**Est-ce qu'il se rase?**
Elle s'est bien habillée.	**Est-ce qu'elle s'est bien habillée?**

1. Form questions according to the model.

> **Elle parle français.**
> **Elle parle français, n'est-ce pas?**
> **Est-ce qu'elle parle français?**

1. Marie travaille bien.
2. Il écrit une lettre.
3. Pierre se couche.

4. Elle s'habillait bien.
5. Ils viendront à l'heure.
6. Ils sont allés au cinéma hier soir.
7. Ces étudiants ont lu ce livre.
8. Pierre s'est reposé.

INTERROGATIVE FORMS BY INVERSION—SIMPLE TENSES

Questions may be formed by inverting a pronoun subject and the verb of declarative sentences. The subject is connected to the verb with a hyphen.

Statement	*Question*
Tu vas à Londres.	**Vas-tu à Londres?**
Vous parlez français.	**Parlez-vous français?**
Nous nous levons.	**Nous levons-nous?**
Vous vous débrouillez bien.	**Vous débrouillez-vous bien?**

When inverting a third person singular subject and a verb, a **t** must be inserted between the inverted verb and the subject if the verb ends in a vowel.

Statement	*Question*
Il parle français.	**Parle-t-il français?**
Il se lève.	**Se lève-t-il?**

But:

Il écrit.	**Écrit-il?**

Inversion is usually not used with **je**. Instead, use **est-ce que**.

Est-ce que je suis content?

When inverting with a noun subject, state the noun, then the verb, then the pronoun.

Statement	*Question*
Marie parle français.	**Marie parle-t-elle français?**
Pierre s'habille.	**Pierre s'habille-t-il?**

2. Form questions according to the model.

> **Tu regardes le film.**
> **Regardes-tu le film?**

1. Tu regardes la peinture.
2. Vous allez à Paris.
3. Nous savons la réponse.
4. Ils écoutent la radio.
5. Elle court.
6. Tu te dépêches.
7. Nous nous lèverons de bonne heure.
8. Elles se couchent à dix heures.

3. Form questions according to the model.

   Il parle français.
   Parle-t-il français?

   1. Elle pleure beaucoup.
   2. Il ouvre la porte.
   3. Elle rencontre une amie au café.
   4. Il se dépêche.
   5. Elle se lave la figure.
   6. Elle s'amuse bien.

4. Form questions according to the model.

   Marie parle français.
   Marie parle-t-elle français?

   1. Les enfants prennent des bonbons.
   2. Marie aime la peinture moderne.
   3. Hélène lit un roman.
   4. Les invités viendront à l'heure.
   5. Pierre se rase.
   6. Hélène se reposera le dimanche.
   7. Ces hommes se débrouillent bien.
   8. Marc et Pierre se retrouvent à l'école tous les jours.

INTERROGATIVE FORMS BY INVERSION—COMPOUND TENSES

In compound tenses, the subject pronoun and the auxiliary verb are inverted.

Statement	*Question*
Il a travaillé.	**A-t-il travaillé?**
Vous êtes arrivé.	**Êtes-vous arrivé?**
Ils se sont rasés.	**Se sont-ils rasés?**
Elle s'est couchée.	**S'est-elle couchée?**

5. Rewrite the following in the interrogative form, according to the model.

   Il a chanté.
   A-t-il chanté?

   1. Nous avons fait nos devoirs.
   2. Elle a dit la vérité.
   3. Louise est vite montée.
   4. Nous sommes arrivés à l'heure.
   5. Ils se sont couchés.
   6. Elle se sont moquées de vous.
   7. Nous nous sommes dépêchées.
   8. Hélène s'est lavée.

INTERROGATIVE ADVERBS AND ADVERBIAL EXPRESSIONS

Following are common interrogative words used to introduce questions.

Où?	*Where?*
Quand?	*When?*
Comment?	*How?*
Combien?	*How many?*
Pourquoi?	*Why?*
À quelle heure?	*At what time?*

Study the following.

Où va-t-elle?	*Where is she going?*
Quand arrive-t-elle?	*When is she arriving?*
Comment va-t-il?	*How is he?*
Combien de livres y a-t-il sur la table?	*How many books are there on the table?*
Combien coûte le bifteck?	*How much does the steak cost?*
Pourquoi pleure-t-elle?	*Why is she crying?*
À quelle heure vient-il?	*At what time is he coming?*

6. Complete the following with an appropriate question word.

1. Elles partent demain.
   _____ partent-elles?
2. L'auto coûte deux mille dollars.
   _____ coûte l'auto?
3. Marie va au musée.
   _____ va Marie?
4. L'église est moderne.
   _____ est l'église?
5. Elle arrivera à trois heures.
   _____ arrivera-t-elle?
6. Elle met un chandail parce qu'elle a froid.
   _____ met-elle un chandail?
7. Elles vont à la plage en été.
   _____ vont-elles à la plage?
8. Elles vont à la plage en été.
   _____ vont-elles en été?
9. Elle a trois disques.
   _____ de disques a-t-elle?
10. Elle est heureuse.
    _____ est-elle?

INTERROGATIVE PRONOUNS

The interrogative pronouns are:

Subject

Qui?	
Qui est-ce qui?	*Who?*
Qu'est-ce qui?	*What?*

Qui vient?	*Who is coming?*
Qui est-ce qui vous parle?	*Who is speaking to you?*
Qu'est-ce qui se passe?	*What is happening?*
Qu'est-ce qui est arrivé?	*What happened?*

Note that there is no short form for **qu'est-ce qui.**

Object

Qui?	
Qui est-ce que?	*Whom?*
Que	
Qu'est-ce que	*What?*

Qui voyez-vous?	*Whom do you see?*
Qui est-ce que vous voyez?	*Whom do you see?*
Que voyez-vous?	*What do you see?*
Qu'est-ce que vous voyez?	*What do you see?*

Qui is never joined to a following word beginning with a vowel. **Que** becomes **qu'** before a word beginning with a vowel.

Qui avez-vous vu?	*Whom did you see?*
Qu'avez-vous vu?	*What did you see?*

Object of a preposition

qui?	*whom?*
quoi?	*what?*

Avec qui avez-vous parlé?	*With whom did you speak?*
Avec quoi écrit-il?	*With what does he write?*

À qui, meaning *whose,* is used to denote ownership for persons.

À qui sont ces livres?	*Whose books are these?*

De qui is used to denote relationship to someone.

De qui est-il le fils?	*Whose son is he?*

The third person singular form of the verb is usually used with **qui, qui est-ce qui,** and **qu'est-ce qui** even when a plural answer is expected.

Qui vient?
Marie et Paul viennent.

7. Complete the following with an appropriate question word.

1. Marie est venue nous voir.
    _____ est venu nous voir? (short form)
    _____ est venu nous voir? (long form)
2. Le tonnerre a fait ce bruit.
    _____ a fait ce bruit?
3. C'est Pierre que je vois.
    _____ vous voyez?
    _____ voyez-vous?
4. C'est Marie qu'il a vue.
    _____ il a vu?
    _____ a-t-il vu?
5. Elle fait une promenade.
    _____ elle fait?
    _____ fait-elle?
6. Il a cherché un hôtel.
    _____ il a cherché?
    _____ a-t-il cherché?
7. Il a parlé de Marie.
    De _____ a-t-il parlé?
8. Il a parlé de ses livres.
    De _____ a-t-il parlé?

8. Form questions, using the interrogative word that will elicit the italicized element in the response.

> *Marie* vient.
> Qui vient?   Qui est-ce qui vient?

1. *Quelqu'un* parle.
2. Elle est la sœur d'*Hélène*.
3. Il a vu *le film*.
4. Il écrit sa composition sur *l'architecture moderne*.
5. *Le vent* a fermé la porte.
6. Il parle à *Marie*.
7. *Quelque chose* se passe.
8. Elle parle de *ses peintures*.
9. Il regarde *son amie*.
10. Il fait *une promenade*.
11. Ces livres sont à *Pierre*.
12. Elle est la fille de *Madame Leblanc*.
13. *Marie et Pierre* vont à la bibliothèque.
14. *Les avions* font ce bruit.

9. Translate the following into French.

1. Whose records are these?
2. Whose son is he?
3. Whose books are these?
4. Whose mother is she?

QU'EST-CE QUE C'EST?

Qu'est-ce que c'est is used in explanations or definitions and means *what is.*

Qu'est-ce que c'est?	*What's that?*
Qu'est-ce que c'est que cela?	*What's that?*
Qu'est-ce que c'est que le jeu de boules?	*What's the game of boules?*

10. Translate the following into French.

1. What's the Louvre?
2. What's the *Tour de France*?
3. What's a symbol?
4. What's the Sorbonne?

INTERROGATIVE ADJECTIVE *QUEL*

The interrogative adjective **quel** (*what*) agrees with the noun it modifies.

	Masculine	Feminine
Singular	quel	quelle
Plural	quels	quelles

Quel est votre nom?	*What is your name?*
Quels livres lisez-vous?	*What books are you reading?*
Quelle heure est-il?	*What time is it?*
Quelles sont vos idées?	*What are your ideas?*

The interrogative adjective can be the subject of the verb **être** except when it refers to a person. Then **qui** is used.

Quel est votre adresse?	*What is your address?*
Qui est votre amie?	*Who is your friend?*

Quel can be used with persons when meaning *what kind of.*

Quels sont ces hommes? Ce sont des médecins.
What kind of men are they?   They are doctors.
Quel est cet homme?   C'est un écrivain.
What kind of man is he?   He is a writer.

Quel can be used in indirect address.

Je voudrais savoir **quel** livre vous lisez.
I want to know what book you are reading.

The interrogative adjective can also mean *what a . . .!*

Quel garçon!	*What a boy!*
Quelle fille!	*What a girl!*

11. Form questions, using **quel.**

1. Les robes rouges sont dans l'armoire.
2. J'aime bien les peintures-là.
3. Le tableau au coin est grand.
4. Les restaurants là-bas sont bons.
5. Mon adresse est 15 rue de Prony.

12. Complete the following with the correct form of **quel** or **qui.**

1. _____ heure est-il?
2. _____ sont ces hommes? Ce sont des avocats.
3. _____ est cette fille?
4. _____ livres lisez-vous?
5. _____ est votre adresse?
6. _____ robes préférez-vous?

13. Follow the model.

Regarde le garçon.
Quel garçon!

1. Regarde le paysage!
2. Regarde la peinture!
3. Regarde les livres!
4. Regarde les animaux!
5. Regarde l'arbre!

INTERROGATIVE *LEQUEL*

Lequel is the interrogative word which corresponds to the English *which one*.

	Singular		*Plural*	
Masculine	**lequel**	*which one*	**lesquels**	*which ones*
Feminine	**laquelle**	*which one*	**lesquelles**	*which ones*

The forms of **lequel** must agree with the noun to which they refer.

Lequel de ces livres voulez-vous?
Which one of these books do you want?
Lesquels de ces livres voulez-vous?
Which ones of these books do you want?
Laquelle de ces peintures préférez-vous?
Which one of these paintings do you prefer?
Lesquelles de ces peintures préférez-vous?
Which ones of these paintings do you prefer?

The forms of **lequel** make the normal contractions with **à** or **de**.

à + **lequel** = **auquel**		**de** + **lequel** = **duquel**
à + **lesquels** = **auxquels**		**de** + **lesquels** = **desquels**
à + **lesquelles** = **auxquelles**		**de** + **lesquelles** = **desquelles**
à + **laquelle** do not contract.		**de** + **laquelle** do not contract.

Auquel de ces garçons parlez-vous?
To which one of these boys are you speaking?
Desquelles a-t-il parlé?
Of which ones did he speak?

14. Complete the following with the correct form of **lequel**.

    1. Marie a deux livres. _____ des deux voulez-vous?
    2. Hélène a deux peintures. _____ des deux voulez-vous?
    3. Voilà des livres. _____ voulez-vous? (plural)
    4. Voilà des robes. _____ voulez-vous? (plural)

15. Complete the following with the correct form of **à** plus **lequel**.

    1. Il parle à une fille. _____ parle-t-il?
    2. Elle parle à un garçon. _____ parle-t-elle?
    3. Il parle aux filles. _____ parle-t-il?
    4. Elles parlent aux garçons. _____ parlent-elles?

16. Complete the following with the correct form of **de** plus **lequel**.

    1. Il a parlé d'un garçon. _____ a-t-il parlé?
    2. Elle a parlé d'une fille. _____ a-t-elle parlé?
    3. Il a parlé des filles. _____ a-t-il parlé?
    4. Elle a parlé des garçons. _____ a-t-elle parlé?

Chapter 6

Negative Words and Constructions

NEGATION OF SIMPLE TENSES

Verbs in simple tenses are made negative by placing **ne** before the verb and **pas** after it. Note that **ne** becomes **n'** before words beginning with a vowel.

Affirmative	*Negative*
Il parle français.	Il **ne** parle **pas** français.
Nous lisons beaucoup.	Nous **ne** lisons **pas** beaucoup.
Elle écrira le poème.	Elle **n'**écrira **pas** le poème.
Dans ce cas-là, elle viendrait.	Dans ce cas-là, elle **ne** viendrait **pas**.

To form the negative of reflexive verbs in simple tenses, **ne** is placed before the reflexive pronoun and **pas** is placed after the reflexive verb.

Affirmative	*Negative*
Je me réveille.	Je **ne** me réveille **pas**.
Il s'habillera bien.	Il **ne** s'habillera **pas** bien.
Nous nous couchions de bonne heure.	Nous **ne** nous couchions **pas** de bonne heure.

In sentences with verbs followed by a complementary infinitive, **ne** is placed before and **pas** after the main verb.

Affirmative	*Negative*
Il veut venir.	Il **ne** veut **pas** venir.
Je vais me lever.	Je **ne** vais **pas** me lever.

1. Rewrite the following sentences in the negative.

   1. Il va au théâtre.
   2. Vous lirez le roman.
   3. Je crains cet homme.
   4. J'écoute le professeur.
   5. Tu habitais à Paris en ce temps-là.
   6. Vous arriveriez en retard.

7. Je me reposerai le dimanche.
8. Elles se couchaient à onze heures tous les soirs.
9. Vous vous retrouverez à la gare.
10. Ils se moquent de lui.
11. Nous nous débrouillons bien.
12. Il s'habille bien.

2. Rewrite the following sentences in the negative, according to the model.

> Je veux travailler.
> Je ne veux pas travailler.

1. Nous voulons partir.
2. Elle aime chanter.
3. Elle veut se lever.
4. Tu vas t'habiller.

NEGATION OF COMPOUND TENSES

Verbs in compound tenses are made negative by adding **ne** before and **pas** after the auxiliary verb **avoir** or **être**.

Affirmative	*Negative*
J'ai fini.	Je n'ai pas fini.
Elle est venue.	Elle n'est pas venue.
Nous serons arrivés.	Nous ne serons pas arrivés.
Elles étaient venues.	Elles n'étaient pas venues.
Nous aurions fait cela.	Nous n'aurions pas fait cela.

To form the negative of reflexive verbs in compound tenses, **ne** is added before the reflexive pronoun and **pas** is added after the auxiliary verb.

Affirmative	*Negative*
Elle s'est levée.	Elle ne s'est pas levée.
Je me serai bien habillé.	Je ne me serai pas bien habillé.

3. Rewrite the following sentences in the negative.

1. J'ai acheté la robe.
2. Vous aviez compris la situation.
3. Ils ont écrit leurs devoirs.
4. Nous sommes restés ici.
5. Elle est tombée de cheval.
6. Ils seront venus à l'heure.
7. Elle s'est bien reposée.
8. Nous nous serons dépêchées.
9. Elles se sont plaintes de tout.
10. Vous vous êtes levés de bonne heure.

4. Answer the following questions in the negative.

1. Avez-vous reçu la lettre?
2. A-t-il lu l'histoire?
3. Êtes-vous allée au cinéma hier?

4. Sont-elles parties de bonne heure?
5. Vous êtes-vous levé de bonne heure?
6. S'est-elle endormie?

THE NEGATIVE INTERROGATIVE

The negative interrogative is formed by placing **ne** before the verb and **pas** after it when using intonation, **est-ce que,** or **n'est-ce pas.**

Affirmative	*Negative*
Marie travaille?	Marie **ne** travaille **pas?**
Est-ce qu'Hélène se réveille?	Est-ce qu'Hélène **ne** se réveille **pas?**
Pierre se rasera, n'est-ce pas?	Pierre **ne** se rasera **pas,** n'est-ce pas?

In compound tenses, **ne** is placed before the auxiliary verb and **pas** after it.

Affirmative	*Negative*
Est-ce qu'il a parlé?	Est-ce qu'il **n'**a **pas** parlé?
Elle s'est amusée, n'est-ce pas?	Elle **ne** s'est **pas** amusée, n'est-ce pas?

In interrogative sentences by inversion, **ne** is placed before the verb and **pas** is placed after the pronoun.

Affirmative	*Negative*
Travaille-t-il?	**Ne** travaille-t-il **pas?**
Georges va-t-il à Paris?	Georges **ne** va-t-il **pas** à Paris?

In compound tenses, **ne** is placed before the auxiliary verb and **pas** is placed after the subject pronoun.

Affirmative	*Negative*
A-t-il fini?	**N'**a-t-il **pas** fini?
Es-tu parti?	**N'**es-tu **pas** parti?

For reflexive verbs, **ne** precedes the reflexive pronoun and **pas** follows the subject pronoun.

Affirmative	*Negative*
Vous couchez-vous?	**Ne** vous couchez-vous **pas?**
Se lève-t-il?	**Ne** se lève-t-il **pas?**
Vous êtes-vous réveillé?	**Ne** vous êtes-vous **pas** réveillé?

5. Rewrite the following in the negative.

1. Est-ce que Georges vous parlera?
2. Lit-il le livre?
3. Ouvre-t-elle la fenêtre?
4. Se dépêche-t-il?
5. Vous réveillez-vous?
6. Avez-vous fini?
7. Ont-elles craint cet homme?
8. Sont-elles rentrées de bonne heure?
9. Se sont-ils couchés?
10. T'es-tu blessé?

6. Rewrite the following sentences in the inverted interrogative form.

   1. Tu ne vis pas bien ici.
   2. Il ne saura pas la vérité.
   3. Nous ne nous dépêchons pas.
   4. Vous ne vous levez pas de bonne heure.
   5. Elle n'a pas cru l'histoire.
   6. Elles ne sont pas revenues de bonne heure.
   7. Il ne s'est pas rasé.
   8. Vous ne vous êtes pas bien débrouillé.

SI IN ANSWER TO A NEGATIVE QUESTION

When answering a negative question in the affirmative, **si** is used instead of **oui**.

Ne parles-tu pas français?	*Don't you speak French?*
Si, je parle français.	*Yes, I speak French.*
Tu ne viendras pas, n'est-ce pas?	*You won't come, will you?*
Si, je viendrai.	*Yes, I will come.*

If the answer is affirmative to an affirmative question, **oui** is used.

Parles-tu français?	*Do you speak French?*
Oui, je parle français.	*Yes, I speak French.*

7. Answer the following questions, using **si** or **oui**.

   1. Parlez-vous français?
   2. Ne parlez-vous pas français?
   3. Viendront-ils à l'heure?
   4. Ne viendront-ils pas à l'heure?
   5. A-t-il fini?
   6. Il n'a pas fini, n'est-ce pas?
   7. Se réveille-t-elle?
   8. Elle ne se réveille pas, n'est-ce pas?

8. Answer the following questions, using **si** or **oui**.

   1. Vit-il bien ici?
   2. Ne sont-ils pas venus?
   3. Elle ne prendra pas le déjeuner ici?
   4. A-t-il lu ce roman?
   5. N'ont-ils pas craint le criminel?

OMISSION OF PAS

Pas may be omitted in the negative after **savoir, pouvoir, oser,** and **cesser** when they are accompanied by an infinitive.

Il ne sait que faire.	*He doesn't know what to do.*
Il ne peut la comprendre.	*He can't understand her.*
Il n'ose le faire.	*He doesn't dare do it.*
Il ne cesse de neiger.	*It doesn't stop snowing.*

9. Rewrite the following sentences, putting the first verb in the negative, omitting **pas.**

   1. Il sait ce qu'il veut.
   2. Il cesse de pleuvoir.
   3. Elle ose le dire.
   4. Elle peut le faire.

NEGATION OF THE INFINITIVE

To make an infinitive negative, place **ne pas** before the infinitive.

Il me dit de **ne pas pleurer.**	*He tells me not to cry.*

When there is a pronoun, **ne pas** precedes the pronoun.

Il m'a dit de **ne pas le faire.**	*He told me not to do it.*
Il m'a dit de **ne pas me coucher.**	*He told me not to go to bed.*
Il m'a dit de **ne pas y aller.**	*He told me not to go there.*

10. Rewrite the following sentences, making the infinitive negative.

   1. Il vous dit d'avoir peur.
   2. Elle vous demande de venir.
   3. Elle vous dit d'être heureux.
   4. Je vous demande de leur parler.
   5. Elle vous dit de le faire.

NEGATIVE WORDS AND PHRASES

Many negative expressions function like **ne . . . pas.**

   1. **ne . . . pas du tout** *not at all*

      Il n'est **pas du tout** bête.
      He is not at all stupid.

   2. **ne . . . plus** *no longer, no more*

      Je **ne** travaille **plus.**
      I am no longer working.
      Je n'ai **plus** de livres.
      I have no more books.

   3. **ne . . . jamais** *never*

      Il n'oubliera **jamais** ce film.
      He will never forget this film.

Jamais without **ne** means *ever.*

      Êtes-vous **jamais** allé ici?
      Did you ever go here?

It can also stand alone, meaning *never.*

      Avez-vous vu ce film? **Jamais!**
      Did you see this film? Never!

4. **ne . . . guère** *hardly*

> Il **n'a guère** le temps.
> *He hardly has the time.*

5. **ne . . . aucun(e)** *not any*

> Il **n'a aucun** livre.
> *He does not have any book.*

6. **Aucun(e) . . . ne** *none*

> **Aucun n'**est vrai.
> *None is true.*

7. **ne . . . plus aucun(e)** *no longer any*

> Il **n'a plus aucun** livre.
> *He no longer has any book.*

8. **ne . . . que** *only*

> Il **n'a que** deux chambres.
> *He has only two rooms.*
> Il **n'a lu que** des journaux.
> *He read only newspapers.*

Note that **que** follows the past participle in compound tenses.

9. **ne . . . rien** *nothing, anything*

> Il **ne** voit **rien.**
> *He sees nothing. (He doesn't see anything.)*
> Qu'est-ce qu'il voit? **Rien.**
> *What does he see? Nothing.*
> Il **n'a rien** vu.
> *He saw nothing. (He didn't see anything.)*

Note that **rien** precedes the past participle in compound tenses.

10. **Rien . . . ne** *nothing*

> **Rien ne** puisse m'aider.
> *Nothing can help me.*

11. **ne . . . personne** *no one, anyone*

> Elle **ne** regarde **personne.**
> *She is not looking at anyone. (She is looking at no one.)*
> Elle **n'a** vu **personne.**
> *She saw no one. (She didn't see anyone.)*

Note that **personne** follows the past participle in compound tenses.

12. **Personne . . . ne** *No one*

> **Personne n'**est venu.
> *No one came.*
> Qui est arrivé? **Personne.**
> *Who arrived? No one.*

Note that **personne** and **rien** can stand alone.

13. nul   *no one*

> **Nul ne** sait la vérité.
> *No one knows the truth.*

14. ne . . . ni . . . ni   *neither . . . nor*

> Il **n'a ni** père **ni** mère.
> *He has neither a father nor a mother.*
> Il **n'a** écrit **ni** à son père **ni** à sa mère.
> *He wrote neither to his father nor to his mother.*

Ni may be used more than twice.

> Il **ne** veut **ni** lire, **ni** écrire, **ni** étudier.
> *He wants neither to read, to write, nor to study.*

15. ni l'un(e) ni l'autre . . . ne   *neither one*

> **Ni l'un ni l'autre n'**est venu.
> *Neither one came.*

When used as a direct object, **ni l'un ni l'autre** means *either one.*

> Il **ne** veut **ni l'un ni l'autre.**
> *He doesn't want either one.*

16. non plus   *neither, either*

Non plus is the negative word which replaces **aussi.**

> Il le sait. Je le sais **aussi.**
> *He knows it. I know it too.*
> Il ne le sait pas. Je ne le sais pas **non plus.**
> *He doesn't know it. I don't know it either.*

> Il travaille beaucoup. **Moi aussi.**
> *He works a lot. Me too (also). (So do I.)*
> Il ne travaille pas beaucoup. **Ni moi non plus.**
> *He doesn't work much. Neither do I.*

Note that the pronoun used is the disjunctive pronoun.

> **Ni lui non plus.**
> *Nor he either.*

Note that **de** is used instead of the partitive after **ne . . . pas, ne . . . plus,** and **ne . . . jamais.**

> Je **n'ai pas de** livres.
> *I don't have any books.*
> Elle **n'a plus** d'argent.
> *She doesn't have any more money.*
> Il **ne** mange **jamais de** tomates.
> *He never eats tomatoes.*

The partitive is used after **ne . . . que.**

> Je n'ai **que des** livres.
> *I have only books.*

No article or partitive is used after **ne . . . ni . . . ni.**

Il **n'a ni** frères **ni** sœurs.
He has neither brothers nor sisters.

When **jamais** and **personne** are in conditional or interrogative sentences, they may appear without the **ne. Jamais** then means *ever* and **personne** means *anyone.*

A-t-elle **jamais** fait du ski?
Has she ever skied?
Y a-t-il **personne** d'intéressant ici?
Is there anyone interesting here?

Study the following:

Affirmative

Elle y va **toujours.**	Elle n'y va **jamais.**
Toujours, je le ferai.	**Jamais,** je ne le ferai.
Il a **quelque** problème.	Il n'a **aucun** problème.
Je vois **quelque chose.**	Je **ne** vois **rien.**
Quelque chose arrive.	**Rien** n'arrive.
Je vois **quelqu'un.**	Je **ne** vois **personne.**
Quelqu'un est venu.	**Personne** n'est venu.
Avez-vous **un** dictionnaire ou **un** roman?	Je n'ai **ni** dictionnaire **ni** roman.
Tous les deux sont venus.	**Ni l'un ni l'autre** n'est venu.

Unlike English, many negative words can be used in the same sentence.

Il **ne** dit **jamais rien** à **personne.**
He never says anything to anyone.

11. Rewrite the following sentences replacing the italicized words with a negative phrase.

1. Elle dit *toujours* la même chose.
2. *Toujours*, elle le fait.
3. Elle a *toujours* chanté.
4. J'ai *quelque* espoir.
5. Marie trouve *quelque chose.*
6. Marie a perdu *quelque chose.*
7. *Quelque chose* est dans la cuisine.
8. *Quelque chose* s'est passé.
9. Il y a *quelqu'un* dans la boutique.
10. Il a vu *quelqu'un.*
11. *Quelqu'un* frappe à la porte.
12. *Quelqu'un* est arrivé.
13. J'ai *un* crayon et *un* stylo.
14. *Il parle* à son père et à sa mère.
15. Elle veut *du* pain et *du* beurre.
16. *Tous les deux* sont partis.
17. Pierre parle *toujours* de *quelque chose* à *quelqu'un.*

12. Rewrite the following sentences, adding the French equivalent of the English words.

1. J'ai vu ce film. *never*
2. Nous avons dansé. *not at all*
3. Il oubliera cette leçon. *never*
4. Il prend du vin. *hardly*
5. Est-ce qu'il va étudier? *ever*
6. Il a un disque. *no longer any*
7. Elle a des amis et des ennemis. *neither . . . nor*
8. Il a écrit des poèmes. *only*
9. Il a du temps. *hardly*
10. Elle a deux frères. *only*
11. Elle chante des chansons. *no longer*

13. Answer the following questions, using the cue provided.

1. Est-ce qu'il y a quelque chose d'intéressant à faire? *ne . . . rien*
2. Va-t-elle travailler? *ne . . . jamais*
3. Y a-t-il quelqu'un ici? *ne . . . personne*
4. Qui est venu? *Personne . . . ne*
5. A-t-il des livres? *ne . . . aucun*
6. A-t-il des livres ou des journaux? *ne . . . ni . . . ni*
7. Avez-vous le temps de le faire? *ne . . . guère*
8. Est-elle belle? *pas du tout*

14. Replace **aussi** with **non plus** in the following sentences and make necessary changes.

1. Il est riche aussi.
2. Elles aussi, elles ont beaucoup d'argent.
3. Marie le sait aussi.
4. Moi aussi, je viens.
5. Lui aussi, il la verra.
6. Elles mangent ici aussi.
7. Il l'a fait aussi.

Chapter 7

Pronouns

DIRECT OBJECT PRONOUNS

Le, la, l', les

The third person direct object pronouns in French are **le** (*it, him*), **la** (*it, her*), **l'** (*it, him, her*), and **les** (*them*). The direct object pronoun **le** replaces masculine singular nouns: **la** replaces feminine singular nouns; **l'** is used before verbs beginning with a vowel; **les** replaces plural nouns. **Les** connects with a **z** sound to a word beginning with a vowel. Note that the pronouns can refer to either persons or things and that they immediately precede the conjugated form of the verb.

Jean lit **le livre**.	*John reads the book.*
Jean **le** lit.	*John reads it.*
Pierre regarde **les nuages**.	*Peter looks at the clouds.*
Pierre **les** regarde.	*Peter looks at them.*
Marie voit **Pierre**.	*Mary sees Peter.*
Marie **le** voit.	*Mary sees him.*
Le garçon voit **l'arbre**.	*The boy sees the tree.*
Le garçon **le** voit.	*The boy sees it.*
Hélène regarde **les enfants**.	*Helen looks at the children.*
Hélène **les** regarde.	*Helen looks at them.*
André écoute **le** disque.	*Andrew listens to the record.*
André **l'**écoute.	*Andrew listens to it.*
Pierre achète **les disques**.	*Peter buys the records.*
Pierre **les** achète.	*Peter buys them.*
Jacques cherche **la photo**.	*James looks for the photo.*
Jacques **la** cherche.	*James looks for it.*
Georges regarde **les peintures**.	*George looks at the paintings.*
Georges **les** regarde.	*George looks at them.*
Nous lisons **l'histoire**.	*We are reading the story.*
Nous **la** lisons.	*We are reading it.*
Jean regarde **Marie**.	*John is looking at Mary.*
Jean **la** regarde.	*John is looking at her.*
Pierre regarde **les filles**.	*Peter is looking at the girls.*

Pierre **les** regarde.	*Peter is looking at them.*
Claire achète **la voiture.**	*Claire buys the car.*
Claire l'achète.	*Claire buys it.*
Pierre aide **les filles.**	*Peter helps the girls.*
Pierre **les** aide.	*Peter helps them.*

1. Complete the following sentences with the appropriate object pronoun.

    1. Pierre regarde Marie. Pierre _____ regarde.
    2. André prend les photos. André _____ prend.
    3. La mère aide la fille. La mère _____ aide.
    4. Elles considèrent ce voyage. Elles _____ considèrent.
    5. Ils lisent les romans. Ils _____ lisent.
    6. Le professeur écrit le discours. Le professeur _____ écrit.
    7. Nous croyons l'histoire. Nous _____ croyons.
    8. Il achète le disque. Il _____ achète.

2. Rewrite the following, substituting the italicized object with a pronoun.

    1. Il comprend *la leçon*.
    2. Il aime *Marie*.
    3. Tu cherches *le livre*.
    4. Tu as *l'argent*.
    5. Ils aiment *les disques*.
    6. Ils font *les devoirs*.
    7. J'écris *la composition*.
    8. Nous lisons *l'histoire*.

Special Use of the Pronoun *le*

Le can be used to replace a complete idea.

Croyez-vous qu'il arrive ce soir?
Oui, je **le** crois. *Yes, I think so.*

Je suis content et elle l'est aussi.
I am happy and she is (happy) too.

3. Answer the following questions according to the model.

    Pensez-vous qu'il va inviter Marie? *Oui*
    Oui, je le pense.

    1. Pensez-vous qu'il aime l'art moderne? *Oui*
    2. Croyez-vous qu'il fasse le travail? *Non*
    3. Pensez-vous qu'il arrive à l'heure? *Oui*
    4. Croyez-vous qu'il vienne? *Non*

4. Complete the following sentences with the correct object pronoun.

    1. Pierre est content et Marie ____ est aussi.
    2. Je suis fatigué et elles ____ sont aussi.
    3. Elle est heureuse et il ____ est aussi.
    4. Je suis triste et ils ____ sont aussi.

DIRECT AND INDIRECT OBJECT PRONOUNS

Me, te, nous, vous

The pronouns **me** (*me*), **te** (*you*, familiar), **nous** (*us*), and **vous** (*you*, formal, singular and plural) can be used as both direct and indirect object pronouns. The position is the same as for the object pronouns **le, la, l'**, and **les**.

Direct:	Il **me** voit.	*He sees me.*
Indirect:	Il **me** parle.	*He speaks to me.*
Direct:	Elle **te** regarde.	*She looks at you.*
Indirect:	Elle **te** répond.	*She answers you.*
Direct:	Elle **nous** comprend.	*She understands us.*
Indirect:	Elle **nous** donne le livre.	*She gives us the book.*
Direct:	Je **vous** regarde.	*I am looking at you.*
Indirect:	Je **vous** parle.	*I am speaking to you.*

Me becomes **m'** and **te** becomes **t'** before a vowel.

Il **m'**aime.
Il **t'**écoute.

There is a liaison between **nous** or **vous** and a word beginning with a vowel.

Il nous‿écoute.
Il vous‿aime.

5. Answer the following questions in the affirmative.

1. Est-ce que Paul te parle?
2. Est-ce que Jean t'écoute?
3. Est-ce qu'il me dit bonjour?
4. Est-ce qu'il m'invite?
5. Est-ce qu'elle nous voit?
6. Est-ce qu'elle nous appelle?
7. Pierre, est-ce qu'elle vous répond?
8. Hélène, est-ce qu'il vous écoute?
9. Pierre et André, est-ce qu'ils vous regardent?
10. Marie et Anne, est-ce qu'ils vous écrivent?

6. Rewrite the following sentences, putting the object pronoun in the plural.

1. Il me répond.
2. Il te dit la vérité.
3. Elle me voit.
4. Ils t'écrivent.
5. Elle te cherche.
6. Elle m'envoie le paquet.

INDIRECT OBJECT PRONOUNS

Lui, leur

The third person indirect object pronouns are **lui** (*him, her*) in the singular and **leur** (*them*) in the plural. Note that they refer only to people. Note that in the third person there is a

difference between the direct and indirect object pronouns. The direct object pronouns are
le (l'), **la (l')**, and **les**. With the indirect object pronouns, there is no gender differentiation.

Je parle **à Pierre.**	*I speak to Peter.*
Je **lui** parle.	*I speak to him.*
Je donne le livre **à Marie.**	*I give the book to Mary.*
Je **lui** donne le livre.	*I give the book to her. (I give her the book.)*
Je parle **aux garçons.**	*I speak to the boys.*
Je **leur** parle.	*I speak to them.*
Je donne la lettre **aux filles.**	*I give the letter to the girls.*
Je **leur** donne la lettre.	*I give the letter to them. (I give them the letter.)*

7. Rewrite the following sentences, substituting the italicized indirect object with a pronoun.

1. Il dit la vérité *à Marie.*
2. Le facteur donne les lettres *à Jean.*
3. Il parle *à ses enfants.*
4. J'envoie un cadeau *à ma sœur.*
5. Il écrit *à son frère.*
6. Il répond *à ses amis.*
7. Le professeur explique la leçon *aux étudiants.*
8. Il parle *à Jean et à Marie.*

8. Complete the following sentences with the appropriate direct or indirect object pronoun.

1. Marie visite son amie. Marie _____ visite.
2. Le père lit le conte à son fils. Le père _____ lit le conte.
3. Marie voit Charles à la plage. Marie _____ voit à la plage.
4. La fille sait les verbes. La fille _____ sait.
5. L'enfant répond à ses parents. L'enfant _____ répond.
6. Pierre dit bonjour à Marie. Pierre _____ dit bonjour.
7. Le garçon voit son amie et il donne la main à son amie.
   Le garçon _____ voit et il _____ donne la main.

THE PRONOUN *Y*

The pronoun **y** replaces a prepositional phrase introduced by any preposition other than
de when the noun object is a thing. When **y** replaces the name of a place, it means *there*.

Je vais **à la gare.**	*I am going to the railroad station.*
J'**y** vais.	*I am going there.*
Elle est **dans le salon.**	*She is in the living room.*
Elle **y** est.	*She is there.*
Elle met l'argent **sur la table.**	*She puts the money on the table.*
Elle **y** met son argent.	*She puts her money there.*

When **y** stands for things or ideas and follows verbs which require **à**, it is translated by *it*
or *them*.

Il répond **à la lettre.**	*He answers the letter.*
Il **y** répond.	*He answers it.*

Il obéit **aux lois.**	*He obeys the laws.*
Il **y** obéit.	*He obeys them.*

Remember that **lui** and **leur** are used when the object of the preposition is a person.

Elle dit bonjour **à Marie.**
Elle **lui** dit bonjour.

9. Rewrite the following sentences, replacing the italicized words by a pronoun.

1. Il va *à la gare.*
2. Le livre est *sur l'étagère.*
3. Elle sera *devant le cinéma.*
4. Il montera *dans le train.*
5. Il répond *à la lettre.*
6. Il obéit *aux lois.*

10. Complete the following sentences with **y, lui,** or **leur.**

1. Il répond à l'invitation. Il _____ répond.
2. Elle obéit à ses parents. Elle _____ obéit.
3. Il obéit aux lois. Il _____ obéit.
4. Elle répond au professeur. Elle _____ répond.

THE PRONOUN *EN*

The pronoun **en** replaces a prepositional phrase introduced by **de.** It means *of it, of them, from it, from them, from there, some,* or *any.* It is used:

1. in a prepositional sense.

Nous venons **de New York.**	*We come from New York.*
Nous **en** venons.	*We come from there.*

2. in the partitive sense.

J'ai **du pain.**	*I have some bread.*
J'**en** ai.	*I have some.*

3. with expressions followed by **de.**

Elle parle **de ce livre.**	*She speaks about this book.*
Elle **en** parle.	*She speaks about it.*

Elle est fière **de sa robe.**	*She is proud of her dress.*
Elle **en** est fière.	*She is proud of it.*

4. with expressions of quantity.

Il a **beaucoup d'argent.**	*He has a lot of money.*
Il **en** a **beaucoup.**	*He has a lot of it.*
Elle a **trop de livres.**	*She has too many books.*
Elle **en** a **trop.**	*She has too many of them.*
Elle a **dix livres.**	*She has ten books.*
Elle **en** a **dix.**	*She has ten of them.*
Elle a **plusieurs amis.**	*She has several friends.*
Elle **en** a **plusieurs.**	*She has several (of them).*

J'ai **quelques disques.**	*I have several (a few) records.*
J'en ai **quelques-uns.**	*I have several (a few) (of them).*
J'ai **quelques peintures.**	*I have several (a few) paintings.*
J'en ai **quelques-unes.**	*I have several (of them).*

11. Rewrite the following sentences, replacing the italicized words by a pronoun.

    1. Nous sortons *du théâtre.*
    2. Elle vient *de Paris.*
    3. Ils sortiront *de ce restaurant.*
    4. Il a *du pain.*
    5. Elle choisit *des fleurs.*
    6. Elle achète *de la viande.*
    7. Il parle *de son travail.*
    8. Il est fier *de son appartement.*
    9. Elles ont beaucoup *de livres.*
   10. Il a un peu *d'argent.*
   11. Elle achète une douzaine *de poires.*
   12. Il prend quatre *billets.*
   13. Il a plusieurs *amis.*
   14. Elle a quelques *livres.*
   15. Il a quelques *cravates.*

12. Rewrite the following sentences, replacing the italicized objects with the correct pronoun, **y, en, lui,** or **leur.**

    1. Nous allons *à l'aéroport.*
    2. Il répond *à ses amis.*
    3. Nous avons besoin *de ces journaux.*
    4. Les valises sont *sous le lit.*
    5. Elle répond *aux questions.*
    6. J'ai plusieurs *robes.*
    7. Il parle *au professeur.*
    8. Elle a quelques *fleurs.*
    9. Il y a beaucoup *de peintures* ici.

DOUBLE OBJECT PRONOUNS

When two pronouns are used, both precede the verb in the following order except in the affirmative command.

me								
te		le						
se	precede	la	precede	lui	precede	y	precede	en
nous		les		leur				
vous								

Il **me le** donne.	*He gives it to me.*
Il **te la** dit.	*He tells it to you.*
Elle **se le** rappelle.	*She remembers it.*
Il **nous les** montre.	*He shows them to us.*

Je **vous l'**écrit.	*I write it to you.*
Je **le lui** donne.	*I give it to him.*
Elle **la leur** apporte.	*She brings it to them.*
Il **m'en** donne.	*He gives some to me.*
Elle **lui en** donne.	*She gives some to him.*
Elle **lui y** parle.	*She speaks to him there.*
Il **y en** a beaucoup.	*There are a lot of them.*

13. Rewrite the following sentences, substituting the direct object with a pronoun.

1. Elle me montre les photos.
2. Elle nous sert le déjeuner.
3. Elle t'envoie la lettre.
4. Il nous dit la vérité.
5. Il vous apporte le bifteck.
6. Il lui envoie le cadeau.
7. Elle leur donne les billets.
8. Elle te donne du pain.
9. Il vous pose des questions.
10. Il lui donne plusieurs livres.
11. Il m'apporte de la soupe.
12. Elle m'attend sur le boulevard.
13. Il nous rencontre au théâtre.
14. Il y a quatre livres.

14. Rewrite the following sentences, substituting noun objects with pronouns.

1. Elle se rappelle la leçon.
2. Il se brosse les dents.
3. Vous vous lavez la figure.
4. Elles se lavent les cheveux.

15. Rewrite the following sentences, replacing noun objects with object pronouns.

1. Nous envoyons le paquet à nos amis.
2. Le professeur explique la leçon aux élèves.
3. Il demande la lettre à son père.
4. Ils donnent des billets à Marie.
5. Il attend ses amis devant le cinéma.
6. Elle parle de son travail à Pierre.
7. Nous donnons les jouets aux enfants.
8. Pierre donne les fleurs à son amie.
9. Il cherche Pierre à la gare.
10. Il demande de l'argent à son père.
11. Elle demande du dessert au garçon.
12. Le touriste donne le billet au conducteur.
13. Elle rencontre son ami au café.
14. Nous apportons des cadeaux à nos amis.

POSITION OF OBJECT PRONOUNS

With Conjugated Verbs

The object pronouns always precede the conjugated form of the verb. If the sentence is negative, **ne** precedes the object pronoun and **pas** follows the verb or auxiliary. In compound tenses the pronoun precedes the auxiliary verb.

Affirmative sentence:	Je **la** regarde.
	Je **le lui** dis.
	Il **l'**a regardé.
Negative sentence:	Je ne **l'**écoute pas.
	Je ne **le lui** donne pas.
	Je ne **le lui** ai pas donné.
Affirmative question:	**Les** voyez-vous? Est-ce que vous **les** voyez?
	Leur en parlez-vous? Est-ce que vous **leur en** parlez?
	Leur en avez-vous parlé? Est-ce que vous **leur en** avez parlé?
Negative question:	Ne **l'**entendez-vous pas? Est-ce que vous ne **l'**entendez pas?
	Ne **l'**avez-vous pas attendu? Est-ce que vous ne **l'**avez pas attendu?
	Ne **la lui** apportez-vous pas? Est-ce que vous ne **la lui** apportez pas?
	Ne **la lui** avez-vous pas apportée? Est-ce que vous ne **la lui** avez pas apportée?
Negative command:	Ne **le** regarde pas!
	Ne **la lui** donne pas!

The pronouns always precede **voici** and **voilà**.

Les voici.
Le voilà.

Remember that when a direct object precedes the verb in compound tenses, the past participle agrees with the preceding direct object. See pages 106-107.

Il a écrit la lettre.
Il **l'**a écrit**e**.

16. Rewrite the following sentences, substituting pronouns for the direct and indirect objects.

 1. Il ne fait pas le travail.
 2. Cherchez-vous vos amis à la gare?
 3. N'entend-il pas ce bruit?
 4. Ne mange pas la pomme dans le salon!
 5. Voilà les livres.
 6. Elle m'expliquera la situation.
 7. Il ne nous répète pas la question.
 8. J'avais donné des disques à Jean.
 9. N'a-t-elle pas attendu son ami devant le cinéma?
10. Elle écrivait des cartes à ses parents.
11. Il n'aurait pas lu ce roman.
12. Il a cru l'histoire.
13. As-tu écrit les devoirs?
14. Elles ont pris les photos devant la statue.
15. Elle aura dit la vérité au professeur.

With an Infinitive

When a pronoun is the direct or indirect object of the infinitive, it always precedes the infinitive.

Je vais acheter **le disque.**
Je vais l'acheter.
Je vais parler **de cela à Jean.**
Je vais **lui en** parler.
Il me dit d'acheter **le disque.**
Il me dit de l'acheter.
Il me demande de ne pas faire **le travail.**
Il me demande de ne pas **le** faire.

17. Rewrite the following, substituting pronouns for the direct and indirect objects.

    1. Je voudrais acheter la peinture.
    2. Je voudrais donner le cadeau à Marie.
    3. Je vais parler aux bouquinistes.
    4. Je vais mettre les livres sur l'étagère.
    5. Elle va avoir honte de ses actions.
    6. Il me dit de ne pas acheter cette robe.
    7. Il me demande de ne pas parler de cela à Georges.

With Affirmative Commands

In affirmative commands, the pronouns follow the verb and are attached to it and to each other with a hyphen. **Le, la, les** precede **me, te, nous, vous, lui** and **leur.** All precede **en.**

Donne-lui-en!
Donne-le-lui!
Vas-y!

Note that **me** becomes **moi** in an affirmative command.

Donne-la-moi!   *But:* **Donnez-m'en.**

Note that all commands that end in a vowel add **s** when followed by the pronouns **y** or **en.**

Donne du pain. **Donnes-en.**
Va au parc. **Vas-y.**

18. Rewrite the following in the affirmative.

    1. Ne me parlez pas!
    2. Ne la lisez pas!
    3. Ne le lui donne pas!
    4. Ne lui en parle pas!
    5. N'y allez pas!

19. Rewrite the following, substituting pronouns for direct and indirect objects.

    1. Lisez l'histoire!
    2. Parlez-nous de ce sujet!
    3. Écrivez les lettres à Pierre!
    4. Réponds à la lettre!
    5. Va au parc!
    6. Parle de ce sujet.
    7. Donnez-moi des livres.

REVIEW

20. Rewrite the following sentences, replacing the italicized words with pronouns.

   1. Il n'obéit pas *à sa mère*.
   2. Il a trop *de livres*.
   3. Elle est allée *à l'aéroport*.
   4. Elle a mis *les livres sur la table*.
   5. Il ne dit pas *la vérité à ses parents*.
   6. Elle ne répond pas *à la lettre*.
   7. N'écoute pas *cet homme*!
   8. Il se rappelle *le film*.
   9. Il y a beaucoup *de gens*.
   10. Elle a mis douze *pommes dans son panier*.
   11. Donnez-moi *du beurre*!
   12. Parlez-vous *de cela à votre ami*?
   13. Je vais donner *les livres à Marie*.
   14. Donnez *les jouets aux enfants*.
   15. As-tu donné *la montre à Marie*?
   16. Ne parle-t-elle pas *de son voyage à Jean*?

REFLEXIVE PRONOUNS

Reflexive pronouns are used when the action in the sentence is both executed and received by the subject. For a complete review of reflexive verbs, see Chapter 4.

The reflexive pronouns are:

Singular	*Plural*
me	nous
te	vous
se	se

Me, te, and **se** become **m', t'** and **s'** before verbs beginning with a vowel. There is a liaison between **nous** or **vous** and a word beginning with a vowel.

   Il **se** lève.
   Il **s'**habille.
   Nous **nous** débrouillons.
   Nous **nous** habillons.

21. Complete the following sentences with the appropriate reflexive pronoun.

   1. Je _____ appelle Marie.
   2. Nous _____ lavons la figure.
   3. À quelle heure _____ lèves-tu?
   4. Pourquoi est-ce qu'elle ne _____ peigne pas?
   5. Elles _____ débrouillent bien.
   6. Vous _____ asseyez ici.
   7. Je _____ dépêche pour arriver à l'heure.
   8. Nous _____ couchons tard.
   9. Elle _____ habille bien.
   10. Tu _____ arrêtes un moment.

DISJUNCTIVE PRONOUNS

The disjunctive pronouns or stressed pronouns are the same as the subject pronouns **elle, elles, nous,** and **vous.** The other forms change.

	Singular		*Plural*
Subject	*Disjunctive*	*Subject*	*Disjunctive*
je	moi	nous	nous
tu	toi	vous	vous
il	lui	ils	eux
elle	elle	elles	elles
on	soi		

The pronouns occur:

1. after **c'est** and **ce sont.**

C'est is used with all the disjunctive pronouns except **eux** and **elles** which require **ce sont.** Note that the verb in the **qui** clause must agree with the subject.

> **C'est moi. C'est moi** qui parle.
> *It is I.   It is I who am apeaking.*
> **C'est nous. C'est nous** qui l'avons fait.
> *It is we.   It is we who did it.*
> **Ce sont eux. Ce sont eux** qui mentent.
> *It is they.   It is they who are lying.*
> **Ce sont elles. Ce sont elles** qui arrivent.
> *It is they.   It is they who are arriving.*

2. after a preposition.

> Elle parle **de lui.**   *She speaks about him.*
> Nous allons **avec elle.**   *We are going with her.*

Remember that when the object of a preposition is a thing rather than a person, **y** or **en** must be used.

> Je pense **à Marie.** Je pense **à elle.**
> *I am thinking about Mary. I am thinking about her.*
> Je pense **aux examens.** J'**y** pense.
> *I am thinking about the examinations. I am thinking about them.*
> Je parle **de Pierre.** Je parle **de lui.**
> *I am speaking about Peter. I am speaking about him.*
> Je parle **de ce livre.** J'**en** parle.
> *I am speaking about this book. I am speaking about it.*

3. after a comparison.

> Elle est **plus** intelligente **que lui.**
> *She is more intelligent than he.*
> Il est **plus** beau **que moi.**
> *He is more handsome than I.*

4. alone for emphasis.

Qui est là? **Moi.**   *Who's there?   I am.*
Qui regarde-t-elle? **Lui.**   *Who is she looking at?   Him.*

5. to add emphasis to a non-accentuated pronoun.

Moi, je prépare la salade, **toi,** tu prépares les sandwiches.

6. after **ne . . . que.**

Elle n'aime **que lui.**   *She likes only him.*

7. as a part of a compound subject.

Vous et moi, nous le ferons.   *You and I will do it.*
Pierre et lui, ils arrivent.   *Peter and he arrive.*

8. in combination with **même.**

moi-même	*myself*	**nous-mêmes**	*ourselves*
toi-même	*yourself*	**vous-même(s)**	*yourself, yourselves*
lui-même	*himself*	**eux-mêmes**	*themselves*
elle-même	*herself*	**elles-mêmes**	*themselves*

Je le ferai **moi-même.**   *I'll do it myself.*

Soi is used when the subject is general: *on, chacun, nul, personne.*

Chacun pour **soi.**   *Each one for himself.*

22. In the following sentences, change the plural disjunctive pronouns to the singular and the singular disjunctive pronouns to the plural.

   1. Marie l'a acheté pour eux.
   2. Je vais partir sans elles.
   3. Ils parlent de nous.
   4. Le cadeau est pour vous.
   5. Il va avec moi.
   6. Il viendra chez toi.
   7. Elle y va avec lui.
   8. Il ne veut pas partir sans elle.
   9. Il est plus intelligent que nous.
  10. Qui vient? Nous.

23. Follow the model.

    Qui le fera? *je*
    C'est moi qui le ferai.

   1. Qui est là? *je*
   2. Qui est là? *elle*
   3. Qui l'a fait? *vous*
   4. Qui l'a fait? *il*
   5. Qui va répondre? *ils*
   6. Qui viendra? *je*
   7. Qui sortira? *Hélène, tu*
   8. Qui attend? *il, je*

24. Translate the following sentences into French.

    1. I'll do it myself.
    2. He'll do it himself.
    3. The boys will do it themselves.
    4. We'll do it ourselves.
    5. Each one for himself.

25. Answer the following questions with the disjunctive pronoun, **y,** or **en.**

    1. Pensez-vous à ce livre?
    2. Avez-vous peur de cet homme?
    3. Partirez-vous sans vos camarades?
    4. Avez-vous honte de vos actions?
    5. Pensez-vous à Hélène?
    6. Allez-vous à la gare?
    7. Est-ce que ce sont Hélène et Marie qui parlent?
    8. Vont-ils chez Marianne?
    9. Va-t-elle avec Pierre?
   10. Avez-vous besoin de votre argent?

POSSESSIVE PRONOUNS

Possessive pronouns are used to replace a possessive adjective plus a noun. The possessive pronoun must agree with the noun it replaces and is accompanied by the appropriate definite article or its contracted forms **au, aux, du, des.**

	Masculine		*Feminine*	
	Singular	*Plural*	*Singular*	*Plural*
mine	**le mien**	**les miens**	**la mienne**	**les miennes**
yours (fam.)	**le tien**	**les tiens**	**la tienne**	**les tiennes**
his, hers, its	**le sien**	**les siens**	**la sienne**	**les siennes**
ours	**le nôtre**	**les nôtres**	**la nôtre**	**les nôtres**
yours	**le vôtre**	**les vôtres**	**la vôtre**	**les vôtres**
theirs	**le leur**	**les leurs**	**la leur**	**les leurs**

J'ai **mon livre** et non pas **le tien.**
I have my book and not yours.
J'aime **ma blouse** et non pas **la tienne.**
I like my blouse and not yours.
Voici **tes billets.** Où sont **les miens?**
Here are your tickets. Where are mine?
Voici **vos valises.** Où sont **les miennes?**
Here are your suitcases. Where are mine?
Je préfère **mon livre au tien.**
I prefer my book to yours.
J'ai expliqué la situation **à ma mère.** As-tu expliqué la situation **à la tienne?**
I explained the situation to my mother. Did you explain the situation to yours?
J'ai besoin **de mes livres.** Ont-ils besoin **des leurs?**
I need my books. Do they need theirs?
Je parle **de mon professeur.** Parle-t-il **du sien?**
I am speaking about my teacher. Is he speaking about his?

26. Replace the italicized phrase with the appropriate possessive pronoun.

1. Ce sont *mes livres*. Où sont *tes livres*?
2. Je n'aime pas *ma voiture*. Aimez-vous *votre voiture*?
3. Il a pensé à *ses amis* et elles ont pensé à *leurs amis*.
4. J'ai besoin de *mes livres* et vous avez besoin de *vos livres*.
5. *Notre piscine* est plus petite que *ta piscine*.
6. Nous avons *nos billets*. Avez-vous *vos billets*?
7. Il a parlé de *sa situation* et tu as parlé de *ta situation*.
8. J'ai besoin de *leur voiture*.
9. Pierre cherche *ses valises* et *mes valises*.
10. Vous mettez *votre manteau* et je mets *mon manteau*.
11. Nous sommes fiers de *notre pays* et ils sont fiers de *leur pays*.
12. Elle préfère *nos meubles* à *vos meubles*.
13. Il a cherché *son passeport* et les filles ont cherché *leur passeport*.
14. *Ton appareil photographique* est meilleur que *mon appareil photographique*.
15. Il a téléphoné à *sa mère* et nous avons téléphoné à *notre mère*.

DEMONSTRATIVE PRONOUNS

The demonstrative pronouns *this one*, *that one*, *these*, *those* are as follows:

	Singular	*Plural*
Masculine	**celui**	**ceux**
Feminine	**celle**	**celles**

To distinguish between *this one* and *that one* and between *these* and *those*, the suffixes **-ci** (*this*) and **-là** (*that*) are added.

J'aime **celui-ci**.	*I like this one.*
J'aime **celle-là**.	*I like that one.*

When two things are mentioned, **celui-ci** means *the latter* and **celui-là** means *the former*.

J'ai parlé avec M. Dupont et M. Leclerc.
Celui-ci (Leclerc) est médecin et **celui-là** (M. Dupont) est homme d'affaires.
The latter is a doctor and the former is a businessman.

27. Complete the following sentences with the appropriate demonstrative pronoun, according to the model.

> Ce disque est meilleur que _____.
> Ce disque est meilleur que *celui-là*.

1. Ce roman est intéressant, mais je préfère _____.
2. Cette rue est plus large que _____.
3. Ces robes sont plus jolies que _____.
4. Ces légumes sont plus frais que _____.
5. J'aime ces peintures autant que _____.
6. Ces restaurants-ci sont meilleurs que _____.
7. Je préfère ce disque à _____.
8. Ces photos-ci sont meilleures que _____.

INDEFINITE DEMONSTRATIVE PRONOUNS

Ce, ceci, cela (ça)

Ce

Ce (c') is used only with the verbs **être, devoir,** and **pouvoir.**   Sometimes **ce** may be replaced by **cela.**
It is used:
1. before a noun modified by an article.

> Regardez cet homme. **C'**est un grand pianiste.
> *Look at this man. He's a great pianist.*
> Qui est cette fille? **C'**est ma sœur.
> *Who is this girl? She's my sister.*

2. before a proper noun.

> Voilà un jeune homme. **C'**est André Pierron.
> *There is a young man. It is Andrew Pierron.*

3. before a pronoun.

> J'ai trouvé ce paquet. Est-**ce** le vôtre?
> *I found this package. Is it yours?*

4. before a superlative.

> **Ce** sont les meilleures cerises de la ville.
> *These are the best cherries in the city.*

Ceci, cela (ça)

When the demonstrative pronoun replaces an indefinite expression or an idea, **ceci** or **cela**
are used. **Ça** is used in familiar style. **Cela** is used when the expression has already been mentioned. **Ceci** is used to introduce the expression.

> **Ceci** est bon. Vous avez bien réussi.
> *This is good. You have succeeded well.*
> Vous avez réussi. **Cela** est bon.
> *You have succeeded. That is good.*

28. Complete the following sentences with **ce, c', ceci** or **cela.**

> 1. _____ est bon. Vous avez bien fait.
> 2. Vous avez bien fait. _____ est bon.
> 3. _____ est mon ami.
> 4. J'ai un gant. Est-_____ le vôtre?
> 5. _____ m'est égal.

RELATIVE PRONOUNS

Qui, que

The relative pronoun is used to introduce a clause which modifies a noun.

Qui *Who, which, that*

Qui functions as the subject of the clause and may refer to either a person or a thing.

L'homme **qui** parle est mon père.
The man who is speaking is my father.
Le livre **qui** est sur la table est rouge.
The book which is on the table is red.

Que *Whom, which, that*

Que functions as the direct object of a clause and may refer to either persons or things.
Note that **que** becomes **qu'** before a vowel.

Le garçon **que** nous avons vu hier est mon frère.
The boy whom we saw yesterday is my brother.
Les livres **qu'**il écrit sont intéressants.
The books which he writes are interesting.

29. Complete the following sentences with **qui** or **que**.

    1. La fille _____ parle est jolie.
    2. Le film _____ j'ai vu est merveilleux.
    3. Les livres _____il regarde sont les miens.
    4. Le restaurant _____ est au coin de la rue est excellent.
    5. L'homme _____ nous avons vu hier est avocat.
    6. Les garçons _____ viennent d'entrer sont mes amis.
    7. Les poèmes _____elle a écrits sont beaux.
    8. Les tableaux _____ sont dans le salon sont jolis.

30. Combine the following pairs of sentences, according to the model.

        L'homme fait un discours. Il est avocat.
        L'homme qui fait un discours est avocat.

    1. Voilà un garçon. Il est sportif.
    2. La dame entre. Elle est la femme de mon professeur.
    3. L'église est au centre de la ville. Elle est grande.
    4. La jeune fille danse. Elle est très belle.

31. Combine the following pairs of sentences, according to the model.

        Il écrit les livres. Les livres sont intéressants.
        Les livres qu'il écrit sont intéressants.

    1. Voilà le restaurant. Pierre préfère le restaurant.
    2. Je lis le journal. Le journal est parisien.
    3. Elle a acheté cette robe. La robe est très chère.
    4. Nous avons vu le film. Le film est américain.

Ce qui and *ce que*

Ce qui *What, that which*

Ce qui is used as the subject of the clause when there is no antecedent.

Comprenez-vous **ce qui** se passe?
Do you understand what is happening?
Ce qui est arrivé est presque impossible.
What happened is almost impossible.

Ce que   *What, that which*

Ce que is used as the object of a verb in a relative clause when there is no antecedent.

Je ne comprends pas **ce que** vous dites.
I don't understand what you are saying.
Ce qu'il écrit est difficile à comprendre.
What he writes is difficult to understand.

Ce qui and **ce que** can be combined with **tout**.

Tout ce qui est bon est beau.
All that is good is beautiful.
Tout ce qu'il fait est bon.
All that he does is good.

32. Complete the following sentences with **ce qui** or **ce que.**

1. Je ne comprends pas _____ il dit.
2. Je ne comprends pas _____ se passe.
3. Je ne sais pas _____ va avoir lieu.
4. Je ne sais pas _____ Pierre fait.
5. Je ne comprends pas _____ est arrivé.
6. Je ne comprends pas _____ on lit.

Relative Pronouns with Prepositions Other than *de*: *qui, lequel*

Qui

Qui as object of a preposition refers to persons only.

La fille **à qui** vous parlez est gentille.
The girl to whom you are speaking is nice.
L'homme **pour qui** je travaille est intelligent.
The man for whom I work is intelligent.

Lequel, laquelle, lesquels, lesquelles   *Which*

Lequel is the relative pronoun used after a preposition and refers to things or to persons.
Lequel must agree with the antecedent.

La maison **dans laquelle** Pierre habite est grande.
The house in which Peter lives is big.
Le restaurant **devant lequel** j'ai attendu mon ami est merveilleux.
The restaurant before which I waited for my friend is marvelous.

When preceded by the preposition à, **lequel** contracts with it to form **auquel, auxquels, auxquelles**. À plus **laquelle** do not contract.

Le concert **auquel** il a assisté a été bon.
The concert which he attended was good.

L'école **à laquelle** elle va est vieille.
The school where (to which) she goes is old.
Les garçons **auxquels** nous parlons sont gentils.
The boys to whom we are speaking are nice.
Les filles **auxquelles** nous parlons sont intelligentes.
The girls to whom we are speaking are intelligent.

33. Complete the following sentences with the correct relative pronoun.
    1. La fille à _____ je parle est gentille.
    2. L'homme avec _____ je sors est intelligent.
    3. La boutique derrière _____ se trouve un arbre est une boutique moderne.
    4. Le bâtiment dans _____ je travaille est un gratte-ciel.
    5. Les villes vers _____ nous nous dirigeons sont de véritables musées.
    6. Voilà les pinceaux avec _____ il a peint ce tableau.

34. Combine the two sentences into one, according to the models.

    J'ai parlé à l'homme. **Il est intéressant.**
    L'homme à qui j'ai parlé est intéressant.
    Je pense à ce travail. **Il est difficile.**
    Le travail auquel je pense est difficile.

    1. Voilà le garçon. Je suis sorti avec le garçon.
    2. Voilà la maison. J'ai habité dans cette maison.
    3. J'ai écrit à ces hommes. Ils sont mes anciens professeurs.
    4. C'est le pinceau. L'artiste travaille avec le pinceau.
    5. Voilà un morceau de papier. Il a dessiné sur ce morceau de papier.
    6. Paul entre dans le restaurant. Le restaurant est très petit.
    7. Nous allons chez cette fille. Elle est jolie.
    8. Voilà les tables. Marie a mis des fleurs sur les tables.
    9. Il attend son ami devant le musée. Le musée est formidable.
    10. Nous sommes allés au théâtre. Le théâtre est très vieux.
    11. Elle a assisté à la conférence. La conférence était intéressante.
    12. Il a répondu à ces lettres. Elles étaient urgentes.
    13. Il a écrit à ces hommes. Ces hommes sont avocats.
    14. Je suis allée aux musées. Les musées sont grands.

Où

A relative clause referring to a place is usually introduced by **où** to avoid using a preposition plus a form of **lequel**.

    Voilà la maison **dans laquelle** Georges habite.
    Voilà la maison **où** habite Georges.
    There is the house where George lives.

35. Rewrite the following sentences according to the model.

    L'école à laquelle nous allons est vieille.
    L'école où nous allons est vieille.

    1. L'appartement dans lequel j'habite est très petit.
    2. La boulangerie dans laquelle j'entre est bonne.

3. Le bureau auquel je vais se trouve au centre de la ville.
4. Les restaurants dans lesquels nous dînons ne sont pas chers.
5. Les églises auxquelles nous allons sont vieilles.

Relative Pronouns with the Preposition *de*: *dont, lequel*

While the forms **de qui**, referring to persons, and **duquel, desquels, de laquelle, desquelles**, referring to things do occur, most French speakers use **dont**.

Dont may refer to persons or things and means *whose, of (about) which, of (about) whom.*

La femme **de qui** nous parlons est Marie Dupont.
La femme **dont** nous parlons est Marie Dupont.
The woman about whom we are speaking is Marie Dupont.

Le film **duquel** nous parlons est bon.
Le film **dont** nous parlons est bon.
The movie of which we are speaking is good.

Je connais une fille **dont** le père est médecin.
I know a girl whose father is a doctor.
L'homme **dont** le fils parle est avocat.
The man whose son is speaking is a lawyer.
Voilà un tableau **dont** j'admire la beauté.
There is a painting whose beauty I admire.

Dont can be used only when it immediately follows the noun to which it refers. If the noun is followed by a prepositional phrase, the appropriate form of **de** plus **lequel** must be used.

C'est le garçon avec la sœur **duquel** je suis sorti.
He is the boy whose sister I went out with.
Voilà la fille à la mère **de laquelle (de qui)** vous avez parlé.
There is the girl whose mother you spoke to.

36. Rewrite the following sentences, replacing **de qui** and the forms of **duquel** by **dont**.

1. Le garçon de qui le père est mort est mon ami.
2. Le musée duquel le nom m'échappe est célèbre.
3. La dame de qui nous cherchons le chien est une amie de ma mère.
4. L'homme de qui les usines sont à Lyon habite à Paris.
5. J'aime ce jardin duquel les fleurs l'embellissent.
6. Le crayon duquel vous vous servez n'est pas bon.
7. Les livres desquels vous m'avez parlé sont intéressants.
8. La peinture de laquelle vous avez envie est très chère.

37. Follow the model.

Voilà le garçon. Je connais ses parents.
Voilà le garçon dont je connais les parents.

1. Voilà une fille. Son père est médecin.
2. Voilà le mannequin. Ses robes sont jolies.
3. Voilà les garçons. Vous connaissez leur sœur.
4. Voilà un professeur. Son fils est chimiste.
5. Voilà un garçon. Son père est mort.

6. Voilà une femme. J'admire la beauté de cette femme.
7. Voilà un peintre. Le tableau de ce peintre est cher.
8. C'est un beau tableau. Nous avons parlé de ce tableau.
9. C'est un livre. Vous avez envie de ce livre.
10. As-tu étudié le poème? Il a parlé du poème.
11. C'est un livre. J'ai besoin de ce livre.
12. J'ai vu la jeune fille. Ils ont parlé de cette jeune fille.
13. C'est un beau poème. Nous avons lu quelques passages de ce poème.

38. Follow the model.

> **C'est le garçon. Je suis sorti avec sa sœur.**
> **C'est le garçon avec la sœur duquel je suis sorti.**

1. C'est la fille. J'ai parlé avec sa mère.
2. C'est un homme. Je suis sorti avec sa fille.
3. Il y a une boutique ici. Près de la boutique se trouve un bureau de tabac.
4. Il a fait un discours. À cause de ce discours j'ai pleuré.
5. Voilà les jeunes filles. Je suis sortie avec leur frère.

Quoi, ce dont

Quoi (*what*) is used after a preposition when the antecedent is indefinitie.

> Je sais de **quoi** il s'agit.
> *I know what it is about.*
> Je sais **à quoi** vous avez pensé.
> *I know what you thought about.*
> Je sais **sur quoi** il écrit.
> *I know what he is writing about.*

Ce dont (*what*) can be used before expressions requiring the preposition **de**.

> Il sait **ce dont** vous avez besoin.
> *He knows what you need.*

39. Complete the following sentences with **quoi, à quoi,** or **ce dont**.

1. Elle comprend _____ je m'étonne.
2. Il sait de _____ il parle.
3. Je sais _____ vous pensez.
4. Elles savent de _____ il s'agit.
5. Elle comprend _____ vous avez peur.

REVIEW

40. Complete the following sentences with the appropriate relative pronoun.

1. _____ vous voulez est impossible à avoir.
2. Voilà un homme _____ est avocat.
3. C'est une fille _____ je connais le frère.
4. Voilà la maison _____ nous demeurons.
5. Voilà les livres _____ Pierre cherche.

6. Avez-vous trouvé la lettre _____ j'ai besoin?
7. Savez-vous _____ est dans le tiroir?
8. Dites-moi _____ il vous a dit.
9. C'est l'homme avec la fille _____ je suis sorti.
10. Les femmes _____ ils parlent sont jolies.
11. Je comprends de _____ il s'agit.
12. Un boucher est un homme _____ vend de la viande.

INDEFINITE PRONOUNS

Following are some indefinite pronouns.

1. **quelqu'un** *someone*

> **Quelqu'un** frappe à la porte.
> *Someone is knocking at the door.*

Quelqu'un does not have a feminine form.

2. **quelques-uns, quelques-unes** *some*

> Avez-vous des livres? Oui, j'en ai **quelques-uns.**
> *Do you have any books? Yes, I have some.*
> Avez-vous acheté des pommes? Oui, j'en ai acheté **quelques-unes.**
> *Did you buy any apples? Yes, I bought some.*

Note that **en** is used when **quelques-uns** and **quelques-unes** are used as a direct object.

3. **quelque chose** *something*

> Voulez-vous **quelque chose?**
> *Do you want something?*
> Je voudrais **quelque chose** de joli.
> *I want something pretty.*

Note that **de** precedes the adjective which refers to **quelque chose.** The adjective is always masculine.

4. **plusieurs** *several*

> Il en a **plusieurs.**
> *He has several.*

Note the use of **en** with **plusieurs.**

5. **chacun, chacune** *each one, everyone*

> **Chacun** à son goût.
> *Everyone to his own taste.*
> **Chacune** des filles apportera un cadeau.
> *Each one of the girls will bring a gift.*

6. **certain, certaine** *a certain one*
   certains, certaines *certain ones, some*

> **Certains** d'entre eux voulaient danser.
> *Some of them wanted to dance.*

7. **l'autre**   *the other, the other one*
   les autres   *the others, the other ones*

> Deux filles sont restées. **Les autres** sont parties.
> *Two girls stayed. The others left.*
> J'ai perdu un foulard, mais j'en ai **d'autres.**
> *I lost a scarf, but I have others (other ones).*
> Il a quelque chose **d'autre.**
> *He has something else.*

Note that **d'autre** means *else* in the above sentence.

8. **l'un (l'une) . . . l'autre**   *the one . . . the other*
   les uns (les unes) . . . les autres   *the ones (some) . . . the others*

> **Les uns** dansaient; **les autres** bavardaient.
> *Some danced; others talked.*

9. **l'un (l'une) et l'autre**   *both, both of them*
   l'un (l'une) ou l'autre   *either one*
   ni l'un ni l'autre   *neither one*
   l'un (l'une) à l'autre   *to each other*
   l'un (l'une) pour l'autre   *one for the other*

> Elles sont venues **l'une et l'autre.**
> *Both of them came.*
> Vous avez deux livres. Donnez-moi **l'un ou l'autre.**
> *You have two books. Give me either one.* (It makes no difference)
> **Ni l'un ni l'autre** n'est venu.
> *Neither one came.*
> Ils s'écrivent **l'un à l'autre.**
> *They write to each other.*
> Elles travaillent **l'une pour l'autre.**
> *They work for each other.*

10. **autre chose**   *something else*

> Je voudrais **autre chose.**
> *I would like something else.*

11. **quelqu'un d'autre**   *someone else*

> **Quelqu'un d'autre** peut le faire.
> *Someone else can do it.*

12. **n'importe qui**   *anyone*

> **N'importe qui** pourra le faire.
> *Anyone will be able to do it.*
> Je parlerai à **n'importe qui.**
> *I will speak to anyone.*

13. **n'importe quoi**   *anything*

> Il peut faire **n'importe quoi.**
> *He can do anything.*

14. **le même, la même** *the same (one)*
    les mêmes *the same (ones)*

> C'est **la même.**
> *It's the same one.*

15. **on** *one, they, people*

> **On** a construit ce pont.
> *They built this bridge.*
> **On** n'emploie pas le passé simple dans la langue parlée.
> *One doesn't use the passé simple in spoken language.*

See the section on the passive voice (page 163) for more uses of *on*.

16. **Aucun (e)** *none*

> **Aucun** d'eux n'est arrivé.
> *None of them arrived.*
> **Aucune** d'elles n'est arrivée.
> *None of them arrived.*

17. **nul** *no one*

> **Nul** ne sait la réponse.
> *No one knows the answer.*

Nul is used in the sense of **personne.**

18. **Personne . . . ne** *no one*
    ne . . . personne *anyone*

> **Personne** n'est venu.
> *No one came.*
> Je **ne** vois **personne.**
> *I don't see anyone.*

19. **Rien . . . ne** *nothing*
    ne . . . rien *anything*

> **Rien ne** se passe.
> *Nothing is happening.*
> Je **ne** vois **rien.**
> *I don't see anything.*

20. **tout, toute, tous, toutes** *all, everything*

> **Tout** est bien ici.
> *Everything is fine here.*
> J'ai tous les billets. Je les ai **tous.**
> *I have all the tickets. I have all of them.*
> Il a vu toutes les peintures. Il les a **toutes** vues.
> *He saw all the paintings. He saw all of them.*

Note that **de** is never used with **tout,** although in English we say *all of them* or *all.* Note too that the **s** is pronounced in the pronoun form **tous.** Also, the pronoun **tout** precedes the past participle in compound tenses.

> Il les a **tous** lus.
> *He read them all.*

21. **tout ce qui, tout ce que** *everything, all that*

On a vu **tout ce qui** est dans cette ville.
We saw everything in this city.
Tout ce que nous faisons est intéressant.
Everything we do is interesting.
Tout ce qu'elle dit est intéressant.
Everything she says is interesting.

22. **tout le monde** *everyone*

Tout le monde est ici.
Everyone is here.

Tout le monde is used with a singular verb.

See chapter 6 for more study on negative indefinite pronouns.

41. Complete the following sentences with the correct French words for the English words in parentheses.

1. _____(Anyone) peut le faire.
2. _____(Someone) le fera.
3. _____(Everyone) aime la beauté.
4. _____(One) peut venir ici.
5. Voudriez-vous_____ (something) de bon?
6. Il a _____ (everything) compris.
7. _____(The others) viendront plus tard.
8. Je comprends les verbes. Je les comprends _____(all).
9. As-tu des disques? Oui, j'en ai _____ (some).
10. Elles viendront _____(both of them).
11. Je n'aime _____ (either one).
12. _____(Certain ones) d'entre elles voudraient bavarder.
13. Il dira _____ (anything).
14. Voudriez-vous _____(something else)?
15. _____ (All that) Pierre a fait est intéressant.
16. Il en a_____ (several).
17. Avez-vous des blouses? Oui, j'en ai _____ (some).
18. _____(Each one) des mères apportera quelque chose.
19. _____(Someone else) pourra le faire.
20. _____(Some) voulaient danser; _____(the others) voulaient aller au cinéma.
21. Ils parlent _____ (to each other).
22. Vous avez deux robes. Donnez-moi _____ (either one).
23. _____(Anyone) le dira.
24. Est-ce que c'est une autre robe? Non c'est _____(the same).
25. _____(None) d'elles ne viendra.
26. _____(No one) ne sait la réponse.
27. _____(Everything) est bien ici.
28. _____(Nothing) n'est arrivé.

Chapter 8

Special Meanings of Certain Verbs

EXPRESSIONS WITH *ALLER*

Some idiomatic expressions with the verb **aller** are:

aller à la pêche   *to go fishing*
aller à la chasse   *to go hunting*
aller à pied   *to go on foot*, *to walk*
aller à bicyclette   *to go by bicycle*
aller en voiture, en avion, par le train   *to go by car, by plane, by train*
aller loin   *to succeed*
  Elle est intelligente. Elle ira loin.
aller trop loin   *to go too far*
  Il va trop loin. Je suis très fâché.
aller bien, mal, mieux   *to feel (be) well (fine), bad, better*
  Je vais bien.
aller à quelqu'un   *to suit, to become*
  Cette robe vous va très bien.
Allez-y!   *Go ahead!*
Comment allez-vous? ⎫
Comment vas-tu?   ⎬   *How are you?*
Comment ça va? (fam.) ⎭
Comment va-t-il?   *How is he?*
Ça va? (informal)   *How are you?*

1. Translate the following sentences into French, using the verb **aller**.

    1. He is going by car.
    2. He will succeed.
    3. I feel bad.
    4. He feels better today.
    5. This hat is becoming to you.
    6. How are you?
    7. I am fine.
    8. He is going fishing.

EXPRESSIONS WITH *AVOIR*

The verb **avoir** is used in many idiomatic expressions.

    avoir chaud *to be warm*
        Elle a chaud en été.
    avoir froid *to be cold*
        Il a froid en hiver.
    avoir faim *to be hungry*
        J'ai très faim.
    avoir soif *to be thirsty*
        Elle a très soif.
    avoir sommeil *to be sleepy*
        Elle va se coucher. Elle a sommeil.
    avoir peur de *to be afraid*
        Il a peur du lion.
    avoir honte de *to be ashamed*
        Il a honte de ses actions.
    avoir raison *to be right*
        Elle a raison.
    avoir tort *to be wrong*
        Cet élève a tort.
    avoir mal à *to have an ache in*
        Elle a mal à la tête.
        Elle a mal aux dents.
    avoir lieu *to take place*
        L'action a eu lieu dans une grande ville.
    avoir beau *to do something in vain*
        Il avait beau étudier; il n'a pas réussi à l'examen.
        He studied in vain; he didn't pass the exam.
    avoir l'air . . . *to look*
        Elle a l'air contente.
    avoir de la chance *to be lucky*
        Marie a de la chance.
    avoir de la patience *to be patient*
        Les mères ont de la patience.
    avoir . . . de retard *to be late by . . .*
        L'avion a 15 minutes de retard.
    avoir . . . d'avance *to be early by . . .*
        Ils ont 10 minutes d'avance.
    avoir envie de *to want to*
        Il a envie d'aller au cinéma.
    avoir besoin de *to need*
        Il a besoin d'étudier.
    avoir l'habitude de *to be in the habit of*
        Elle a l'habitude de prendre du thé à quatre heures.
    avoir l'occasion de *to have the chance to*
        Il a l'occasion d'aller à Paris.
    avoir l'intention de *to intend to*
        J'ai l'intention d'étudier davantage.
    avoir le temps de *to have the time to*
        J'ai le temps de le faire.

avoir quelque chose *to have something wrong*
> Vous avez quelque chose?

avoir . . . ans *to be . . . years old*
> Quel âge avez-vous?
> J'ai vingt ans.

avoir à *to have to*
> J'ai à faire ce travail.

avoir . . . de longueur, de hauteur, d'épaisseur *to be . . . long, tall, thick*
> La boîte a dix mètres de longueur.
> La tour a 100 mètres de hauteur.
> Le mur a 30 centimètres d'épaisseur.

2. Follow the model. Use an expression with the verb **avoir** in your answer.

> Je voudrais un sandwich.
> J'ai faim.

1. Je voudrais boire.
2. Je voudrais manger.
3. Je voudrais dormir.
4. Je porte un manteau.
5. J'ouvre la fenêtre.
6. Je prends de l'aspirine.
7. Je vais chez le dentiste.
8. Je demande pardon.

3. Translate the following sentences into French, using the verb **avoir**.

1. I came in vain. No one was there.
2. She is afraid of this man.
3. He is ashamed of his work.
4. We were right.
5. I have a headache.
6. The girls look tired.
7. Peter is lucky.
8. The train is a half hour late.
9. The plane is ten minutes early.
10. He has the chance to go to Martinique.
11. What's wrong with you?
12. How old are you?
13. He is 50 years old.
14. She needs the book.
15. The house is 50 meters high.
16. We are warm.
17. The children are sleepy.

EXPRESSIONS WITH *ÊTRE*

être en train de *to be in the act of*
> Je suis en train de travailler.

être à *to belong to*
>   Ces disques sont à moi.

être de *to be from*
>   Elle est de New York.

être égal à *to make no difference to*
>   Cela m'est égal.

être de retour *to be back*
>   Elle sera de retour lundi.

4. Translate the following sentences into French, using the verb **être**.

>   1. She's in the act of studying.
>   2. The boys are from Paris.
>   3. It makes no difference to me.
>   4. We will be back tomorrow.
>   5. These books belong to her.

EXPRESSIONS WITH *Faire*

The verb **faire** is used in many weather expressions.

Il fait chaud. *It is warm.*
Il fait froid. *It is cold.*
Il fait frais. *It is cool.*
Il fait mauvais. *The weather is bad.*
Il fait bon. *The weather is good.*
Il fait du soleil. *The sun is shining.*
Il fait du vent. *It is windy.*
Il fait du brouillard. *It is foggy.*

Some other idiomatic expressions with the verb **faire** are:

Il fait nuit. *It is night.*
Il fait jour. *It is daylight.*

faire l'impossible *to do the impossible*
faire de son mieux *to do one's best*
faire son possible *to do one's best*

faire du bien *to produce a good effect*
>   Le soleil vous fera du bien.

faire fortune *to become rich*
faire plaisir *to give pleasure*
faire mal *to hurt*
>   Ma jambe me fait mal. *My leg hurts.*

se faire du mal *to hurt oneself*
>   Elle s'est fait du mal. *She hurt herself.*
>   Elle s'est fait mal au bras. *She hurt her arm.*

faire attention *to pay attention*
faire la connaissance de quelqu'un *to meet someone*
faire des courses *to run errands*
faire la queue *to wait in line*

faire exprès *to do something on purpose*
    Je ne l'ai pas fait exprès.
faire semblant *to pretend*
    Elle fait semblant de dormir.
Ça ne fait rien. *It doesn't matter.*

5. Translate the following sentences into French, using the verb **faire.**

    1. It is warm.
    2. The weather is cool.
    3. The sun is shining.
    4. It is foggy.
    5. It is night.
    6. He does his best.
    7. This medicine will do you good.
    8. I hurt my arm.
    9. We waited in line for an hour.
   10. I did it on purpose.
   11. It doesn't matter.
   12. The pretended not to hear.

SPECIAL USES OF OTHER VERBS

Devoir, pouvoir, savoir, vouloir

The verbs **devoir, pouvoir, savoir,** and **vouloir** have special meanings in different tenses.

Devoir

present tense *to owe*
je dois *I owe*

    Je **dois** dix francs à Jean.   *I owe John ten francs.*

devoir plus infinitive *must, to have to*
je dois *I must, I have to*

    Il **doit** travailler.   *He must work.*
    Je **devrai** travailler.   *I shall have to work.*
    Elle **a dû** travailler.   *She had to work.*

present and imperfect tenses *to be supposed to, to be scheduled to*

    Elle **doit** partir demain.
    She is supposed to (is scheduled to) leave tomorrow.

present, *passé composé*, and imperfect tenses—to express probability—*must be*

    Il **doit** être malade.
    He must be (is probably) sick.
    Il **a dû** être malade.
    He must have been (was probably) sick.
    Le film **devait** être bon.
    The movie was probably good.

conditional tense to express an advice or reproach—*should, ought to*
je devrais *I should, I ought to*

j'aurais dû   *I should have, I ought to have*

Vous **devriez** travailler.
You should (ought to) work.
Vous **auriez dû** travailler.
You should have (ought to have) worked.

Pouvoir

Present tense   *to be able to*
Je peux   *I can, I am able*

Pouvez-vous jouer du violon?   *Can you play the violin?*

Passé composé
j'ai pu   *I was able, I could (I succeeded)*

J'ai **pu** m'échapper.   *I was able (succeeded in) escaping.*
Je **n'ai pas pu** le faire.   *I couldn't do it.* (but I tried)

conditional tense
je pourrais   *I could, I would be able*

Je **pourrais** vous aider.   *I could help you.*

conditional perfect
j'aurais pu   *I could have, I would have been able*

Elle **aurait pu** le faire.   *She could have done it (would have been able to do it).*

Savoir

Present   *to know, to know how to, to be able to*
je sais   *I know, I know how, I can*

Je **sais** jouer du piano.   *I know how to play the piano.*
                                          I can play the piano.

Passé composé
j'ai su   *I knew, I found out*

J'ai **su** la vérité.   *I found out the truth.*

Conditional
je saurais   *I would be able to, I can*

Je ne **saurais** venir.   *I can't come.*

Vouloir

Present   *to want*
je veux   *I want*

Je **veux** ce livre.   *I want this book.*

Passé composé
j'ai voulu   *I tried*

J'ai **voulu** le faire.   *I tried to do it.*

je n'ai pas voulu   *I refused*

Je **n'ai pas voulu** le faire.   *I refused to do it.*

Conditional tense
je voudrais   *I want, I would like*

> Je **voudrais** du beurre.   *I want some butter.*
> Je **voudrais** aller au cinéma.   *I would like to go to the movies.*

6. Translate the following sentences into French, using **devoir, pouvoir, savoir,** or **vouloir.**

1. I owe Mary five dollars.
2. He must come.
3. She was supposed to leave for New York.
4. He must be sick.
5. You should have come.
6. He ought to study.
7. I can do it.
8. We couldn't finish. (but we tried)
9. I could have helped you.
10. He succeeded in doing it.
11. We found out the truth.
12. She tried to open the door.
13. He refused to go there.

Habiter, demeurer, vivre

Habiter, demeurer, and **vivre** all mean *to live.* **Habiter** and **demeurer** mean *to live, to dwell* and are used with names of places.

> Il **demeure** à Paris.   *He lives in Paris.*
> Elle **habite** à Paris.   *She lives in Paris.*

Habiter is sometimes used without a preposition.

> **Il habite l'Angleterre.**   *He lives in England.*
> **Il habite Paris.**   *He lives in Paris.*

Vivre means *to live, to be alive.*

> Il **vivra** longtemps.   *He'll live a long time.*

7. Complete the following sentences with the correct form of the present tense of **demeurer** or **vivre.**

1. Elle _____ bien.
2. Nous _____ en Suisse.
3. Mon père _____ toujours.
4. Vous _____ en Espagne.
5. Ils _____ longtemps.

8. Rewrite the following sentences according to the model.

> **Ils habitent en Angleterre.**
> **Ils habitent l'Angleterre.**

1. Elle habite à Paris.
2. Ils habitent en Suisse.
3. Vous habitez à New York.
4. Nous habitons au Mexique.

Jouer, jouer à, jouer de

Jouer means *to play*. **Jouer à** means *to play* (*a game*). **Jouer de** means *to play* (*a musical instrument*).

Ils **jouent** dans le jardin.
They are playing in the garden.
Elle **joue** un morceau de Beethoven.
She is playing a piece by Beethoven.
Il **joue au** football.
He plays soccer.
Elle **joue du** piano.
She plays the piano.

9. Complete the following sentences with the correct form of the present tense of **jouer, jouer à,** or **jouer de.**

1. Il _____ le rôle de Rodrigue.
2. Nous _____ violon.
3. Ils _____ cartes.
4. Vous _____ la clarinette.
5. Ils _____ dans le parc.
6. Vous _____ football.

Manquer, manquer à, manquer de

The verb **manquer** means *to miss*. **Manquer de** means *to be lacking*. Study the following:

Il a **manqué** son train.
André **manque à** Marie.
André **lui manque.**
Il **lui manque.**
Cette ville **me manque.**

He missed his train.
Mary misses Andrew.
She misses Andrew.
She misses him.
I miss this city.

Nous **manquons d'**argent.
Il **manque d'**intelligence.

We are lacking money.
He is lacking in intelligence.

10. Complete the following sentences with the correct form of the present tense of **manquer, manquer à,** or **manquer de.**

1. Il _____ l'autobus.
2. Marie _____ Paul.
3. Vous _____ patience.
4. Elles _____ le concert.
5. Les cafés _____ ces étudiants.

11. Translate the following sentences into French.

1. He missed the train.
2. I miss her.
3. She misses me.
4. They are lacking in patience.

Penser à, penser de

Penser à and **penser de** both mean *to think about*. **Penser de** is used when *to think about* means *to have an opinion about something or someone.*

Elle **pense à** ses amis.
She is thinking about her friends.
Que **pensez-vous de** mes amis?
What do you think about (What is your opinion about) my friends?

After **penser à**, a stressed pronoun is used when talking about a person. When the object is a thing, **y** is used to replace **à** plus the noun.

Il pense **à sa mère.**
Il pense **à elle.**
Il pense **à cette lettre.**
Il **y** pense.

After **penser de**, a stressed pronoun is used when talking about a person. When talking about a thing, **en** replaces **de** plus the noun.

Que pensez-vous **de Pierre?**
Que pensez-vous **de lui?**
Que pensez-vous **du tableau?**
Qu'**en** pensez-vous?

12. Complete the following sentences with the correct form of the preposition **à** or **de.**

1. Que pensez-vous _____ projet?   4. Elle pense _____ examens.
2. Il pense toujours _____ Marie.   5. Nous pensons _____ cette fille.
3. Que pense-t-elle _____ ce roman?

13. Rewrite the following sentences, replacing the nouns with pronouns.

1. Je pense à Hélène.
2. Que pense-t-il du film?
3. Elle pense à Georges.
4. Que pense-t-elle de l'auteur?
5. Nous pensons à ces problèmes.
6. Que pensent-elles de mes amis?

Partir, sortir, s'en aller, laisser, quitter

Partir, sortir, s'en aller, laisser, and **quitter** all mean *to leave.*

Partir means *to leave, to go away.*

Nous **partons** pour Paris.   *We are leaving for Paris.*
Nous **partons** de Paris.   *We are leaving Paris.*

Note that **de** is used with **partir** in the above sentence.

Sortir means *to leave, to go out, to go out of a place, to come out, to go out with someone, to take out.*

Elle **sort** souvent.   *She goes out often.*
Elle **sort** de la salle.   *She leaves (goes out of) the room.*
Elle **sort** avec Pierre.   *She goes out with Peter.*
Elle **sort** du sucre.   *She takes out some sugar.*

S'en aller means *to leave, to go away.*

Je **m'en vais.**   *I'm going away.*

Laisser means *to leave, to leave a thing or person behind.*

Elle **a laissé** le livre à la bibliothèque.
She left the book in the library.
Elle **a laissé** sa sœur au cinéma.
She left her sister at the movies.

Quitter means *to leave, to leave a place or person.*

Elle **quitte** la maison à huit heures.
She leaves the house at eight o'clock.
Je vous **quitte** maintenant.
I am leaving you now.

14. Complete the following sentences, choosing the correct form of the present tense of one of the indicated verbs.

    1. Paul _____ avec Hélène.   *sortir/quitter*
    2. Il _____ ce soir.   *s'en aller/laisser*
    3. Elle _____ ses livres dans le tiroir.   *sortir/laisser*
    4. Je_____. Je suis fatigué.   *s'en aller/quitter*
    5. Il _____ son appartement à sept heures.   *quitter/laisser*
    6. Il _____ de la salle.   *s'en aller/sortir*
    7. Je_____ pour New York.   *partir/quitter*

Passer, se passer, se passer de
_____

Passer means *to pass time, to spend.*

Il **a passé** deux semaines à Paris.
He spent two weeks in Paris.

Se passer means *to take place, to happen.*

L'action **s'est passée** dans une rue déserte.
The action took place in a deserted street.
Qu'est-ce qui **se passe?**
What is happening?

Se passer de means *to do without.*

Il **s'est passé de** viande.
He did without meat.

15. Complete the following sentences with the correct form of the *passé composé* of **passer, se passer,** or **se passer de.**

    1. Il _____ trois semaines dans le Midi.
    2. Qu'est-ce qui _____?
    3. Nous _____ dessert.
    4. D'étranges choses _____ ici.
    5. Elle _____ la nuit chez Hélène.
    6. L'accident _____ au coin de la rue.
    7. Il _____ beurre.

Plaire

When **plaire** is used in place of **aimer** an indirect object is used. Note the following.

Paris me plaît.
I like Paris. (Paris is pleasing to me.)
Les disques me plaisent.
I like the records. (The records are pleasing to me.)

16. Rewrite the following sentences according to the model.

> **Elle aime le concert.**
> **Le concert lui plaît.**

1. J'aime le film.
2. Elle aime les peintures modernes.
3. Il aime le cinéma.
4. Elles aiment la pièce.
5. Tu aimes le livre.

Se rappeler, se souvenir de

Both **se rappeler** and **se souvenir de** mean *to remember*.

Il **se rappelle** la leçon.	*He remembers the lesson.*
Il **se** la **rappelle**.	*He remembers it.*
Il **se souvient de** la leçon.	*He remembers the lesson.*
Il **s'en souvient**.	*He remembers it.*

Note that when the direct object is replaced by a pronoun, the direct object pronouns are used with **se rappeler** while **en** is used with **se souvenir de**.

17. Rewrite the following sentences, substituting **se souvenir de** for **se rappeler**.

1. Je me rappelle cette occasion.
2. Je me rappelle cette fille.
3. Ils se rappellent cette soirée.
4. Vous vous rappelez la guerre.
5. Nous nous le rappelons.

Servir, se servir de

Servir means *to serve, to serve as, to be of use as*:

Elle **sert** le déjeuner.	*She serves lunch.*
Elle nous **sert** de guide.	*She serves as a guide for us.*

Se servir de means *to use*.

Je **me sers** d'un stylo pour écrire.
I use a pen to write with.

18. Complete the following sentences with the appropriate form of the present tense of **servir** or **se servir de.**

    1. Ce papier _____ à écrire.
    2. Le petit _____ une petite cuiller.
    3. Elle _____ le dîner.
    4. Elle ne lui _____ à rien.
    5. Elle _____ ce livre.

Savoir Versus *Connaître*

Savoir and **connaître** both mean *to know.*

Savoir means *to know a fact, a reason, or a learning discipline.* Used with an infinitive, it means *to know how to.*

    Il **sait** les résultats.   *He knows the results.*
    Il **sait** jouer du piano.   *He knows how to play the piano.*

Connaître is used with persons, places, works of art, literature, countries, etc. It has the meaning of *to be acquainted with.*

    Je **connais** Marie.   *I know Mary.*
    Nous **connaissons** ce poème.   *We know this poem.*

19. Complete the following sentences with the correct form of the present tense of the verb **savoir** or **connaître.**

    1. Nous _____ jouer du piano.
    2. Elle _____ Robert.
    3. Je _____ que vous avez raison.
    4. _____ -vous l'heure?
    5. Ils _____ cette partie de la ville.
    6. Elle _____ son adresse.
    7. Vous _____ la littérature canadienne.
    8. _____ -tu cette maison? Oui, je _____ qu'elle est en bon état.

Venir de

The present tense of **venir de** followed by an infinitive means *to have just (done something).* The imperfect tense of **venir de** followed by an infinitive means *had just (done something).*

    Il **vient d'**arriver.
    He has just arrived.
    Il **venait d'**arriver quand nous sommes sortis.
    He had just arrived when we left.

20. Complete the following sentences with the correct form of **venir de** in the present tense.

    1. Je _____ chanter cette chanson.
    2. Elles _____ sortir.

    3. Vous _____ arriver.

    4. Nous _____ rentrer d'Espagne.

    5. Tu _____ manger.

    6. Il _____entrer.

21. Rewrite the sentences of the above exercise in the imperfect tense.

Answers

Chapter 1

1.
   1. Le, la, le
   2. La, le, la
   3. Le, l', l', la, la
   4. L', la
   5. La, le, la
   6. L', le
   7. L', la
   8. La, la, le
   9. L', le, le
   10. Le, la, le

2.
   1. La, l' (f.), l' (f.)
   2. le, le, le, la
   3. la, la
   4. l' (m.), la
   5. la, la
   6. Le, le
   7. La, la
   8. Le, le

3.
   1. Le, la
   2. le, la
   3. le, la
   4. Le, la
   5. Le, la
   6. la
   7. La
   8. le, la
   9. La, Le
   10. le

4.
   1. Les sociétés sont primitives.
   2. Les voix sont jolies.
   3. Regardez les feux!
   4. Les trous sont grands.
   5. Les repas sont bons.
   6. Les journaux expliquent les travaux.
   7. Les écoles sont modernes.
   8. Les châteaux sont jolis.
   9. Les détails des dessins sur les chandails sont magnifiques.
   10. Les prix sont élevés.
   11. Les jeux sont amusants.
   12. Voilà les clous.
   13. Les bijoux sont jolis.
   14. Les cailloux sont petits.
   15. Les bateaux sont grands.
   16. Les musées sont grands.
   17. Les yeux sont grands.
   18. Les chevaux sont les animaux que vous aimez.
   19. Les messieurs sont grands.
   20. Les bals ont lieu samedi.

5.
   1. Le roi habite dans le château.
   2. Le nez est grand.
   3. Le joujou est intéressant.
   4. Le carnaval est amusant.
   5. Le ciel est bleu.
   6. L'ami est aimable.
   7. La peau de vison est chère.
   8. Le journal est intéressant.
   9. L'aïeul est célèbre.
   10. L'œil est brun.
   11. Le bras est fort.
   12. Le clou est long.
   13. Le vitrail est joli.
   14. Le vœu est compréhensible.
   15. Le chandail est chaud.
   16. Le hibou est noir.

6.
   1. Les après-midi les grands-pères dorment.
   2. Les réveille-matin sonnent.
   3. Les grands-mères mettent les choux-fleurs dans les paniers pour les pique-niques.
   4. Il lit les chefs-d'œuvre de Racine.
   5. Les belles-sœurs aiment les arcs-en-ciel.
   6. Les timbres-poste sont dans les coffres-forts.

7.
   1. Les
   2. La
   3. La
   4. Les
   5. Les
   6. Les
   7. L'
   8. Le
   9. les
   10. les
   11. La

8.
   1. Le
   2. Le
   3. —
   4. —
   5. —
   6. —
   7. —
   8. le
   9. Le

9.
   1. —
   2. le
   3. la
   4. Le
   5. —
   6. —
   7. —

10.
1. —
2. le
3. L'
4. le (—)
5. —
6. —
7. le
8. —
9. —
10. Le
11. le

11.
1. La
2. L'
3. Les
4. Le
5. —
6. La

12.
1. Les, la
2. le
3. Les, la
4. Le, le

13.
1. les
2. la
3. les
4. la
5. les

14.
1. à la
2. du
3. aux
4. à l'
5. de la
6. de l'
7. au
8. de l'
9. des

15.
1. Elle veut lire un roman.
2. Un ami reçoit une lettre.
3. Une élève est intelligente.
4. Il lutte contre un établissement.
5. Un artiste travaille dans une rue.
6. Un homme envoie un cadeau.
7. Un auteur écrit une pièce.
8. Nous allons passer un après-midi ici.
9. Une fille a des valises.
10. Une auto est en panne.
11. Il lit un livre.
12. Une enfant est bonne.

16.
1. un
2. —
3. un
4. —
5. une
6. —
7. un
8. —
9. un
10. un

17.
1. —
2. —
3. un
4. —

5. —
6. des
7. —
8. —, —

18.
1. de la
2. des
3. de l'
4. du
5. des
6. de la
7. du
8. de l'

19.
1. Oui, j'aime le lait et je vais boire du lait.
2. Oui, j'aime la soupe et je vais manger de la soupe.
3. Oui, j'aime l'eau minérale et je vais boire de l'eau minérale.
4. Oui, j'aime les haricots verts et je vais manger des haricots verts.
5. Oui, j'aime les cerises et je vais acheter des cerises.

20.
1. Elle n'a pas de courage.
2. Il n'y a pas de soupe.
3. Je n'ai pas de bonbons.
4. Je ne bois pas d'eau.
5. Elle ne fume pas de cigarettes.

21.
1. Il y a de belles peintures ici.
2. Nous lisons des livres intéressants.
3. Ce sont de grandes villes.
4. Elle mange des petits pains.
5. Ce sont des jeunes filles.
6. J'ai de grandes armoires.

22.
1. d'
2. d'
3. de
4. —
5. de
6. —
7. des
8. de
9. d'
10. de

23.
1. en
2. en, à la
3. en, dans l'
4. à
5. au, dans l'
6. en, en
7. en, dans le (dans l'état de), au
8. aux
9. au, à
10. à, en

24.
1. Le, au
2. l'
3. La, la
4. Les, la

5. La
6. La
7. La, à la
8. L', le
9. le, du
10. Les, à l'

25. 1. Les repas sont bons.
2. Les chevaux sont des animaux.
3. J'aime les carnavals.
4. Ouvrez les yeux.
5. Les bateaux sont petits.
6. Les prix des clous ne sont pas chers.
7. Les choux sont dans les trous.
8. Les eaux entourent les châteaux.
9. Les jeux sont intéressants.
10. Les après-midi, il prépare les hors-d'œuvre et les choux-fleurs pour les pique-niques.

26. 1. La, une   9. le, le
2. Le, un   10. l'
3. —   11. le
4. —   12. les
5. —   13. —
6. Les, des   14. les (des)
7. Le, —   15. —
8. —, le

27. 1. le, du
2. de l', des, de la, des, du
3. d'
4. de
5. —
6. des
7. de
8. de, les
9. de, de
10. du

28. 1. à la, à
2. à, en, aux
3. dans l'
4. au, en
5. dans le

Chapter 2

1. 1. L'idée est mauvaise.
2. La cathédrale est grande.
3. La tour est haute.
4. La cuisine est parfaite.
5. La sorcière est laide.
6. La fille est jolie.
7. La veuve est faible.
8. La chemise est rouge.
9. La pierre est dure.
10. La réponse est claire.

2. 1. mauvais
2. française
3. grand
4. poli

5. noir
6. faible
7. noire
8. fantastique
9. formidable
10. compliquée

3. 1. cruelle
2. parisienne
3. bonne
4. muette
5. épaisse
6. discrète
7. prête
8. sotte
9. chère
10. fière

4. 1. Le film est sensationnel.
2. La peinture est ancienne.
3. Ce paquet est gros.
4. Cette étudiante est lasse.
5. Cette histoire est secrète.
6. L'homme est inquiet.
7. Madame Leclerc est étrangère.
8. Pierre est premier en math.

5. 1. heureuse
2. sérieuse
3. furieux
4. doux
5. douce
6. rousse
7. fausse
8. menteuse
9. protectrice
10. meilleure

6. 1. actif
2. attentive
3. neuf
4. neuve
5. brève
6. blanche
7. franc
8. sèche
9. grecque
10. publique

7. 1. aiguë
2. longue
3. favorite
4. maligne
5. malin
6. fraîche

8. 1. nouveau   8. vieille
2. belle   9. bel
3. vieil   10. beau
4. nouvelle   11. beau
5. nouvel   12. vieux
6. vieux   13. nouveau
7. belle

9. 1. Les films sont incroyables.
    2. Les films sont merveilleux.
    3. Les robes sont bleues.
    4. Les notes sont mauvaises.
    5. Les lois sont légales.
    6. Les châteaux sont beaux.
    7. Les chandails sont bleus.
    8. Les hommes sont gros.
    9. Les coups sont fatals.
    10. Les maisons sont nouvelles.
    11. Les tomates sont parfaites.
    12. Les mots sont finals.

10. 1. intéressants   10. épais
     2. merveilleuses   11. royaux
     3. médiévaux   12. belles
     4. nouveaux   13. légales
     5. finals   14. intelligentes
     6. grands   15. bleues
     7. bleus   16. heureux
     8. frais   17. beaux
     9. fatals

11. 1. Oui, j'ai un livre intéressant.
     2. Oui, c'est une fille heureuse.
     3. Oui, c'est une maison rouge.
     4. Oui, il y a un restaurant français ici.
     5. Oui, j'ai une auto noire.
     6. Oui, c'est un bel artiste.
     7. Oui, je raconte une bonne histoire.
     8. Oui, j'ai une petite auto.
     9. Oui, c'est un vieux paysan.
     10. Oui, j'ai un joli tableau.
     11. Oui, j'aime la jeune fille.
     12. Oui, je regarde un grand homme.

12. 1. Ce sont des livres intéressants.
     2. Ce sont des films formidables.
     3. Ce sont des conférences importantes.
     4. Ce sont de bons amis.
     5. Ce sont d'autres histoires.
     6. Ce sont de bonnes écoles.
     7. Ce sont de vieux amis.
     8. Ce sont de beaux écrivains.
     9. Ce sont de vieilles amies.
     10. Ce sont de grandes maisons.
     11. Ce sont de nouveaux hôtels.
     12. Ce sont des jeunes filles.
     13. Ce sont des petits pois.

13. 1. C'est une vieille peinture parisienne.
     2. C'est une longue robe bleue.
     3. C'est une petite fille blonde.
     4. C'est un bel artiste impressionnant.
     5. C'est un méchant chat blanc.
     6. C'est une petite auto rouge.
     7. C'est un beau tableau blanc.
     8. C'est un bel homme habile.
     9. C'est une petite fille intelligente.
     10. C'est un grand et vieux monument.
     11. Ce sont des petites filles brunes.
     12. Ce sont de belles peintures impression-
         nantes.
     13. Ce sont de jolis enfants amusants.

14. 1. C'est un monument ancien.
        Monsieur Dupont est (C'est) mon ancien
        professeur.
     2. C'est un homme brave.
        C'est un brave homme.
     3. C'est un chandail cher.
        C'est un cher ami.
     4. La semaine dernière, il est allé au cinéma.
        C'est la dernière semaine du trimestre.
     5. Différentes personnes sont venues.
        Des personnes différentes sont venues.
     6. C'est un grand écrivain.
        C'est un écrivain grand.
     7. C'est un pauvre garçon.
        C'est un garçon pauvre.
     8. C'est une chambre propre.
        C'est ma propre chambre.

15. 1. Elle chante doucement.
     2. Il a prononcé parfaitement.
     3. Elle étudie sérieusement.
     4. Elle danse naturellement.
     5. Il a compris finalement.
     6. Il est parti soudainement.
     7. Il agit dangereusement.

16. 1. Il agit hardiment.
     2. Elle agit résolument.
     3. Elles chantent gaîment (gaiement).
     4. Il parle continûment.
     5. Il parle crûment.

17. 1. confusément
     2. profondément
     3. exquisément
     4. aveuglément
     5. précisément
     6. opportunément

18. 1. couramment   7. prudemment
     2. fréquemment   8. patiemment
     3. patiemment   9. constamment
     4. brillamment   10. lentement
     5. décemment   11. véhémentement
     6. Évidemment

19. 1. brièvement
     2. gentiment
     3. bien
     4. mal
     5. peu
     6. clair
     7. bas
     8. cher

20. 1. Il court rapidement.
     2. La situation est absolument impossible.
     3. Elle a beaucoup voyagé.
     4. Il a bien étudié.
     5. Nous avons déjà mangé.
     6. Nous y sommes souvent allés.
     7. Elle est arrivée hier.
     8. Elle a travaillé patiemment.

21.
1. Naturellement, je suis content.
2. Certainement, il va être à l'heure.
3. Évidemment, il est triste.
4. Finalement, elle est arrivée.
5. Heureusement, elle est arrivée à l'heure.

22.
1. Anne est plus intelligente que sa sœur.
2. Cet enfant est aussi poli que sa sœur.
3. Elle est moins patiente que sa sœur.
4. Annette est plus sérieuse que sa sœur.
5. Il est aussi gentil que sa sœur.
6. Hélène parle plus intelligemment que sa sœur.
7. Cet homme conduit aussi dangereusement que sa sœur.
8. Vous chantez moins doucement que votre sœur.
9. Judith attend plus patiemment que sa sœur.
10. Vous agissez aussi poliment que votre sœur.

23.
1. George est plus grand que lui.
2. Pierre est plus intelligent que moi.
3. Les autres travaillent plus patiemment que nous.
4. Hélène danse aussi gaiement qu'elle.
5. Pierre écoute aussi attentivement qu'eux.
6. Marc est moins intelligent qu'elles.

24.
1. Il ne parle pas plus vite que moi.
2. Il ne répond pas si intelligemment que Georges.
3. Il ne chante pas moins doucement que Pierre.
4. Elle n'est pas plus belle que Babeth.
5. Elle n'est pas si gentille que sa sœur.

25.
1. Anne a autant d'argent que moi.
2. Elle a moins de robes que moi.
3. Il a plus d'autos que moi.
4. Elle a autant de gâteaux que moi.
5. Vous avez plus de peintures que moi.
6. Vous avez autant de disques que moi.

26.
1. meilleur
2. mieux
3. meilleure
4. mieux
5. pire (plus mauvais)
6. pis (plus mal)
7. plus
8. moins

27.
1. Ce gâteau-ci est aussi bon que ce gâteau-là.
Ce gâteau-ci est moins bon que ce gâteau-là.
Ce gâteau-ci est meilleur que ce gâteau-là.
2. Ces fromages-ci sont aussi bons que ces fromages-là.
Ces fromages-ci sont moins bons que ces fromages-là.
Ces fromages-ci sont meilleurs que ces fromages-là.
3. Cette orange-ci est aussi bonne que cette orange-là.
Cette orange-ci est moins bonne que cette orange-là.
Cette orange-ci est meilleure que cette orange-là.
4. Ces tomates-ci sont aussi bonnes que ces tomates-là.
Ces tomates-ci sont moins bonnes que ces tomates-là.
Ces tomates-ci sont meilleures que ces tomates-là.
5. Ce beurre-ci est aussi mauvais que ce beurre-là.
Ce beurre-ci est moins mauvais que ce beurre-là.
Ce beurre-ci est plus mauvais (pire) que ce beurre-là.
6. Cette tarte-ci est aussi mauvaise que cette tarte-là.
Cette tarte-ci est moins mauvaise que cette tarte-là.
Cette tarte-ci est plus mauvaise (pire) que cette tarte-là.
7. Elle chante aussi bien que vous.
Elle chante moins bien que vous.
Elle chante mieux que vous.
8. Il écrit aussi bien que vous.
Il écrit moins bien que vous.
Il écrit mieux que vous.
9. Il travaille aussi mal que vous.
Il travaille moins mal que vous.
Il travaille plus mal (pis) que vous.

28.
1. Oui, c'est la fille la plus intéressante du village.
2. Oui, c'est la plus petite rue du village.
3. Oui, ce sont les enfants les plus amusants du village.
4. Oui, c'est le plus joli jardin du village.
5. Oui, c'est le garçon le plus honnête du village.
6. Oui, c'est le professeur le plus exigeant du village.
7. Oui, c'est la plus vieille église du village.
8. Oui, ce sont les filles les plus intelligentes du village.
9. Oui, c'est le meilleur musée du village.
10. Oui, c'est la meilleure peinture du village.
11. Oui, ce sont les meilleurs restaurants du village.
12. Oui, ce sont les meilleures écoles du village.

29.
1. Oui, il chante le plus fort de tous.
2. Oui, elle travaille le plus sérieusement de toutes.
3. Oui, elle danse le plus exquisément de toutes.
4. Oui, il parle le plus profondément de tous.
5. Oui, elle chante le mieux de toutes.
6. Oui, il travaille le mieux de tous.
7. Oui, elle travaille le plus mal (le pis) de toutes.

30.
1. C'est son cahier.
2. C'est son livre.
3. C'est sa photo.
4. Ce sont ses amies.
5. C'est son amie.
6. Ce sont ses lettres.
7. C'est leur école.
8. C'est son adresse.
9. Ce sont ses livres.
10. C'est leur auto.
11. Ce sont leurs amis.
12. Ce sont leurs livres.

8. C'est une petite enfant destructive.
9. C'est une belle dame franche.
10. C'est ma grande peinture favorite.
11. C'est un vieil homme malin.
12. Ce sont de bonnes pommes fraîches.
13. Ce sont de vieux tableaux intéressants.
14. Ce sont de grandes questions légales.
15. Ce sont de bons avocats loyaux.
16. Ce sont de petits enfants canadiens.
17. C'est une autre mère fière.
18. Ce sont de longues chansons douces.
19. Ce sont des compositions brèves et intéressantes.
20. C'est un bel homme heureux.

31.
1. Mon
2. Ton
3. ma
4. sa
5. son
6. leur
7. son
8. leurs
9. son
10. sa
11. son
12. nos
13. vos
14. ta
15. Votre
16. Mes
17. ses
18. ses
19. notre
20. les
21. la
22. ses
23. tes

32.
1. ce
2. cette
3. Cet
4. ces
5. Ces
6. cet
7. Cette
8. Ces
9. ce
10. Cette

33.
1. J'aime cette peinture-ci, pas cette peinture-là.
2. Je vais acheter ces oranges-ci, pas ces oranges-là.
3. Je veux voir ce film-ci, pas ce film-là.
4. J'aime cet artiste-ci, pas cet artiste-là.
5. Je vais lire ces poèmes-ci, pas ces poèmes-là.

34.
1. quelque
2. quelques (plusieurs)
3. plusieurs (quelques)
4. certaines
5. diverses
6. Chaque (Tout)
7. Chaque
8. Tous
9. autre
10. aucune
11. Même
12. même
13. même
14. une telle
15. Telle, telle
16. Tel
17. Quelle que
18. quelconque

35.
1. C'est une vieille ville française.
2. C'est une jolie chaise noire.
3. C'est un jeune homme formidable.
4. C'est un gros cochon fatigué.
5. C'est une grande église ancienne.
6. Ce sont des idées mauvaises et secrètes.
7. C'est une nouvelle chaise curieuse.

36.
1. C'est une chaise chère.
2. C'est un homme brave.
3. C'est une fille pauvre.
4. C'est une robe propre.
5. Il est parti le jour même.

37.
1. Elle agit naturellement.
2. Il parle résolument.
3. Il répond précisément.
4. Il vient fréquemment.
5. Il parle couramment?
6. Il travaille continûment.
7. Elle travaille lentement.
8. Il a bien dormi.
9. Il est parti tard.
10. Finalement, il a fini. (Il a fini finalement.)
11. Heureusement, il a bien mangé. (Il a bien mangé heureusement.)
12. Il parle gentiment.
13. Elle a fini hier.
14. Elle chante bien.
15. Il parle haut.
16. Il voit clair.

38.
1. Cet homme est aussi intelligent que le premier.
Il est moins intelligent que le deuxième.
Il n'est pas si intelligent que le deuxième.
Il est plus intelligent que le troisième.
Le deuxième est le plus intelligent de tous.
2. Pierre parle aussi vite que le premier.
Il parle moins vite que le deuxième.
Il ne parle pas si vite que le deuxième.
Il parle plus vite que le troisième.
Le deuxième parle le plus vite de tous.
3. Cette peinture est aussi bonne que la première.
Elle est moins bonne que la deuxième.
Elle n'est pas si bonne que la deuxième.
Elle est meilleure que la troisième.
La deuxième est la meilleure de toutes.
4. Ce livre est aussi bon que le premier.
Il est moins bon que le deuxième.
Il n'est pas si bon que le deuxième.
Il est meilleur que le troisième.
Le deuxième est le meilleur de tous.
5. André chante aussi bien que le premier.
Il chante moins bien que le deuxième.

Il ne chante pas si bien que le deuxième.
Il chante mieux que le troisième.
Le deuxième chante le mieux de tous.

6. Cette pomme est aussi mauvaise que la première.
Elle est moins mauvaise que la deuxième.
Elle n'est pas si mauvaise que la deuxième.
Elle est plus mauvaise (pire) que la troisième.
La deuxième est la plus mauvaise (la pire) de toutes.

7. Il a plus de livres que Pierre.
Il a moins de livres que Georges.
Il a autant de livres que Jean.

8. Elle a plus de disques que Pierre.
Elle a moins de disques que Georges.
Elle a autant de disques que Jean.

39. 1. Marie est la fille la plus intelligente de la classe.
2. Hélène est la plus jolie fille de la classe.
3. Pierre est le plus bel homme de la classe.
4. Henri est le garçon le plus intéressant de la classe.

40. 1. ses, nos
2. sa, votre
3. mon, leur
4. tes, mes
5. ton, notre
6. ma, ta
7. votre, sa
8. son, leurs
9. vos, nos
10. son, son

41. 1. les
2. vos
3. sa
4. la

42. 1. Je veux cette carte-ci, pas cette carte-là.
2. Je veux ce panier-ci, pas ce panier-là.
3. Je veux ccs pommes-ci, pas ces pommes-là.
4. Je veux ces haricots verts-ci, pas ces haricots verts-là.

43. 1. Marie a quelques journaux.
2. Hélène a plusieurs amis.
3. Il a quelque temps.
4. Certains problèmes sont difficiles à résoudre.
5. Nous avons parlé à diverses personnes.
6. Chaque homme veut réussir.
7. Avez-vous d'autres disques?
8. J'ai vu toutes les maisons.
9. Il n'y a aucun livre ici.
10. J'ai mangé tous les gâteaux.
11. Même son ennemi le croit.
12. Je n'ai jamais vu une telle pièce.
13. Tel est mon choix.
14. Tout homme veut être heureux.

Chapter 3

1. 1. dix
2. dix-neuf
3. vingt
4. vingt et un
5. vingt-sept
6. trente et un
7. soixante et un
8. soixante-dix
9. soixante-douze
10. quatre-vingts
11. quatre-vingt-quatre
12. quatre-vingt-dix
13. quatre-vingt-dix-neuf
14. cent
15. deux cents
16. cinq cent soixante-cinq
17. sept cent quatre-vingt-dix-huit
18. mille cent vingt-quatre (onze cent vingt-quatre)
19. un million, cent quarante-cinq mille, sept cent quatre-vingt-douze
20. deux mille, neuf cent cinquante-quatre

2. 1. premier
2. neuvième
3. cinquième
4. première
5. deuxième
6. cent et unième
7. deuxième (seconde)

3. 1. Napoléon Premier
2. Louis Quinze
3. les deux premières années
4. les deux derniers jours

4. 1. Je voudrais une dizaine de pêches.
2. Je voudrais une vingtaine de poires.
3. Je voudrais une trentaine de pommes.
4. Il y a un million de gens dans cette salle.

5. 1. un demi (la moitié)
2. une demi-bouteille
3. vingt et un et demi
4. un tiers
5. trois quarts
6. sept seizièmes
7. dix et un quart

6. 1. le lundi vingt-cinq juin (lundi, le vingt-cinq juin)
2. le mardi quatre décembre (mardi, le quatre décembre)
3. au mois de janvier
4. en juin
5. le premier avril
6. Quel jour est-ce aujourd'hui? (Quel jour sommes-nous aujourd'hui?)

7. C'est aujourd'hui le vendredi dix août,
   mille neuf cent (dix-neuf cent) soixante-
   douze. (C'est aujourd'hui vendredi, le dix
   août mille neuf cent (dix-neuf cent)
   soixante-douze.)
8. au printemps
9. en été
10. en hiver

7. 1. Il est une heure.
   2. Il est quatre heures moins le quart. (Il est
      quatre heures moins un quart.)
   3. Il est huit heures et demie. (Il est huit
      heures trente.)
   4. Il est midi.
   5. Il est minuit.
   6. Il est neuf heures et quart. (Il est neuf
      heures quinze.)
   7. Il est midi et demi.
   8. Il est minuit et demi.
   9. Il est dix heures vingt-cinq.
   10. Il est dix heures moins vingt.

8. 1. Il est une heure.
   2. Il est quinze heures quarante cinq.
   3. Il est huit heures trente.
   4. Il est douze heures. (Il est midi.)
   5. Il est zéro heure. (minuit)
   6. Il est vingt et une heures quinze.
   7. Il est douze heures trente. (Il est midi et
      demi.)
   8. Il est zéro heure trente. (Il est minuit et
      demi.)
   9. Il est vingt-deux heures vingt cinq.
   10. Il est neuf heures quarante.

Chapter 4

1. 1. e   8. ent
   2. e   9. ent
   3. e   10. ons
   4. e   11. ons
   5. e   12. ez
   6. es   13. ez
   7. es

2. 1. loue
   2. parlons
   3. regardent
   4. restez
   5. travaille
   6. tombent
   7. traverses
   8. raconte
   9. rencontrent
   10. posons

3. 1. Elle danse bien.
   2. Je loue un appartement.
   3. Il joue dans le parc.
   4. Tu goûtes le vin.
   5. Je ferme la fenêtre.

4. 1. Nous cachons le cadeau.
   2. Vous déjeunez à midi.
   3. Les garçons fouillent dans le tiroir.
   4. Elles gardent le souvenir.
   5. Nous fermons la porte.

5. 1. J'allume la lampe.
   2. J'oublie son nom.
   3. J'attire une foule.
   4. J'arrive en retard.
   5. J'apporte le déjeuner.

6. 1. J'aime la peinture moderne.
   2. Nous arrivons à l'heure.
   3. Tu oublies le livre.
   4. J'aide mes amis.
   5. Vous enseignez le français.
   6. Ils étudient l'histoire.
   7. Elles habitent à Paris.
   8. J'écoute les disques.
   9. Le garçon apporte le bifteck.

7. 1. commençons
   2. recommençons
   3. avançons
   4. mangeons
   5. changeons
   6. nageons

8. 1. commence, commençons
   2. changes, changeons
   3. mangent, mangeons
   4. commence, commencez
   5. nage, nagez
   6. lance, lancent

9. 1. Tu cèdes les places.
   2. Je considère ce poste.
   3. Je célèbre la fête.
   4. Tu répètes les exercices.
   5. Tu préfères partir de bonne heure.

10. 1. Nous espérons le voir.
    2. Nous cédons à ses demandes.
    3. Vous préférez venir à huit heures.
    4. Vous interprétez le poème.

11. 1. interprétez
    2. complètent
    3. protégeons
    4. préfère
    5. considèrent
    6. cèdes

12. 1. Je lève le rideau.
    2. Tu pèses 50 kilos.
    3. J'appelle un taxi.
    4. Tu jettes la balle.

13. 1. Nous achetons des disques.
    2. Vous levez le rideau.
    3. Nous appelons Pierre.
    4. Vous jetez le livre.

14.
1. mène
2. jettent
3. jetez
4. appellent
5. enlevons
6. pèsent
7. appelles
8. menez
9. achète
10. appelons

15.
1. nettoie
2. envoies
3. paie
4. essuient
5. ennuient
6. employons
7. payez

16.
1. Je paie les dettes.
2. Tu emploies une femme de ménage.
3. Tu essaies de reussir.
4. J'envoie le cadeau.
5. Il nettoie les meubles.
6. Elle essaie de le faire.

17.
1. it
2. it
3. is
4. is
5. is
6. is
7. issent
8. issent
9. issons
10. issons
11. issez
12. issez

18.
1. remplis
2. réunissons
3. obéissent
4. choisit
5. réfléchis
6. agrandissez
7. envahissent
8. punit

19.
1. Nous réussissons à l'examen.
2. Vous saisissez l'occasion.
3. Ils remplissent la verre.
4. Elles applaudissent à la fin du concert.

20.
1. Je réfléchis aux problèmes.
2. Tu finis le travail.
3. Il réussit à trouver le livre.
4. Elle choisit de nouvelles robes.

21.
1. défend
2. fond
3. réponds
4. descends
5. pends
6. entends
7. fendent
8. répandent
9. vendons
10. rendons
11. perdez
12. tendez

22.
1. Vous tendez un piège.
2. J'entends la chanson.
3. Elles descendent la rue.
4. Nous perdons l'espoir.

5. Il rend les devoirs.
6. J'attends un copain.
7. Tu vends la maison.
8. Ils répondent au professeur.

23.
1. Elles vendent l'auto.
2. Vous descendez sur la place.
3. Nous entendons le professeur.
4. Ils fendent le bois.

24.
1. Il entend du bruit.
2. Tu attends le train.
3. Elle perd le match.
4. Je défends cet homme.

25.
1. cueillent
2. ouvre
3. accueille
4. offrez
5. souffres
6. ouvrons
7. découvre
8. recouvre
9. recouvrons
10. souffrent

26.
1. Il rit aux éclats.
2. Elle court vite.
3. Il conclut l'accord.
4. Elle sourit beaucoup.
5. Il rompt les liens.
6. Elle interrompt le professeur.

27.
1. court
2. rient
3. corrompt
4. secourez
5. conclus
6. romps
7. ris
8. parcourons
9. rit
10. sourions
11. interrompons
12. cours
13. concluent
14. interrompent
15. riez

28.
1. Je mets les vêtements dans l'armoire.
2. Tu bats le tapis.
3. Il remet le travail à demain.
4. Elle promet d'aller avec moi.

29.
1. Ils admettent le crime.
2. Elles soumettent leurs passions.
3. Vous mettez la nappe sur la table.
4. Nous battons le garçon.

30.
1. battent
2. soumets
3. promet
4. remettons
5. combattez
6. bats
7. mets
8. soumettent
9. admettez
10. permet
11. transmettons
12. promets

31.
1. ment
2. sort
3. sers
4. pars
5. dors
6. sens
7. partent
8. sortent
9. servons
10. mentons
11. sortez
12. dormez

32. 1. Je pars à huit heures.
     2. Tu dors bien.
     3. Elle sert un bon repas.
     4. Il sent l'odeur fraîche.

33. 1. Nous sortons de la classe.
     2. Ils mentent au professeur.
     3. Elles dorment sur le divan.
     4. Vous partez de bonne heure.

34. 1. Nous vainquons le rival.
     2. Vous vainquez la difficulté.
     3. Ils convainquent le sceptique.
     4. Elles convainquent l'homme de sa culpabilité.

35.   Je vaincs l'ennemi.
         Vous vainquez l'ennemi.
         Elles vainquent l'ennemi.
         Nous vainquons l'ennemi.
         Tu vaincs l'ennemi.

36. 1. connaissent   9. connaissons
     2. reconnaissent   10. haïssez
     3. apparaît   11. reconnaissez
     4. naît   12. connais
     5. disparaît   13. disparais
     6. hait   14. hais
     7. paraît   15. connais
     8. reconnaissons

37. 1. L'invité apparaît à la porte.
     2. Je connais les Leclerc.
     3. Tu reconnais le criminel.
     4. Il hait la bureaucratie.
     5. Il disparaît souvent.

38. 1. Nous reconnaissons cet enfant.
     2. Vous connaissez le poète.
     3. Elles haïssent l'injustice.
     4. Ces hommes paraissent malades.
     5. Les chiens disparaissent derrière l'arbre.

39. 1. Il plaît à tout le monde.
     2. Elle se tait pendant le concert.
     3. Je plais à Marie.
     4. Tu te tais pendant la conférence.

40. 1. Ils plaisent à cette femme.
     2. Elles se taisent pendant le spectacle.
     3. Vous plaisez à tout le monde.
     4. Nous nous taisons maintenant.
     5. Ces livres déplaisent à Pierre.

41. 1. La troupe détruit la ville.
     2. Il élit un président.
     3. Tu dis la vérité.
     4. Tu traduis la phrase.
     5. Je lis un roman.
     6. Je conduis une Citroën.

42. 1. Elles lisent *Le Monde* tous les jours.
     2. Ils conduisent une Renault.

     3. Nous disons la vérité.
     4. Nous détruisons le livre.
     5. Vous produisez un nouveau jouet.
     6. Vous dites bonjour.

43.   1. lit
      2. dites
      3. suffit
      4. conduis
      5. reconstruisent
      6. détruit
      7. traduisons
      8. interdit
      9. reconstruis
     10. construit

44. 1. suivent   7. suit
     2. écrivent   8. écrit
     3. décrivons   9. décris
     4. suivons   10. poursuis
     5. écrivez   11. suis
     6. vivez   12. vis

45. 1. Nous vivons bien ici.
     2. Vous suivez ce cours.
     3. Elles écrivent un poème.
     4. Ils décrivent le match.

46. 1. Elle survit à l'accident.
     2. Il écrit les devoirs.
     3. Je vis bien.
     4. Tu suis un cours de français.

47. 1. croyons
     2. voyons
     3. nous enfuyons
     4. croyez
     5. croyez
     6. voyez

48.   Vous mourez de faim.
         Il meurt de faim.
         Je meurs de faim.
         Tu meurs de faim.
         Elles meurent de faim.

49. 1. Elle le voit.
     2. Je crois en Dieu.
     3. Tu fuis sa présence.
     4. Il croit cette histoire.
     5. Il meurt de fatigue.
     6. Je meurs de peur.

50. 1. Nous voyons qu'il a tort.
     2. Elles croient que vous êtes fatigué.
     3. Ils s'enfuient de la salle précipitamment.
     4. Vous mourez de faim.
     5. Vous croyez l'histoire.

51. 1. craignent   7. craint
     2. joignent   8. peint
     3. éteignons   9. plains
     4. atteignons   10. rejoins
     5. plaignez   11. crains
     6. peignez   12. peins

52. 1. Nous craignons cet homme.
     2. Vous rejoignez Pierre à l'heure.
     3. Ils peignent un paysage.
     4. Elles se plaignent de tout.
     5. Elles joignent les deux bouts.

53. 1. Elle craint de répondre.
     2. Je peins le mur.
     3. Tu éteins la lumière.
     4. Il vous plaint.

54. 1. rejoignez
     2. craignons
     3. peignent
     4. éteins
     5. plains
     6. atteint

55. 1. Nous prenons le déjeuner à midi.
     2. Nous apprenons les verbes.
     3. Vous reprenez le disque.
     4. Vous surprenez l'enfant.
     5. Ils comprennent le français.
     6. Ces nouvelles nous surprennent.

56. 1. comprends
     2. surprend
     3. prenons
     4. comprennent
     5. apprends
     6. prenez
     7. reprend

57. 1. viennent   7. obtiens
     2. retiennent   8. parviens
     3. convient   9. revenons
     4. appartient   10. tenons
     5. reviens   11. maintenez
     6. deviens   12. obtenez

58. 1. Il vient tout de suite.
     2. Tu deviens riche.
     3. Je maintiens ma position.
     4. La boîte contient des papiers.

59. 1. Ils tiennent à vous voir.
     2. Elles viennent tout de suite.
     3. Ces livres vous appartiennent.
     4. Vous obtenez le prix.
     5. Nous venons maintenant.

60. 1. J'acquiers de l'expérience.
     2. Je conquiers son affection.
     3. Tu acquiers une maison.
     4. Tu conquiers l'ennemi.

61. 1. acquiers
     2. conquièrent
     3. acquiers
     4. acquérez
     5. conquiert
     6. conquérons

62. 1. peuvent
     2. veux
     3. peux
     4. veut
     5. voulons
     6. pouvez

63. 1. Je peux partir maintenant.
     2. Je veux revenir demain.
     3. Tu peux sortir maintenant.
     4. Tu veux rester ici.
     5. Il peut parler français.
     6. Elle veut savoir la réponse.

64. 1. Nous pouvons attendre une minute.
     2. Nous voulons sortir maintenant.
     3. Ils veulent jouer au football samedi.
     4. Elles peuvent rester ici si elles le veulent.

65. 1. boivent   8. reçois
     2. reçoivent   9. aperçois
     3. doivent   10. reçois
     4. reçoit   11. buvons
     5. doit   12. recevons
     6. déçoit   13. décevez
     7. bois   14. buvez

66. 1. bois, buvez
     2. reçois, recevons
     3. dois, devez
     4. buvez, boivent
     5. devons, doivent

67. 1. Nous devons de l'argent.
     2. Nous recevons la carte postale.
     3. Vous buvez du vin.
     4. Vous recevez la lettre.
     5. Ils déçoivent le professeur.
     6. Elles reçoivent de l'argent.

68. 1. a   7. avons
     2. a   8. avons
     3. as   9. avez
     4. as   10. avez
     5. ai   11. ont
     6. ai   12. ont

69. 1. Les amis ont soif aussi.
     2. J'ai faim aussi.
     3. Vous avez raison aussi. (Nous avons raison
        aussi.)
     4. Nous avons raison aussi.
     5. Les autres ont les billets aussi.
     6. Pierre a un disque aussi.

70. 1. J'ai un billet.
     2. Vous avez une peinture.
     3. Nous avons raison.
     4. Pierre a du raisin.
     5. Les enfants ont honte.
     6. Tu as mal.
     7. Maman a le panier.

71. 1. est   7. sont
     2. est   8. sont
     3. es   9. sommes
     4. es   10. sommes
     5. suis   11. êtes
     6. suis   12. êtes

72. 1. Nous sommes françaises.
     2. Ils sont heureux.
     3. Elles sont malades.
     4. Vous êtes loyaux.
     5. Nous sommes forts.
     6. Vous êtes grands.

73. 1. Tu es petite.
     2. Il est africain.
     3. Je suis heureux.
     4. Tu es gentil.
     5. Elle est canadienne.
     6. Je suis malheureuse.

74. 1. va   7. vont
     2. va   8. vont
     3. vas   9. allons
     4. vas   10. allons
     5. vais   11. allez
     6. vais   12. allez

75. 1. Je vais (Nous allons) à la bibliothèque.
     2. Il va au cinéma.
     3. Elles vont au musée.
     4. Je vais à Londres.
     5. Je vais (Nous allons) au concert.

76. 1. Je vais très bien.
     2. Tu vas mal.
     3. Il va à New York.
     4. Tu vas à Paris.

77. 1. fait   7. font
     2. fait   8. font
     3. fais   9. faisons
     4. fais   10. faisons
     5. fais   11. faites
     6. fais   12. faites

78.   Tu fais fortune.
         Nous faisons fortune.
         Ils font fortune.
         Elle fait fortune.
         Vous faites fortune.

79. 1. Les autres font leur valise aussi.
     2. Elle fait un voyage aussi.
     3. Vous faites (Nous faisons) un gâteau aussi.
     4. Je fais de mon mieux aussi.
     5. Ils font du sport aussi.
     6. Nous faisons du français aussi.

80. 1. sait   7. savent
     2. sait   8. savent
     3. sais   9. savons
     4. sais   10. savons
     5. sais   11. savez
     6. sais   12. savez

81. 1. Nous savons qu'elle est malade.
     2. Vous savez où elle habite.
     3. Ils savent faire du ski.
     4. Elles savent faire la cuisine.

82. 1. Je sais la réponse.
     2. Tu sais son numéro de téléphone.
     3. Il sait parler espagnol.
     4. Elle sait votre adresse.

83. 1. vaut
     2. faut
     3. valent
     4. valez

84.   Il faut arriver de bonne heure.
         Il vaut mieux arriver de bonne heure.
         Il vaut mieux venir de bonne heure.

85. 1. connaissons
     2. est
     3. demeure
     4. apprenons
     5. écrivez

86. 1. Il y a une heure que je lis ce poème.
        Ça fait une heure que je lis ce poème.
        Voilà une heure que je lis ce poème.
     2. Il y a cinq minutes que j'attends l'autobus.
        Ça fait cinq minutes que j'attends l'auto-
        bus.
        Voilà cinq minutes que j'attends l'auto-
        bus.
     3. Il y a deux semaines qu'elle cherche ce
        livre.
        Ça fait deux semaines qu'elle cherche ce
        livre.
        Voilà deux semaines qu'elle cherche ce
        livre.
     4. Il y a cinq heures qu'ils dorment.
        Ça fait cinq heures qu'ils dorment.
        Voilà cinq heures qu'ils dorment.

87. 1. Je travaille (Nous travaillons) depuis une
        heure.
     2. Il y a deux ans qu'il habite ici.
     3. Ça fait 15 minutes que j'attends le train.
     4. Je conduis (Nous conduisons) une auto
        depuis l'âge de 18 ans.
     5. Voilà dix minutes que j'attends (nous at-
        tendons) un taxi.
     6. Il y a longtemps qu'il étudie le français.
     7. Ils lisent depuis une heure.
     8. Il y a un mois que je joue (nous jouons)
        de la guitare.

88. 1. préfère   8. vainquent
     2. envoies   9. croyons
     3. commençons   10. meurt
     4. appelle   11. connaît
     5. choisissez   12. plaît
     6. offres   13. mets
     7. rit   14. faites

15. dort
16. traduisons
17. suit
18. craignez
19. peint
20. comprenons
21. reviennent
22. peuvent
23. voulez

24. reçoit
25. devez
26. buvons
27. sait, vient
28. avons
29. êtes
30. vais
31. faut

89. 1. se réveille
     2. me dépêche
     3. te laves
     4. nous retrouvons
     5. vous débrouillez
     6. se rasent

     7. s'habillent
     8. m'appelle
     9. t'amuses
    10. se marie
    11. nous promenons
    12. vous moquez

90. 1. Je m'appelle Marie.
     2. L'action se passe dans une rue déserte.
     3. La pharmacie se trouve à côté du bureau de poste.
     4. Nous nous demandons si nous recevrons une bonne note.
     5. Je m'ennuie (Nous nous ennuyons) parce que le film n'est pas intéressant.
     6. Il s'en va parce qu'il est fatigué.
     7. Elles se couchent à dix heures.
     8. Oui, ils se fâchent souvent.
     9. Je me porte (Nous nous portons) bien.
    10. Je me souviens de mes vacances.
    11. Il se tait parce que la conférence commence.
    12. L'enfant s'endort sur le divan.

91. 1. s'assied
     2. s'assied
     3. m'assieds
     4. m'assieds
     5. t'assieds
     6. t'assieds

     7. s'asseyent
     8. s'asseyent
     9. nous asseyons
    10. nous asseyons
    11. vous asseyez
    12. vous asseyez

92. 1. Ils s'asseyent devant vous.
     2. Nous nous asseyons devant le feu.
     3. Vous vous asseyez dans le fauteuil.
     4. Elles s'asseyent au premier rang.

93. 1. Je m'assieds.
     2. Tu t'assieds à table.
     3. Il s'assied devant le bureau.
     4. Elle s'assied au balcon.

94. 1. la
     2. les
     3. les
     4. la

95. 1. me
     2. —
     3. —
     4. se
     5. nous
     6. —
     7. —
     8. t'

96. 1. Nous nous écrivons.
     2. Ils s'aiment.
     3. Ils se regardent.
     4. Nous nous cherchons.

97. 1. m'asseoir.
     2. te raser
     3. nous peigner
     4. se réveiller
     5. s'habiller
     6. vous endormir

98. 1. Parle français! Parlons français! Parlez français!
     2. Écoute le professeur! Écoutons le professeur! Écoutez le professeur!
     3. Choisis un livre! Choisissons un livre! Choisissez un livre!
     4. Réfléchis à ces idées! Réfléchissons à ces idées! Réfléchissez à ces idées!
     5. Attends le train! Attendons le train! Attendez le train!
     6. Vends l'auto! Vendons l'auto! Vendez l'auto!
     7. Prends le déjeuner! Prenons le déjeuner! Prenez le déjeuner!
     8. Ouvre la porte! Ouvrons la porte! Ouvrez la porte!
     9. Bois du lait! Buvons du lait! Buvez du lait!
    10. Écris la lettre! Écrivons la lettre! Écrivez la lettre!
    11. Pars maintenant! Partons maintenant! Partez maintenant!
    12. Viens tout de suite! Venons tout de suite! Venez tout de suite!

99. 1. Sois en retard!
     2. Soyons en avance!
     3. Soyez heureux!
     4. Aie de la patience!
     5. Ayons du courage!
     6. Ayez de la pitié!
     7. Sache la vérité!
     8. Sachons la réponse!
     9. Sachez le poème par cœur.

100. 1. Lève-toi!
     2. Amusez-vous!
     3. Habille-toi vite!
     4. Dépêchons-nous!

101. 1. Ne parlez pas!
     2. Ne travaille pas!
     3. Ne soyez pas en retard!
     4. Ne restons pas ici!
     5. N'aie pas de courage!
     6. N'écoutez pas la conversation!
     7. N'arrivons pas à l'heure.

102. 1. Ne te couche pas!
     2. Ne t'habille pas!
     3. Ne vous dépêchez pas!
     4. Ne vous amusez pas bien!
     5. Ne nous réveillons pas!

103. 1. Il réussit en travaillant.
      2. Vous lisez en regardant la télévision.
      3. Elle apprend en étudiant.
      4. Les spectateurs se lèvent en criant bravo.
      5. Elle tombe en descendant la rue.
      6. Vous vous fatiguez en travaillant.

104. 1. En tombant, elle pleure.
      2. En étudiant, il réussit.
      3. En mangeant, je regarde la télévision.
      4. En travaillant, vous apprenez.

105. 1. Il écoute la radio en lisant le journal.
      2. Elle pleure en nageant.
      3. Je m'amuse (Nous nous amusons) en dansant.
      4. Elles entrent en courant.
      5. Il parle en dormant.
      6. Elle finit par dormir.

106. 1. Nous travaillions beaucoup.
      2. Nous prenions le déjeuner à huit heures.
      3. Nous pouvions le faire.
      4. Nous attendions longtemps.
      5. Nous écrivions beaucoup de lettres.
      6. Nous lisions les romans policiers.
      7. Nous voyions clair.
      8. Nous riions souvent.
      9. Nous craignions de partir.
      10. Nous venions souvent.
      11. Nous nous débrouillions.
      12. Nous nous couchions de bonne heure.

107. 1. changeais   7. prenaient
      2. vendais   8. voulais
      3. parlais   9. disions
      4. préférais   10. buvions
      5. employait   11. faisiez
      6. suivait   12. lisiez

108. 1. J'étais content.
      2. Tu étais heureux.
      3. Elle était fatiguée.
      4. Nous étions malades.
      5. Vous étiez triste.
      6. Ils étaient enfants.

109. 1. Ils pouvaient chanter.
      2. Nous apprenions le français.
      3. Je sortais souvent.
      4. Tu avais beaucoup de temps.
      5. Elle venait nous voir.
      6. Vous buviez du lait.
      7. Il mentait souvent.
      8. Elle croyait ses amis.
      9. Nous étions heureuses.
      10. Elle se dépêchait.
      11. Vous vous habilliez bien.
      12. Ils se promenaient dans le parc.

110. 1. Chaque année elle allait en vacances.
      2. Nous lisions souvent.
      3. Nous rentrions toujours à la même heure.
      4. Elle faisait des courses tous les jours.
      5. Chaque matin elles achetaient des baguettes.
      6. D'habitude je mangeais des croissants pour le petit déjeuner.
      7. Bien des fois vous saviez comment vous débrouiller.
      8. Tu voyageais fréquemment.

111. 1. Maintenant non, mais en ce temps-là, je lisais souvent.
      2. Maintenant non, mais quand j'étais jeune, je riais.
      3. Maintenant non, mais autrefois je chantais bien.
      4. Maintenant non, mais quand j'étais jeune je me couchais de bonne heure.

112. 1. Je ne voulais pas partir.
      2. Vous regrettiez les jours passés.
      3. Nous pouvions venir tous les samedis.
      4. Il ne savait pas les réponses.
      5. Elles croyaient que vous aviez raison.
      6. Nous espérions recevoir de bonnes notes.
      7. À quoi pensais-tu?
      8. Nous étions désolés de ne pas pouvoir venir.
      9. Elle préférait voyager en auto.
      10. Je le désirais beaucoup.

113. 1. Il faisait froid.
      2. Marie était blonde, mais son frère était brun.
      3. L'enfant avait beaucoup de jouets.
      4. Monsieur Leclerc avait soixante ans.
      5. Il était neuf heures.
      6. Les rues étaient étroites et sombres.
      7. Il faisait du vent.
      8. Les étoiles brillaient dans le ciel.
      9. J'étais malade.
      10. Les maisons étaient grandes.

114. 1. Si on jouait aux cartes?
         Si nous jouions aux cartes?
      2. Si on parlait français?
         Si nous parlions français?
      3. Si on allait au cinéma?
         Si nous allions au cinéma?
      4. Si on dînait au restaurant ce soir?
         Si nous dînions au restaurant ce soir?
      5. Si on se dépêchait?
         Si nous nous dépêchions?

115. 1. travailliez
      2. écrivait
      3. voulait
      4. connaissait
      5. étudiais
      6. construisaient
      7. savions
      8. habitiez

116.
1. a cessé
2. as cherché
3. ai chassé
4. avons dîné
5. avez fermé
6. ont loué

117.
1. J'ai oublié ma valise.
2. Elle a préparé un bon repas.
3. Nous avons ramassé les papiers.
4. Vous avez sauté de joie.
5. Elles ont goûté le vin.
6. Tu as porté une nouvelle robe.
7. Le petit a frappé à la porte.
8. Ils ont appelé leurs amis.
9. J'ai payé l'addition.
10. J'ai vite mangé.
11. Elle a toujours gardé le secret.
12. Elle a déjà acheté des cadeaux pour Noël.
13. J'ai vite travaillé.
14. Le conférencier a quitté la salle.

118.
1. Ils ont applaudi au concert.
2. J'ai choisi un beau tapis.
3. Elle a rempli la tasse de café.
4. Nous avons réfléchi aux problèmes.
5. La police a saisi le criminel.
6. Vous avez bien dormi.
7. Tu as obéi aux lois.
8. Vous avez déjà accompli la tâche.
9. Les écoliers ont fini leurs devoirs.
10. Les ouvriers ont bâti une maison.

119.
1. Le bûcheron a fendu le bois.
2. Nous avons entendu du bruit.
3. Ils ont rompu les liens.
4. Vous avez vaincu le problème.
5. Il a battu le tapis.
6. Elle a vite répondu.
7. La marchande a vendu des légumes.
8. La glace a fondu.
9. Tu as attendu tes amis.
10. L'avocat a défendu son client.

120.
1. été
2. fait
3. souri
4. suffi
5. suivi
6. acquis
7. mis
8. pris
9. compris
10. surpris
11. conduit
12. construit
13. cuit
14. détruit
15. traduit
16. dit
17. écrit
18. décrit

121.
1. Elle a suivi un cours d'histoire.
2. L'élève a appris l'alphabet.
3. Vous avez écrit vos devoirs.
4. Nous avons fait des progrès.
5. J'ai dit la vérité.
6. Ils ont surpris leurs amis.
7. Tu as ri aux éclats.
8. Elle a suivi ce boulevard.
9. Ils ont construit un pont.
10. Elle a mis le couvert.

122.
1. apparu
2. reconnu
3. retenu
4. couru
5. déplu
6. reçu
7. bu
8. cru
9. su
10. pu
11. vu
12. valu
13. lu
14. vécu

123.
1. J'ai connu les Le Blanc.
2. Cette décision a déplu à ces gens.
3. Elle a cru le professeur.
4. Il a survécu à ses parents.
5. Tu as vu tes amis.
6. Elles ont reçu le prix.
7. Elle a retenu une chambre à l'hôtel.
8. Nous avons vite couru.
9. Ils ont maintenu un air calme.
10. Vous avez aperçu quelque chose d'étrange.
11. Tu as dû répondre.
12. Cet homme a paru étrange.
13. Elle a lu les romans de Proust.
14. Cette conférence a plu à tout le monde.
15. Il a eu de l'argent.
16. Vous avez tenu votre promesse.
17. Ils ont élu un président.
18. Nous avons reconnu cette peinture.
19. Nous avons bu du lait.
20. Il a voulu faire ce devoir.

124.
1. Il a ouvert la fenêtre.
2. Le biologiste a découvert un microbe.
3. Vous avez souffert d'un rhume.
4. Nous avons ouvert les cadeaux.
5. La mère a couvert l'enfant.
6. Il a offert un cadeau à son ami.
7. Tu as couvert le mur de peintures.
8. J'ai souffert des maux de têtes.

125.
1. Il a atteint son but.
2. Elle a craint cet homme.
3. Nous avons rejoint nos amis.
4. Vous avez éteint la lumière.
5. L'artiste a peint un portrait.
6. Nous avons plaint cet homme.
7. Vous avez craint les rues désertes.
8. Nous avons joint nos amis par télégramme.

126.
1. prise
2. pris
3. peinte
4. peint
5. craintes
6. craints
7. souffertes
8. soufferts
9. vue
10. vu

127.
1. Quelle leçon avez-vous apprise?
2. Quel livre avez-vous compris?
3. Quels disques avez-vous mis?
4. Quels murs avez-vous couverts?
5. Quelle phrase avez-vous dite?

6. Quelle auto avez-vous conduite?
7. Quelles blouses avez-vous prises?
8. Quelles fenêtres avez-vous ouvertes?
9. Quel poème avez-vous lu?
10. Quel criminel avez-vous craint?
11. Quelles pièces avez-vous vues?
12. Quelle histoire avez-vous crue?

128.
1. est allée
2. est entré
3. sont arrivées
4. sont montés
5. est née
6. est retourné
7. sont tombées
8. sont restés
9. est rentrée
10. est sorti
11. sont parties
12. sont venus
13. est descendue
14. est revenu
15. sont devenues
16. sont morts

129.
1. Elle est montée dans le wagon.
2. Nous sommes arrivées de bonne heure.
3. Monsieur, vous êtes rentré tard.
4. Pierre et Georges, vous êtes devenus ennuyeux.
5. Marie et Lucille, vous êtes revenues trop tard.
6. Nous sommes restés chez nous.
7. Vous êtes morte de faim.
8. Nous sommes parties de bonne heure.
9. Je suis rentrée chez moi.
10. Tu es descendu dans la rue.
11. Vous êtes entrées dans l'atelier.
12. Les bonnes sont venues à l'heure.
13. Les enfants sont tombés dans l'escalier.
14. Je suis allé au bureau.
15. Tu es allée au restaurant.
16. Il est parti à l'heure.

130.
1. Elle est vite montée.
2. Elle a monté l'escalier.
3. Nous sommes descendues du train.
4. Nous avons descendu la valise.
5. Elles sont sorties le samedi.
6. Elles ont sorti l'argenterie du tiroir.
7. Il est monté dans sa chambre.
8. Ils ont descendu les valises.
9. Nous avons sorti de l'argent.
10. Elles sont descendues de l'autobus.

131.
1. Il s'est bien débrouillé.
2. Elle s'est levée de bonne heure.
3. Nous nous sommes bien amusées.
4. Hélène et Marie, vous vous êtes trompées.
5. Elles se sont retrouvées devant le musée.
6. Elle s'est lavé les mains.
7. Ils se sont brossé les dents.
8. Je me suis assise devant le feu.
9. Elles se sont couchées dans le lit.
10. Tu t'es réveillé à huit heures.
11. Vous vous êtes peignée.
12. Je me suis trompé.
13. Nous nous sommes dépêchés.
14. Pierre et Jean, vous vous êtes rasés.

132.
1. sommes allé(e)s
2. a bâti
3. a vu
4. sont venus
5. avez voyagé
6. s'est couchée
7. avons loué
8. a découvert
9. a dit
10. s'est rasé

133.
1. Ils regardaient la télévision chaque soir.
2. L'autre jour il a joué au tennis.
3. Elle a répété cette phrase une fois.
4. Pierre venait ici tous les dimanches.
5. Nous sommes allé(e)s à ce restaurant samedi dernier.
6. Souvent nous discutions politique.
7. Ta mère a été malade pendant deux ans.
8. Pendant tous ses voyages, elle payait avec les chèques de voyage.
9. Nous y allions de temps en temps.
10. Ce matin il a dormi jusqu'à sept heures.

134.
1. Oui, j'ai reçu la carte hier.
2. Oui, j'ai habité à New York l'année dernière.
3. Oui, j'allais aux concerts tous les dimanches.
4. Oui, en ce temps-là, je travaillais beaucoup.
5. Oui, j'ai beaucoup dormi hier soir.
6. Oui, je conduisais toujours cette auto.
7. Oui, j'ai beaucoup nagé l'été dernière.
8. Oui, je suis allé(e) à la plage la semaine dernière.

135.
1. lisais, a frappé
2. préparait (a préparé), mettais (ai mis)
3. mangeaient, as téléphoné
4. avons fait, étions
5. parlait, suis entré(e)
6. ai vu(e)(s)(es), sortiez
7. faisait, sont descendues
8. dormais, a sonné
9. discutaient, a annoncé
10. a dit, ai pardonné

136.
1. a mangé, a bu
2. est entrée, est parti
3. a fait, a pris
4. a pleuré, a aboyé
5. a écrit, a lu

137.
1. Un homme mangeait et l'autre buvait du vin.
2. La police entrait et le voleur partait.
3. Pierre faisait les valises et Marie prenait les billets.
4. Le bébé pleurait et le chien aboyait.
5. Pierre écrivait le poème et André lisait le poème.

138.
1. Tu as beaucoup parlé.
2. Elles ont bien dormi.
3. Ils ont répondu à la question.
4. Elles ont suivi les instructions.
5. Elle a descendu l'escalier.
6. Nous nous sommes levées de bonne heure.
7. Nous sommes allés au musée.
8. Elle est montée dans le wagon.
9. Nous avons pris les billets.
10. Il a fait la leçon.
11. Elles ont monté les bagages.
12. J'ai reconnu cet homme.
13. Il est revenu tout de suite.
14. Elles ont écrit les devoirs.
15. Elles se sont promenées dans le parc.
16. Cette peinture m'a plu.
17. Vous avez reçu la lettre.
18. Tu as lu le roman.
19. Ils ont bien vécu ici.
20. Vous avez peint ce paysage.
21. Elle a ouvert la fenêtre.
22. Voilà les photos que je vous ai offertes.
23. Voilà les pièces que j'ai lues.
24. Elles se sont bien débrouillées.

139.
1. On publia ce livre en 1973.
2. On brûla Jeanne d'Arc en 1431 à Rouen.
3. Tu achetas ce disque.
4. Tu appelas ton père.
5. J'emmenai mes amis avec moi.
6. J'envoyai le télégramme.
7. Nous allâmes à Paris.
8. Nous trouvâmes ce livre.
9. Vous célébrâtes la fête.
10. Vous arrivâtes à l'heure.
11. Les Américains débarquèrent en Normandie en 1944.
12. Ils commencèrent la construction de la cathédrale en 1150.

140.
1. Il a cherché son père.
2. Nous avons donné de l'argent à nos amis.
3. Elles ont médité sur l'avenir.
4. J'ai frappé à la porte.
5. Vous avez deviné les résultats.
6. Tu es vite monté(e).
7. Nous avons compté notre argent.
8. Ils ont marché dans les rues désertes.
9. Je suis retourné(e) chez moi.
10. Elle est allée à l'église.

141.
1. découvrit
2. attendit
3. embellis
4. défendis
5. applaudis
6. partis
7. perdîmes
8. finîmes
9. réussîtes
10. vendîtes
11. choisirent
12. répondirent

142.
1. Ils ont découvert la vérité.
2. Nous avons réfléchi aux problèmes.
3. Il a agrandi le palais.
4. Vous avez répandu la nouvelle.
5. J'ai vendu des timbres.
6. Tu as rendu les devoirs.
7. Elles ont fini leurs devoirs.
8. Vous avez descendu le boulevard.

143.
1. Elle suivit la route.
2. Tu partis.
3. Je sortis.
4. Nous mentîmes.
5. Vous dormîtes huit heures.
6. Ils rirent aux éclats.
7. Elle acquit les peintures.
8. Je mis le couvert.
9. Tu dis la vérité.
10. Nous prîmes le déjeuner.
11. Vous apprîtes la vérité.
12. Ils comprirent la situation.

144.
1. Nous sommes sorti(e)s ce soir-là.
2. Elle a suivi la route pour Dijon.
3. Elles ont pris les livres.
4. Vous avez mis votre manteau.
5. Tu as servi un bon repas.
6. J'ai souri en entrant.

145.
1. Elle but trop de vin.
2. Il courut vite.
3. Tu voulus venir.
4. Tu pus le faire.
5. Je crus l'histoire.
6. Je reconnus cet homme.
7. Nous lûmes *Les Misérables.*
8. Nous reçûmes la lettre.
9. Vous dûtes travailler.
10. Vous eûtes des difficultés.
11. Les étoiles apparurent sur l'horizon.
12. Ils vécurent à Londres.

146.
1. bûmes
2. reconnurent
3. reçus
4. vécus
5. lûtes
6. purent
7. plut
8. crûmes

147.
1. rompit
2. battîmes
3. offrîtes
4. conduisit
5. traduisirent
6. convainquis
7. écrivîmes
8. naquit
9. vîtes
10. peignit
11. craignîtes
12. rejoignîmes
13. fit
14. fîmes
15. fus
16. furent
17. mourut
18. vint
19. retînmes
20. revinrent

148.
1. Il a traduit le livre.
2. Ils ont écrit des romans.
3. Il a été roi de France.
4. Je suis venu(e) te voir.
5. Elles ont rejoint leurs amis.
6. Ils sont venus de Paris.

7. Nous avons ouvert la porte.
8. Vous avez beaucoup souffert.
9. Elle est née à Paris.
10. Nous avons vu le film.

149. 1. Elles arrivèrent à l'heure.
2. Vous souffrîtes beaucoup.
3. Elle réussit à le faire.
4. Nous traversâmes la route.
5. Je dis la vérité.
6. Vous partîtes vite.
7. Je fus malade.
8. Nous vendîmes la maison.
9. Elles prirent la route vers Nice.
10. Elles vinrent nous voir.
11. Tu lus le roman.
12. Il vainquit l'ennemi.
13. Nous crûmes l'histoire.
14. Je vins à l'heure.
15. Elle craignit cet homme.

150. 1. vais
2. allons
3. va
4. allez
5. vont
6. vas

151. 1. Nous allons faire les valises.
2. Je vais regarder la télévision.
3. Elle va parler au professeur.
4. Vous allez sortir de bonne heure.
5. Ils vont habiter à New York.
6. Tu vas venir tout de suite.
7. Nous allons boire du café.
8. Vous allez lire le journal.
9. Il va savoir les résultats.
10. Vous allez finir le travail.

152. 1. discutera   7. obéirez
2. finira   8. répondrez
3. vendras   9. voyagerons
4. parleras   10. suivrons
5. mangerai   11. se réveilleront
6. remplirai   12. rendront

153. 1. Nous regarderons la télévision.
2. Vous étudierez davantage.
3. J'écrirai des cartes postales.
4. Il plaira à cette fille.
5. Elles dormiront huit heures.
6. L'artiste peindra un portrait.
7. Tu conduiras prudemment.
8. Elle dira la vérité.
9. Elles rejoindront leurs amis.
10. Vous suivrez les instructions.
11. Je prendrai le déjeuner à midi.
12. Elle se couchera à dix heures.

154. 1. Elle nettoiera sa chambre.
2. Il paiera ses dettes.
3. Elle essaiera de partir.
4. Il ennuiera ses amis.

5. On achètera des bonbons.
6. Elle mènera une vie tranquille.
7. Elle lèvera le rideau.
8. Il appellera ses amis.
9. Elle jettera la lettre dans la corbeille.

155. 1. nettoierons
2. appellerez
3. emmèneront
4. pèserai
5. enlèveras
6. jettera
7. achètera
8. essaierons

156. 1. cueilleront   13. devras
2. s'assiéront   14. pleuvra
3. irons   15. recevra
4. aura   16. courras
5. serez   17. secourront
6. ferons   18. mourra
7. saurez   19. pourra
8. faudra   20. verront
9. vaudra   21. enverras
10. voudrons   22. viendront
11. apercevrons   23. retiendra
12. décevra   24. reviendrons

157. 1. Non, mais la prochaine fois ils pourront
finir à l'heure.
2. Non, mais la prochaine fois je ferai (nous
ferons) le voyage en avion.
3. Non, mais la prochaine fois ils sauront la
vérité.
4. Non, mais la prochaine fois j'irai voir ce
film.
5. Non, mais la prochaine fois il aura confiance en son ami.
6. Non, mais la prochaine fois j'enverrai la
lettre par avion.
7. Non, mais la prochaine fois elle verra
Pierre.
8. Non, mais la prochaine fois je retiendrai
(nous retiendrons) une chambre à l'avance.
9. Non, mais la prochaine fois elle viendra
avec André.
10. Non, mais la prochaine fois il recevra une
bonne note.
11. Non, mais la prochaine fois je secourrai
(nous secourrons) les pauvres.
12. Non, mais la prochaine fois il vaudra la
peine d'y aller.
13. Non, mais la prochaine fois je ferai de mon
mieux (nous ferons de notre mieux).
14. Non, mais la prochaine fois je cueillerai
les fleurs.
15. Non, mais la prochaine fois ils seront à
l'heure.
16. Non, mais la prochaine fois je voudrai
sortir.
17. Non, mais la prochaine fois il faudra le
faire.
18. Non, mais la prochaine fois je devrai le
faire.

19. Non, mais la prochaine fois j'apercevrai (nous apercevrons) l'incendie.
20. Non, mais la prochaine fois je me serai assis (nous nous serons assis) au premier rang.
21. Non, mais la prochaine fois il pleuvra.

158.
1. arrivera, mangerons
2. verrai, donnerai
3. finira, paierai
4. terminerons, sortirons
5. dormira, lirai
6. feront, parleront
7. pourrez
8. voudrez
9. voyagerez
10. partirons, arriveront

159.
1. Je pense qu'elle étudiera.
2. Je sais qu'il viendra.
3. J'espère que nous arriverons à l'heure.
4. Je crois qu'ils viendront.
5. Je ne sais pas s'il voudra y aller.
6. Je ne sais pas si elle pourra venir.

160.
1. Il dit qu'il sortira.
2. Elle dit qu'elle pourra le faire.
3. Elles disent qu'elles travailleront.
4. Ils disent qu'ils sauront le poème par cœur.

161.
1. sera
2. sera
3. aura
4. auront

162.
1. Elle n'est pas dans sa chambre. Elle sera avec Pierre.
2. Regardez ce qu'ils achètent. Ils auront de l'argent à jeter.
3. Comme elle court! Elle aura peur.
4. Elles viennent me voir. Elles auront besoin de moi.
5. Elle ne mange pas. Elle sera malade.

163.
1. Il aura peur.
2. Il sera chez lui.
3. Il sera malade.
4. Elle aura froid.

164.
1. attendront
2. sera
3. viendra, ferons
4. viendront, irons
5. nettoiera, paierai
6. mènerez
7. réfléchiras
8. saura
9. verront
10. pourrons
11. aura
12. faudra
13. nous assiérons
14. mourront
15. voudrez

165.
1. Je dînerais en ville.
2. Tu resterais à la maison.
3. Elle prendrait l'avion.
4. Nous paierions nos dettes.
5. Vous viendriez à trois heures.
6. Il serait de retour à huit heures.
7. Elle aurait faim.
8. Nous le ferions.
9. Elle enverrait la lettre par avion.
10. Il mourrait de remords.
11. Elles verraient leurs amis.
12. Vous pourriez voir ce film.
13. Ils secourraient les pauvres.
14. Nous nous assiérions devant le feu.

166.
1. nageraient
2. écrirais
3. paierait
4. iriez
5. viendraient
6. serions
7. ferait
8. enverrait
9. saurions
10. vous coucheriez
11. m'assiérais
12. recevrais
13. pourriez
14. devrions

167.
1. À votre place, j'étudierais.
2. À votre place, je viendrais.
3. Dans ce cas-là, j'irais à Paris.
4. Dans ce cas-là, j'écrirais.

168.
1. finirait, reviendrait
2. lirait, aurait
3. comprendrait, expliqueriez
4. pourrait, donneriez
5. rentrerait
6. reviendrions

169.
1. Pourriez-vous venir tout de suite?
2. Pourriez-vous me conduire à l'aéroport.
3. Pourriez-vous me donner ce livre?
4. Pourriez-vous m'aider?
5. Voudriez-vous dîner en ville?
6. Voudriez-vous assister à la conférence?
7. Voudriez-vous aller voir ce film?
8. Voudriez-vous prendre le train?
9. Je voudrais du vin rouge.
10. Je voudrais deux billets d'aller et retour.
11. Je voudrais ce livre.
12. Je voudrais un paquet de cigarettes.

170.
1. Il serait huit heures. Ils sont arrivés.
2. Elle aurait bien 50 ans.
3. Comme il court! Il saurait les résultats.
4. Il ferait sa médecine à Paris maintentant.

171.
1. Il habiterait à Paris.
2. Elle aurait une peinture de Picasso.
3. Le président serait à New York.
4. Il serait deux heures.

172.
1. Il m'a dit qu'il sortirait ce soir.
2. Elle m'a assuré qu'elle serait heureuse.
3. Il m'a demandé si je mènerais une vie tranquille.
4. Elle a dit qu'elle m'écrirait.

173. 1. écrira
      2. viendrais
      3. fera
      4. auraient
      5. mettrions
      6. pourra
      7. serait
      8. serai

174. 1. étions arrivées
      2. avait lu
      3. avais fait
      4. avait cassé
      5. étions descendus
      6. avaient mangé
      7. étais partie
      8. étiez revenus
      9. s'était couchée
     10. nous étions levées

175. 1. J'étais déjà revenu quand elle est entrée.
      2. Elles avaient déjà déjeuné quand je suis arrivé.
      3. J'avais déjà fini mes devoirs quand le téléphone a sonné.
      4. Elle avait déjà écrit la lettre quand son ami a frappé à la porte.
      5. Les voleurs étaient déjà partis quand la femme a crié.
      6. Nous nous étions déjà couchés quand il est revenu.

176. 1. aurons parlé
      2. serez rentré(e)(s)(es)
      3. auront fait
      4. auras appris
      5. aura acheté
      6. sera rentrée
      7. serai parti(e)
      8. aurons vu
      9. aurez écrit
     10. vous serez couché(e)(s)(es)

177. 1. auraient fini
      2. aurions mangé
      3. serions rentré(e)s
      4. aurait accompagné
      5. aurais vu
      6. auriez bu
      7. aurait pris
      8. aurait pu
      9. me serais couché(e)
     10. te serais habillé(e)

178. 1. Quand il a eu mangé, il est parti.
      2. Lorsqu'elles ont été réunies, elles ont élu un président.
      3. Lorsque le professeur a eu fini le discours, il est descendu de l'estrade.
      4. À peine a-t-il eu fini que nous sommes arrivé(e)s.
      5. Après qu'ils ont été guéris, ils sont retournés au travail.

      6. Quand il a été arrivé, la conférence a commencé.

179. 1. Dès qu'elle eut appris la nouvelle, elle décida de partir.
      2. À peine eut-elle reçu l'invitation qu'elle y répondit.
      3. À peine fut-elle entrée qu'elle comprit la situation.
      4. Aussitôt qu'ils furent partis, ils soupirent.

180. 1. ont
      2. êtes
      3. partirai
      4. ferons
      5. avaient
      6. avait
      7. ferais
      8. resterions
      9. avait pris
     10. étiez venu(e)(s)(es)
     11. aurait mis
     12. seriez arrivé

181. 1. Si j'ai sommeil, je dormirai.
      2. Si j'avais sommeil, je dormirais.
      3. Si j'avais eu sommeil, j'aurais dormi.
      4. Si elle vient, je partirai.
      5. Si elle venait, je partirais.
      6. Si elle était venue, je serais parti(e).

182. 1. parlent, entrent, finissent, réussissent, attendent, répondent
      2. parte, sorte, mente, repente, dorme
      3. rompe les liens, vainque mes passions, craigne cet homme, peigne ce portrait
      4. écrives la lettre, suives la route, vives ici, décrives la vue, serves le déjeuner
      5. parlions, lisions, dormions, disparaissions, nous asseyions
      6. souriiez, étudiiez, riiez, oubliiez ceci.

183. 1. envoient
      2. nettoyions
      3. croient
      4. voyiez
      5. considèrent
      6. cédions
      7. achètent
      8. levions
      9. appellent
     10. jetiez

184. 1. prennent
      2. preniez
      3. vienne
      4. reteniez
      5. meure
      6. mouriez
      7. reçoivent
      8. recevions
      9. boives
     10. buvions

185. 1. vous soyez, ils soient, elle soit, tu sois, je sois
   2. j'aie, il ait, elles aient, nous ayons, vous ayez
   3. nous puissions, vous puissiez, ils puissent, tu puisses, elle puisse
   4. je fasse, il fasse, elles fassent, nous fassions, vous fassiez
   5. vous sachiez, nous sachions, ils sachent, elle sache, je sache
   6. nous voulions, vous vouliez, tu veuilles, elles veuillent, je veuille
   7. tu ailles, ils aillent, elle aille, nous allions, vous alliez
   8. elle vaille, nous valions, vous valiez, tu vailles, ils vaillent

186. 1. parlent, mangent, écrivent, dorment, viennent, sortent, conduisent
   2. payions, cédions, appelions le garçon, venions, buvions, allions, soyons ici
   3. travaille, lise, vienne, finisse, sorte
   4. veniez, compreniez, mangiez, attendiez

187. *A.* 1. Je veux que tu dises la vérité.
   2. Je veux que tu attendes une heure.
   3. Je veux qu'elle peigne ce portrait.
   4. Je veux qu'ils partent à l'heure.
   5. Je veux que vous étudiiez la leçon.
   6. Je veux que nous le complétions.

   B. 1. Elle doute que j'envoie la lettre.
   2. Elle doute que tu croies l'histoire.
   3. Elle doute qu'elle cède sa place.
   4. Elle doute qu'ils achètent cette maison.
   5. Elle doute que nous considérions ce projet.
   6. Elle doute que vous preniez votre temps.

   C. 1. Il est heureux que nous venions ici.
   2. Il est heureux qu'elle prenne l'avion.
   3. Il est heureux qu'elles reçoivent le paquet.
   4. Il est heureux qu'il ne meure pas de faim.
   5. Il est heureux que nous buvions du lait.
   6. Il est heureux que vous receviez le prix.

   D. 1. J'exige qu'elle soit à l'heure.
   2. J'exige qu'il ait de la patience.
   3. J'exige que tu le fasses.
   4. J'exige qu'elles sachent les réponses.
   5. J'exige que vous ayez le temps.
   6. J'exige que vous soyez ici tous les jours.

   E. 1. Je regrette que vous ne vouliez pas venir.
   2. Je regrette que tu ne veuilles pas le faire.
   3. Je regrette qu'elle ne puisse pas venir.
   4. Je regrette qu'il pleuve.
   5. Je regrette qu'ils ne sachent pas nager.

188.
1. conduises	9. veuillent
2. arriviez	10. traduisions
3. fume	11. rentre
4. connaisse	12. vienne
5. soyez	13. comprenne
6. fasse	14. aille
7. allions	15. sortiez
8. sachiez	

189. 1. prépare, lise, reçoive, fasse, sache, perde
   2. finissions, mangions, comprenions, suivions, fassions, répétions, retenions
   3. compreniez, veniez, finissiez, sortiez, sachiez la réponse
   4. réussisse, comprenne, arrive, finisse, réponde

190. 1. Il est essentiel que nous recevions ces lettres.
   2. Il suffit que je te le dise.
   3. Il vaut mieux que tu sois ici.
   4. Il est bon que vous vouliez venir.
   5. Il est important qu'elle écrive ses devoirs.
   6. Il faut qu'ils aillent au marché.
   7. Il est temps que vous veniez.
   8. C'est dommage que vous soyez malade.
   9. Il vaut mieux qu'elles partent tout de suite.
   10. Il est heureux que tu réussisses à l'examen.
   11. Il est douteux que Paul puisse venir.
   12. Il est honteux que tu mentes.
   13. Il est bon qu'ils sachent la vérité.
   14. Il est possible qu'on le craigne.
   15. Il convient qu'ils viennent demain.

191.
1. sera	9. finissions
2. fasse	10. a
3. viennent	11. sache
4. viendront	12. croie
5. sachions	13. veut (voudra)
6. alliez	14. veuillent
7. fait (fera)	15. puissions
8. obtienne	

192. 1. Non, je ne crois pas que Jean le sache.
   2. Non, je ne suis pas certain que Pierre le sache.
   3. Non, il n'est pas probable qu'il conduise une auto.
   4. Non, il n'est pas sûr qu'ils viennent.
   5. Non, je ne crois pas (nous ne croyons pas) qu'elles arrivent demain.
   6. Non, il n'est pas sûr qu'elle parte tout de suite.
   7. Non, il n'est pas probable qu'il vienne.
   8. Non, je ne suis pas certain que Jean vienne.

193. 1. saches la leçon, fasses tes devoirs, lises le roman, écrives la composition
   2. neige, fasse froid, pleuve
   3. sera fatigué, arrivera, rentrera, reviendra

194.
1. parte
2. sorte
3. vienne
4. reçoive
5. reviennent
6. dise
7. compreniez
8. puisse
9. soyons
10. pleuve
11. arrivent
12. soit
13. étudient
14. neige
15. arriviez
16. fasse
17. saches

195.
1. arrivera
2. attende
3. viendra
4. compreniez
5. jouais
6. parte

196.
1. Qu'elle vienne tout de suite!
2. Qu'il conduise sagement!
3. Qu'il réponde au professeur!
4. Qu'ils obéissent à leurs parents!
5. Qu'elle apprenne la leçon!
6. Qu'elles disent la vérité!
7. Qu'il sache la réponse!
8. Qu'elles finissent leurs devoirs!

197.
1. parle français, écrit bien, sait taper à la machine
2. parle français, écrive bien, sache taper à la machine

198.
1. Je cherche un homme qui connaisse la route.
2. J'ai trouvé un homme qui connaît cette chanson.
3. Je veux acheter une blouse qui m'aille bien.
4. J'ai une blouse qui me va bien.
5. Je cherche un poste qui soit intéressant.
6. J'ai un poste qui est intéressant.

199.
1. sache
2. veuille
3. puisse
4. lit
5. puisse

200.
1. aie
2. veuille
3. connaisse
4. existe
5. comprenne

201.
1. ayez
2. soyez
3. fasse
4. allions
5. soient
6. dise
7. sois
8. agisse
9. parle

202.
1. Il se dépêche afin d'arriver à l'heure.
2. Il est content d'être ici.
3. Il ordonne à son fils de partir.
4. Il permet à l'avocat de parler.

203.
1. alliez
2. plaise
3. vient (viendra)
4. revenions
5. peut
6. boive
7. puisse
8. parte
9. sait
10. connaisse
11. fassions
12. dise
13. pleuve
14. soyons
15. ayez
16. arriver

204.
1. sois arrivé(e)
2. ayons dit
3. aient reconnu(e)(s)(es)
4. soit venue
5. soyez resté(e)(s)(es)
6. ait souffert
7. aient fait
8. ait étudié
9. se soit amusée
10. se soient couchés

205.
1. Elle doute que nous ayons compris.
2. Je regrette que tu sois arrivé(e).
3. Il est possible que vous ayez fini à l'heure.
4. Je ne crois pas qu'elles soient venues.
5. Je doute qu'elle ait fait le travail.
6. Pensez-vous qu'il se soit rasé?

206.
1. Il doute que nous ayons reconnu cet homme.
2. Je ne crois pas qu'ils soient partis.
3. Il est important que vous ayez fait vos devoirs.
4. Il se peut qu'elle soit revenue de bonne heure.
5. Je doute qu'il ait su la réponse.

207.
1. vînt
2. pût
3. fût
4. finissent
5. fussions
6. sussiez
7. fissions
8. écrivît
9. vinssiez
10. rentrassent
11. devinsses
12. se couchassent

208.
1. Il voulait que nous venions.
2. J'étais heureux qu'elles soient à l'heure.
3. Il fallait qu'elle le fasse.
4. Elle était trop fatiguée pour que la soirée soit agréable.
5. Je cherchais quelqu'un qui puisse le faire.
6. Je craignais que l'équipe ne gagne pas le prix.

209.
1. eût été
2. fussent venues
3. eussiez su
4. fût parti
5. eût écrit
6. eusses réussi

7. eussent su
8. eusse eu
9. fussent revenus
10. eût fini
11. eussions fait
12. nous fussions débrouillé(e)s

210.
1. Je regrettais qu'elle ne soit pas venue à l'heure.
2. Bien qu'elles aient déjà compris, ils continuaient à leur expliquer.
3. J'étais contente qu'il ait connu mon ami.
4. Il fallait que vous ayez dit cela.
5. Il semblait que nous ayons fait des efforts.
6. Il avait peur que le pain ne soit devenu trop dur.

211.
1. S'il eût eu assez d'argent, il fût allé au cinéma.
2. Si vous fussiez venu, vous eussiez vu Paul.
3. S'il eût été prêt, il fût parti.
4. Si vous fussiez venu, vous eussiez appris la nouvelle.
5. S'il eût fait beau, nous fussions partis.
6. Si elle fût revenue, elle fût venue nous revoir.

212.
1. Le nez de Cléopâtre s'il avait été plus court, toute la face de la terre aurait changé.
2. Si elle avait eu assez d'argent, elle serait venue nous voir.
3. Si nous avions su cela, nous l'aurions dit.
4. S'il avait fait beau, elle serait partie.
5. S'il avait plu, elles ne seraient pas venues.
6. Si j'avais su cela, je ne vous aurais pas répondu.

213.
1. Je lui parlerai avant de manger.
   Je lui parlerai avant de chanter.
   Je lui parlerai avant de danser.
   Je lui parlerai avant de décider.
   Je lui parlerai avant de revenir.
   Je lui parlerai avant de finir.
   Je lui parlerai avant de commencer.
2. Que faut-il faire afin de venir?
   Que faut-il faire afin de réussir?
   Que faut-il faire afin de finir à l'heure?
   Que faut-il faire afin de savoir la leçon?
3. Il part sans manger.
   Il part sans attendre.
   Il part sans faire ses devoirs.
   Il part sans parler.
4. Après avoir parlé, il est parti.
   Après avoir fini, il est parti.
   Après avoir mangé, il est parti.
   Après avoir dit au revoir, il est parti.
5. Après être rentré, il est venu me voir.
   Après être entré, il est venu me voir.
   Après être retourné, il est venu me voir.
   Après être descendu, il est venu me voir.

214.
1. avant d'arriver
2. après être arrivé(e)(s)(es)
3. en arrivant
4. en mangeant
5. après avoir mangé
6. avant de manger

215.
1. Après avoir mangé, il est parti.
2. Après avoir déjeuné, nous sommes allés au musée.
3. Après être arrivées, nous avons décidé de partir.
4. Après être rentrée, elle s'est couchée.

216.
1. On fait étudier la leçon aux étudiants.
2. On fait peindre le tableau à l'artiste.
3. On fait écrire le poème au poète.
4. On fait construire le pont aux ouvriers.
5. On fait lire le roman aux élèves.

217.
1. Le professeur a fait écrire le devoir par la classe.
2. Elle fait chanter la chanson par les garçons.
3. Nous faisons écrire une lettre par notre ami.
4. Je fais jouer du piano par l'enfant.

218.
1. Le professeur les fera réciter.
2. La fille l'a fait faire.
3. Nous les ferons faire.
4. Il la fera construire.
5. Vous l'avez fait venir.

219.
1. Il la lui fera écrire.
2. Elle se l'est fait faire.
3. Il le leur fait écrire.
4. Il la lui fera faire.
5. Il les lui fait apprendre.
6. On le leur a fait jouer.

220.
1. J'ai vu Marie marcher sur le boulevard.
2. Je la vois arriver.
3. Je laisse (J'ai laissé) partir Pierre.
4. Je le laisse jouer. (Je l'ai laissé jouer.)
5. J'ai entendu pleurer le bébé.
6. Je les ai entendues chanter.

221.
1. à	11. de
2. de	12. —
3. de	13. à
4. de	14. —
5. —	15. —
6. à	16. de
7. —	17. à
8. de	18. —
9. de	19. —
10. —	20. de

222.
1. Balzac a écrit le roman.
2. Les Romains ont construit ce monument.
3. Un incendie a détruit le bâtiment.
4. La bonne a préparé le repas.
5. Un grand architecte construira cette maison.

6. On m'a aimé.
7. On a fini le travail.
8. On a détruit cette ville pendant la guerre.

223.   1. Le français se parle en Québec.
2. Ce mot ne s'écrit pas sans *s*.
3. Le plus beau monument se voit au centre de la ville.
4. Autrefois cela se faisait à la main.
5. La ville se modernise.
6. Les portes s'ouvriront à huit heures.
7. Ces autos se fabriquent dans cette usine.
8. Cela ne se dit pas.

Chapter 5

1.   1. Marie travaille bien, n'est-ce pas?
Est-ce que Marie travaille bien?
2. Il écrit une lettre, n'est-ce pas?
Est-ce qu'il écrit une lettre?
3. Pierre se couche, n'est-ce pas?
Est-ce que Pierre se couche?
4. Elle s'habillait bien, n'est-ce pas?
Est-ce qu'elle s'habillait bien?
5. Ils viendront à l'heure, n'est-ce pas?
Est-ce qu'ils viendront à l'heure?
6. Ils sont allés au cinéma hier soir, n'est-ce pas?
Est-ce qu'ils sont allés au cinéma hier soir?
7. Ces étudiants ont lu ce livre, n'est-ce pas?
Est-ce que ces étudiants ont lu ce livre?
8. Pierre s'est reposé, n'est-ce pas?
Est-ce que Pierre s'est repose?

2.   1. Regardes-tu la peinture?
2. Allez-vous à Paris?
3. Savons-nous la réponse?
4. Écoutent-ils la radio?
5. Court-elle?
6. Te dépêches-tu?
7. Nous lèverons-nous de bonne heure?
8. Se couchent-elles à dix heures?

3.   1. Pleure-t-elle beaucoup?
2. Ouvre-t-il la porte?
3. Rencontre-t-elle une amie au café?
4. Se dépêche-t-il?
5. Se lave-t-elle la figure?
6. S'amuse-t-elle bien?

4.   1. Les enfants prennent-ils des bonbons?
2. Marie aime-t-elle la peinture moderne?
3. Hélène lit-elle un roman?
4. Les invités viendront-ils à l'heure?
5. Pierre se rase-t-il?
6. Hélène se reposera-t-elle le dimanche?
7. Ces hommes se débrouillent-ils bien?
8. Marc et Pierre se retrouvent-ils à l'école tous les jours?

5.   1. Avons-nous fait nos devoirs?
2. A-t-elle dit la vérité?
3. Louise est-elle vite montée?
4. Sommes-nous arrivés à l'heure?
5. Se sont-ils couchés?
6. Se sont-elles moquées de vous?
7. Nous sommes-nous dépêchées?
8. Hélène s'est-elle lavée?

6.   1. Quand
2. Combien
3. Où
4. Comment
5. À quelle heure (Quand)
6. Pourquoi
7. Quand
8. Où
9. Combien
10. Comment

7.   1. Qui
Qui est-ce qui
2. Qu'est-ce qui
3. Qui est-ce que
Qui
4. Qui est-ce qu'
Qui
5. Qu'est-ce qu'
Que
6. Qu'est-ce qu'
Qu'
7. qui
8. quoi

8.   1. Qui parle? Qui est-ce qui parle?
2. De qui est-elle la sœur?
3. Qu'est-ce qu'il a vu? (Qu'a-t-il vu?)
4. Sur quoi est-ce qu'il écrit (écrit-il) sa composition?
5. Qu'est-ce qui a fermé la porte?
6. À qui est-ce qu'il parle (parle-t-il)?
7. Qu'est-ce qui se passe?
8. De quoi est-ce qu'elle parle? (De quoi parle-t-elle?)
9. Qui est-ce qu'il regarde? (Qui regarde-t-il?)
10. Qu'est-ce qu'il fait? Que fait-il?
11. À qui sont ces livres?
12. De qui est-elle la fille?
13. Qui va à la bibliothèque? Qui est-ce qui va à la bibliothèque?
14. Qu'est-ce qui fait ce bruit?

9.   1. À qui sont ces disques?
2. De qui est-il le fils?
3. À qui sont ces livres?
4. De qui est-elle la mère?

10.   1. Qu'est-ce que c'est que le Louvre?
2. Qu'est-ce que c'est que le Tour de France?
3. Qu'est-ce que c'est qu'un symbole?
4. Qu'est-ce que c'est que la Sorbonne?

11. 1. Quelles robes sont dans l'armoire?
     2. Quelles peintures aimez-vous (aimes-tu)?
     3. Quel tableau est grand?
     4. Quels restaurants sont bons?
     5. Quelle est votre (ton) adresse?

12. 1. Quelle
     2. Quels (Qui)
     3. Qui
     4. Quels
     5. Quelle
     6. Quelles

13. 1. Quel paysage!
     2. Quelle peinture!
     3. Quels livres!
     4. Quels animaux!
     5. Quel arbre!

14. 1. Lequel
     2. Laquelle
     3. Lesquels
     4. Lesquelles

15. 1. À laquelle
     2. Auquel
     3. Auxquelles
     4. Auxquels

16. 1. Duquel
     2. De laquelle
     3. Desquelles
     4. Desquels

Chapter 6

1.   1. Il ne va pas au théâtre.
     2. Vous ne lirez pas le roman.
     3. Je ne crains pas cet homme.
     4. Je n'écoute pas le professeur.
     5. Tu n'habitais pas à Paris en ce temps-là.
     6. Vous n'arriveriez pas en retard.
     7. Je ne me reposerai pas le dimanche.
     8. Elles ne se couchaient pas à onze heures tous les soirs.
     9. Vous ne vous retrouverez pas à la gare.
     10. Ils ne se moquent pas de lui.
     11. Nous ne nous débrouillons pas bien.
     12. Il ne s'habille pas bien.

2.   1. Nous ne voulons pas partir.
     2. Elle n'aime pas chanter.
     3. Elle ne veut pas se lever.
     4. Tu ne vas pas t'habiller.

3.   1. Je n'ai pas acheté la robe.
     2. Vous n'aviez pas compris la situation.
     3. Ils n'ont pas écrit leurs devoirs.
     4. Nous ne sommes pas restés ici.
     5. Elle n'est pas tombée de cheval.
     6. Ils ne seront pas venus à l'heure.
     7. Elle ne s'est pas bien reposée.

     8. Nous ne nous serons pas dépêchées.
     9. Elles ne se sont pas plaintes de tout.
     10. Vous ne vous êtes pas levés de bonne heure.

4.   1. Non, je n'ai pas (nous n'avons pas) reçu la lettre.
     2. Non, il n'a pas lu l'histoire.
     3. Non, je ne suis pas allée au cinéma hier.
     4. Non, elles ne sont pas parties de bonne heure.
     5. Non, je ne me suis pas levé de bonne heure.
     6. Non, elle ne s'est pas endormie.

5.   1. Est-ce que Georges ne vous parlera pas?
     2. Ne lit-il pas le livre?
     3. N'ouvre-t-elle pas la fenêtre?
     4. Ne se dépêche-t-il pas?
     5. Ne vous réveillez-vous pas?
     6. N'avez-vous pas fini?
     7. N'ont-elles pas craint cet homme?
     8. Ne se sont-elles pas rentrées de bonne heure?
     9. Ne se sont-ils pas couchés?
     10. Ne t'es-tu pas blessé?

6.   1. Ne vis-tu pas bien ici?
     2. Ne saura-t-il pas la vérité?
     3. Ne nous dépêchons-nous pas?
     4. Ne vous levez-vous pas de bonne heure?
     5. N'a-t-elle pas cru l'histoire?
     6. Ne sont-elles pas revenues de bonne heure?
     7. Ne s'est-il pas rasé?
     8. Ne vous êtes-vous pas bien débrouillé?

7.   1. Oui, je parle (nous parlons) français.
     2. Si, je parle (nous parlons) français.
     3. Oui, ils viendront à l'heure.
     4. Si, ils viendront à l'heure.
     5. Oui, il a fini.
     6. Si, il a fini.
     7. Oui, elle se réveille.
     8. Si, elle se réveille.

8.   1. Oui, il vit bien ici.
     2. Si, ils sont venus.
     3. Si, elle prendra le déjeuner ici.
     4. Oui, il a lu ce roman.
     5. Si, ils ont craint le criminel.

9.   1. Il ne sait ce qu'il veut.
     2. Il ne cesse de pleuvoir.
     3. Elle n'ose le dire.
     4. Elle ne peut le faire.

10. 1. Il vous dit de ne pas avoir peur.
     2. Elle vous demande de ne pas venir.
     3. Elle vous dit de ne pas être heureux.
     4. Je vous demande de ne pas leur parler.
     5. Elle vous dit de ne pas le faire.

11. 1. Elle ne dit jamais la même chose.
2. Jamais, elle ne le fait.
3. Elle n'a jamais chanté.
4. Je n'ai aucun espoir.
5. Marie ne trouve rien.
6. Marie n'a rien perdu.
7. Rien n'est dans la cuisine.
8. Rien ne s'est passé.
9. Il n'y a personne dans la boutique.
10. Il n'a vu personne.
11. Personne ne frappe à la porte.
12. Personne n'est arrivé.
13. Je n'ai ni crayon ni stylo.
14. Il ne parle ni à son père ni à sa mère.
15. Elle ne veut ni pain ni beurre.
16. Ni l'un ni l'autre n'est parti.
17. Pierre ne parle jamais de rien à personne.

12. 1. Je n'ai jamais vu ce film.
2. Nous n'avons pas du tout dansé.
3. Il n'oubliera jamais cette leçon.
4. Il ne prend guère de vin.
5. Est-ce qu'il va jamais étudier?
6. Il n'a plus aucun disque.
7. Elle n'a ni amis ni ennemis.
8. Il n'a écrit que des poèmes.
9. Il n'a guère de temps.
10. Elle n'a que deux frères.
11. Elle ne chante plus de chansons.

13. 1. Non, il n'y a rien d'intéressant à faire.
2. Non, elle ne va jamais travailler.
3. Non, il n'y a personne ici.
4. Personne n'est venu.
5. Non, il n'a aucun livre.
6. Non, il n'a ni livres ni journaux.
7. Non, je n'ai guère le temps de le faire.
8. Non, elle n'est pas du tout belle.

14. 1. Il n'est pas riche non plus.
2. Ni elles non plus, elles n'ont pas beaucoup d'argent.
3. Marie ne le sait pas non plus.
4. Ni moi non plus, je ne viens pas.
5. Ni lui non plus, il ne la verra pas.
6. Elles ne mangent pas ici non plus.
7. Il ne l'a pas fait non plus.

Chapter 7

1. 1. la
2. les
3. l'
4. le
5. les
6. l'
7. la
8. l'

2. 1. Il la comprend.
2. Il l'aime.
3. Tu le cherches.
4. Tu l'as.
5. Ils les aiment.
6. Ils les font.
7. Je l'écris.
8. Nous la lisons.

3. 1. Oui, je le pense.
2. Non, je ne le crois pas.
3. Oui, je le pense.
4. Non, je ne le crois pas.

4. 1. l'
2. le
3. l'
4. le

5. 1. Oui, Paul me parle.
2. Oui, Jean m'écoute.
3. Oui, il vous (te) dit bonjour.
4. Oui, il t'invite (vous invite).
5. Oui, elle vous (nous) voit.
6. Oui, elle vous (nous) appelle.
7. Oui, elle me répond.
8. Oui, il m'écoute.
9. Oui, ils nous regardent.
10. Oui, ils nous écrivent.

6. 1. Il nous répond.
2. Il vous dit la vérité.
3. Elle nous voit.
4. Ils vous écrivent.
5. Elle vous cherche.
6. Elle nous envoie le paquet.

7. 1. Il lui dit la vérité.
2. Le facteur lui donne les lettres.
3. Il leur parle.
4. Je lui envoie un cadeau.
5. Il lui écrit.
6. Il leur répond.
7. Le professeur leur explique la leçon.
8. Il leur parle.

8. 1. la
2. lui
3. le
4. les
5. leur
6. lui
7. la, lui

9. 1. Il y va.
2. Le livre y est.
3. Elle y sera.
4. Il y montera.
5. Il y répond.
6. Il y obéit.

10. 1. y
2. leur
3. y
4. lui

11.
1. Nous en sortons.
2. Elle en vient.
3. Ils en sortiront.
4. Il en a.
5. Elle en choisit.
6. Elle en achète.
7. Il en parle.
8. Il en est fier.
9. Elles en ont beaucoup.
10. Il en a un peu.
11. Elle en achète une douzaine.
12. Il en prend quatre.
13. Il en a plusieurs.
14. Elle en a quelques-uns.
15. Il en a quelques-unes.

12.
1. Nous y allons.
2. Il leur répond.
3. Nous en avons besoin.
4. Les valises y sont.
5. Elle y répond.
6. J'en ai plusieurs.
7. Il lui parle.
8. Elle en a quelques-unes.
9. Il y en a beaucoup ici.

13.
1. Elle me les montre.
2. Elle nous le sert.
3. Elle te l'envoie.
4. Il nous la dit.
5. Il vous l'apporte.
6. Il le lui envoie.
7. Elle les leur donne.
8. Elle t'en donne.
9. Il vous en pose.
10. Il lui en donne plusieurs.
11. Il m'en apporte.
12. Elle m'y attend.
13. Il nous y rencontre.
14. Il y en a quatre.

14.
1. Elle se la rappelle.
2. Il se les brosse.
3. Vous vous la lavez.
4. Elles se les lavent.

15.
1. Nous le leur envoyons.
2. Le professeur la leur explique.
3. Il la lui demande.
4. Ils lui en donnent.
5. Il les y attend.
6. Elle lui en parle.
7. Nous les leur donnons.
8. Pierre les lui donne.
9. Il l'y cherche.
10. Il lui en demande.
11. Elle lui en demande.
12. Le touriste le lui donne.
13. Elle l'y rencontre.
14. Nous leur en apportons.

16.
1. Il ne le fait pas.
2. Les y cherchez-vous?
3. Ne l'entend-il pas?
4. Ne l'y mange pas!
5. Les voilà.
6. Elle me l'expliquera.
7. Il ne nous la répète pas.
8. Je lui en avais donné.
9. Ne l'y a-t-elle pas attendu?
10. Elle leur en écrivait.
11. Il ne l'aurait pas lu.
12. Il ne l'a pas crue.
13. Les as-tu écrits?
14. Elles les y ont prises.
15. Elle la lui aura dite.

17.
1. Je voudrais l'acheter.
2. Je voudrais le lui donner.
3. Je vais leur parler.
4. Je vais les y mettre.
5. Elle va en avoir honte.
6. Il me dit de ne pas l'acheter.
7. Il me demande de ne pas lui en parler.

18.
1. Parlez-moi!
2. Lisez-la!
3. Donne-le-lui!
4. Parle-lui-en!
5. Allez-y!

19.
1. Lisez-la!
2. Parlez-nous-en!
3. Écrivez-les-lui!
4. Réponds-y!
5. Vas-y!
6. Parles-en!
7. Donnez-m'en!

20.
1. Il ne lui obéit pas.
2. Il en a trop.
3. Elle y est allée.
4. Elle les y a mis.
5. Il ne la leur dit pas.
6. Elle n'y répond pas.
7. Ne l'écoute pas!
8. Il se le rappelle.
9. Il y en a beaucoup.
10. Elle y en a mis douze.
11. Donnez-m'en.
12. Lui en parlez-vous?
13. Je vais les lui donner.
14. Donnez-les-leur.
15. La lui as-tu donnée?
16. Ne lui en parle-t-elle pas?

21.
1. m'
2. nous
3. te
4. se
5. se
6. vous
7. me
8. nous
9. s'
10. t'

22. 1. Marie l'a acheté pour lui.
    2. Je vais partir sans elle.
    3. Ils parlent de moi.
    4. Le cadeau est pour toi.
    5. Il va avec nous.
    6. Il viendra chez vous.
    7. Elle y va avec eux.
    8. Il ne veut pas partir sans elles.
    9. Il est plus intelligent que moi.
    10. Qui vient? Moi.

23. 1. C'est moi qui suis là.
    2. C'est elle qui est là.
    3. C'est vous qui l'avez fait.
    4. C'est lui qui l'a fait.
    5. Ce sont eux qui vont répondre.
    6. C'est moi qui viendrai.
    7. Ce sont Hélène et toi qui sortirez. (Hélène et toi, vous sortirez.)
    8. Ce sont lui et moi qui attendons. (Lui et moi, nous attendons.)

24. 1. Je le ferai moi-même.
    2. Il le fera lui-même.
    3. Les garçons le feront eux-mêmes.
    4. Nous le ferons nous-mêmes.
    5. Chacun pour soi.

25. 1. Oui, j'y pense.
    2. Oui, j'ai peur de lui.
    3. Oui, je partirai (nous partirons) sans eux.
    4. Oui, j'en ai honte.
    5. Oui, je pense à elle.
    6. Oui, j'y vais.
    7. Oui, ce sont elles qui parlent.
    8. Oui, ils vont chez elle.
    9. Oui, elle va avec lui.
    10. Oui, j'en ai (nous en avons) besoin.

26. 1. Ce sont les miens. Où sont les tiens?
    2. Je n'aime pas la mienne. Aimez-vous la vôtre?
    3. Il a pensé aux siens et elles ont pensé aux leurs.
    4. J'ai besoin des miens et vous avez besoin des vôtres.
    5. La nôtre est plus petite que la tienne.
    6. Nous avons les nôtres. Avez-vous les vôtres?
    7. Il a parlé de la sienne et tu as parlé de la tienne.
    8. J'ai besoin de la leur.
    9. Pierre cherche les siennes et les miennes.
    10. Vous mettez le vôtre et je mets le mien.
    11. Nous sommes fiers du nôtre et ils sont fiers du leur.
    12. Elle préfère les nôtres aux vôtres.
    13. Il a cherché le sien et les filles ont cherché le leur.
    14. Le tien est meilleur que le mien.
    15. Il a téléphoné à la sienne et nous avons téléphoné à la nôtre.

27. 1. celui-là
    2. celle-là
    3. celles-là
    4. ceux-là
    5. celles-là
    6. ceux-là
    7. celui-là
    8. celles-là

28. 1. Ceci
    2. Cela
    3. C'
    4. ce
    5. Cela

29. 1. qui
    2. que
    3. qu'
    4. qui
    5. que
    6. qui
    7. qu'
    8. qui

30. 1. Voilà un garçon qui est sportif.
    2. La dame qui entre est la femme de mon professeur.
    3. L'église qui est au centre de la ville est grande.
    4. La jeune fille qui danse est très belle.

31. 1. Voilà le restaurant que Pierre préfère.
    2. Le journal que je lis est parisien.
    3. La robe qu'elle a achetée est très chère.
    4. Le film que nous avons vu est américain.

32. 1. ce qu'
    2. ce qui
    3. ce qui
    4. ce que
    5. ce qui
    6. ce qu'

33. 1. qui
    2. qui
    3. laquelle
    4. lequel
    5. lsequelles
    6. lsequels

34. 1. Voilà le garçon avec qui je suis sorti.
    2. Voilà la maison dans laquelle j'ai habité.
    3. Les hommes à qui j'ai écrit sont mes anciens professeurs.
    4. C'est le pinceau avec lequel l'artiste travaille.
    5. Voilà un morceau de papier sur lequel il a dessiné.
    6. Le restaurant dans lequel Paul entre est très petit.
    7. La fille chez qui nous allons est jolie.
    8. Voilà les tables sur lesquelles Marie a mis des fleurs.

9. Le musée devant lequel il attend son ami est formidable.
10. Le théâtre auquel nous sommes allés est très vieux.
11. La conférence à laquelle elle a assisté était intéressante.
12. Les lettres auxquelles il a répondu étaient urgentes.
13. Les hommes à qui il a écrit sont avocats.
14. Les musées auxquels je suis allée sont grands.

35. 1. L'appartement où j'habite est très petit.
2. La boulangerie où j'entre est bonne.
3. Le bureau où je vais se trouve au centre de la ville.
4. Les restaurants où nous dînons ne sont pas chers.
5. Les églises où nous allons sont vieilles.

36. 1. Le garçon dont le père est mort est mon ami.
2. Le musée dont le nom m'échappe est célèbre.
3. La dame dont nous cherchons le chien est une amie de ma mère.
4. L'homme dont les usines sont à Lyon habite à Paris.
5. J'aime ce jardin dont les fleurs l'embellissent.
6. Le crayon dont vous vous servez n'est pas bon.
7. Les livres dont vous m'avez parlé sont intéressants.
8. La peinture dont vous avez envie est très chère.

37. 1. Voilà une fille dont le père est médecin.
2. Voilà le mannequin dont les robes sont jolies.
3. Voilà les garçons dont vous connaissez la sœur.
4. Voilà un professeur dont le fils est chimiste.
5. Voilà un garçon dont le père est mort.
6. Voilà une femme dont j'admire la beauté.
7. Voilà un peintre dont le tableau est cher.
8. C'est un beau tableau dont nous avons parlé.
9. C'est un livre dont vous avez envie.
10. As-tu étudié le poème dont il a parlé?
11. C'est un livre dont j'ai besoin.
12. J'ai vu la fille dont ils ont parlé.
13. C'est un beau poème dont nous avons lu quelques passages.

38. 1. C'est la fille avec la mère de laquelle j'ai parlé.
2. C'est un homme avec la fille duquel je suis sorti.
3. Il y a une boutique près de laquelle se trouve un bureau de tabac.
4. Il a fait un discours à cause duquel j'ai pleuré.
5. Voilà les jeunes filles avec le frère desquelles je suis sortie.

39. 1. ce dont
2. quoi
3. à quoi
4. quoi
5. ce dont

40. 1. Ce que 7. ce qui
2. qui 8. ce qu'
3. dont 9. duquel
4. où (dans laquelle) 10. dont (de qui)
5. que 11. quoi
6. dont 12. qui

41. 1. N'importe qui
2. Quelqu'un
3. Tout le monde (Chacun)
4. On
5. quelque chose
6. tout
7. Les autres
8. tous
9. quelques-uns
10. l'une et l'autre
11. ni l'un(e) ni l'autre
12. Certaines
13. n'importe quoi
14. autre chose
15. Tout ce que
16. plusieurs
17. quelques-unes
18. Chacune
19. Quelqu'un d'autre
20. Les un(e)s, les autres
21. l'un à l'autre
22. l'une ou l'autre
23. N'importe qui
24. la même
25. Aucune
26. Personne (Nul)
27. Tout
28. Rien

Chapter 8

1. 1. Il va en voiture.
2. Il ira loin.
3. Je vais mal.
4. Il va mieux aujourd'hui.
5. Ce chapeau vous va (te va) bien.
6. Comment allez-vous? (Comment vas-tu? Comment ça va? Ça va?)
7. Je vais bien.
8. Il va à la pêche.

2. 1. J'ai soif.
2. J'ai faim.
3. J'ai sommeil.
4. J'ai froid.
5. J'ai chaud.
6. J'ai mal à la tête.
7. J'ai mal aux dents.
8. J'ai tort. (J'ai honte.)

3. 1. J'avais beau venir. Personne n'était là.
    2. Elle a peur de cet homme.
    3. Il a honte de son travail.
    4. Nous avions raison.
    5. J'ai mal à la tête.
    6. Les filles ont l'air fatiguées.
    7. Pierre a de la chance.
    8. Le train a une demi-heure de retard.
    9. L'avion a dix minutes d'avance.
    10. Il a l'occasion d'aller à la Martinique.
    11. Qu'avez-vous? (Qu'as-tu?)
    12. Quel âge avez-vous? (Quel âge as-tu?)
    13. Il a cinquante ans.
    14. Elle a besoin du livre.
    15. La maison a cinquante mètres de hauteur.
    16. Nous avons chaud.
    17. Les enfants ont sommeil.

4. 1. Elle est en train d'étudier.
    2. Les garçons sont de Paris.
    3. Cela m'est égal.
    4. Nous serons de retour demain.
    5. Ces livres sont à elle.

5. 1. Il fait chaud.
    2. Il fait frais.
    3. Il fait du soleil.
    4. Il fait du brouillard.
    5. Il fait nuit.
    6. Il fait de son mieux.
    7. Ce médicament vous (te) fera du bien.
    8. Je me suis fait mal au bras.
    9. Nous avons fait la queue pendant une heure.
    10. Je l'ai fait exprès.
    11. Ça ne fait rien.
    12. Ils ont fait semblant de ne pas entendre.

6. 1. Je dois cinq dollars à Marie.
    2. Il doit venir.
    3. Elle devait partir pour New York.
    4. Il doit être malade.
    5. Vous auriez (Tu aurais) dû venir.
    6. Il devrait travailler.
    7. Je peux le faire.
    8. Nous n'avons pas pu finir.
    9. J'aurais pu vous aider (t'aider).
    10. Il a pu le faire.
    11. Nous avons su la vérité.
    12. Elle a voulu ouvrir la porte.
    13. Il n'a pas voulu y aller.

7. 1. vit
    2. demeurons
    3. vit
    4. demeurez
    5. vivent

8. 1. Elle habite Paris.
    2. Ils habitent la Suisse.
    3. Vous habitez New York.
    4. Nous habitons le Mexique.

9. 1. joue
    2. jouons du
    3. jouent aux
    4. jouez de
    5. jouent
    6. jouez au

10. 1. manque
    2. manque à
    3. manquez de
    4. manquent
    5. manquent à

11. 1. Il a manqué le train.
    2. Elle me manque.
    3. Je lui manque.
    4. Ils manquent de patience.

12. 1. du
    2. à
    3. de
    4. aux
    5. à la

13. 1. Je pense à elle.
    2. Qu'en pense-t-il?
    3. Elle pense à lui.
    4. Que pense-t-elle de lui?
    5. Nous y pensons.
    6. Que pensent-elles d'eux?

14. 1. sort
    2. s'en va
    3. laisse
    4. m'en vais
    5. quitte
    6. sort
    7. pars

15. 1. a passé
    2. s'est passé
    3. nous sommes passé(e)s de
    4. se sont passées
    5. a passé
    6. s'est passé
    7. s'est passé de

16. 1. Le film me plaît.
    2. Les peintures modernes lui plaisent.
    3. Le cinéma lui plaît.
    4. La pièce leur plaît.
    5. Le livre te plaît.

17. 1. Je me souviens de cette occasion.
    2. Je me souviens de cette fille.
    3. Il se souviennent de cette soirée.
    4. Vous vous souvenez de la guerre.
    5. Nous nous en souvenons.

18. 1. sert
    2. se sert d'
    3. sert
    4. sert
    5. se sert de

19.   1. savons
       2. connaît
       3. sais
       4. Savez
       5. connaissent
       6. sait
       7. connaissez
       8. Connais, sais

20.   1. viens de
       2. viennent de
       3. venez d'
       4. venons de
       5. viens de
       6. vient d'

21.   1. Je venais de chanter cette chanson.
       2. Elles venaient de sortir.
       3. Vous veniez d'arriver.
       4. Nous venions de rentrer d'Espagne.
       5. Tu venais de manger.
       6. Il venait d'entrer.

VERB CHARTS

REGULAR VERBS

Infinitive	parler	finir	répondre
Present participle	parlant	finissant	répondant
Past participle	parlé	fini	répondu
Present	je parle	je finis	je réponds
	tu parles	tu finis	tu réponds
	il parle	il finit	il répond
	nous parlons	nous finissons	nous répondons
	vous parlez	vous finissez	vous répondez
	ils parlent	ils finissent	ils répondent
Present subjunctive	je parle	je finisse	je réponde
	tu parles	tu finisses	tu répondes
	il parle	il finisse	il réponde
	nous parlions	nous finissions	nous répondions
	vous parliez	vous finissiez	vous répondiez
	ils parlent	ils finissent	ils répondent
Imperfect	je parlais	je finissais	je répondais
	tu parlais	tu finissais	tu répondais
	il parlait	il finissait	il répondait
	nous parlions	nous finissions	nous répondions
	vous parliez	vous finissiez	vous répondiez
	ils parlaient	ils finissaient	ils répondaient
Future	je parlerai	je finirai	je répondrai
	tu parleras	tu finiras	tu répondras
	il parlera	il finira	il répondra
	nous parlerons	nous finirons	nous répondrons
	vous parlerez	vous finirez	vous répondrez
	ils parleront	ils finiront	ils répondront
Conditional	je parlerais	je finirais	je répondrais
	tu parlerais	tu finirais	tu répondrais
	il parlerait	il finirait	il répondrait
	nous parlerions	nous finirions	nous répondrions
	vous parleriez	vous finiriez	vous répondriez
	ils parleraient	ils finiraient	ils répondraient
Imperative	parle	finis	réponds
	parlons	finissons	répondons
	parlez	finissez	répondez
Conversational past (Passé composé)	j'ai parlé	j'ai fini	j'ai répondu
	tu as parlé	tu as fini	tu as répondu
	il a parlé	il a fini	il a répondu
	nous avons parlé	nous avons fini	nous avons répondu
	vous avez parlé	vous avez fini	vous avez répondu
	ils ont parlé	ils ont fini	ils ont répondu

Pluperfect	j'avais parlé	j'avais fini	j'avais répondu
	tu avais parlé	tu avais fini	tu avais répondu
	il avait parlé	il avait fini	il avait répondu
	nous avions parlé	nous avions fini	nous avions répondu
	vous aviez parlé	vous aviez fini	vous aviez répondu
	ils avaient parlé	ils avaient fini	ils avaient répondu
Conditional past	j'aurais parlé	j'aurais fini	j'aurais répondu
	tu aurais parlé	tu aurais fini	tu aurais répondu
	il aurait parlé	il aurait fini	il aurait répondu
	nous aurions parlé	nous aurions fini	nous aurions répondu
	vous auriez parlé	vous auriez fini	vous auriez répondu
	ils auraient parlé	ils auraient fini	ils auraient répondu
Past subjunctive	j'aie parlé	j'aie fini	j'aie répondu
	tu aies parlé	tu aies fini	tu aies répondu
	il ait parlé	il ait fini	il ait répondu
	nous ayons parlé	nous ayons fini	nous ayons répondu
	vous ayez parlé	vous ayez fini	vous ayez répondu
	ils aient parlé	ils aient fini	ils aient répondu
Literary past **(Passé simple)**	je parlai	je finis	je répondis
	tu parlas	tu finis	tu répondis
	il parla	il finit	il répondit
	nous parlâmes	nous finîmes	nous répondîmes
	vous parlâtes	vous finîtes	vous répondîtes
	ils parlèrent	ils finirent	ils répondirent
Imperfect subjunctive	je parlasse	je finisse	je répondisse
	tu parlasses	tu finisses	tu répondisses
	il parlât	il finît	il répondît
	nous parlassions	nous finissions	nous répondissions
	vous parlassiez	vous finissiez	vous répondissiez
	ils parlassent	ils finissent	ils répondissent
Past anterior **(Passé antérieur)**	j'eus parlé	j'eus fini	j'eus répondu
	tu eus parlé	tu eus fini	tu eus répondu
	il eut parlé	il eut fini	il eut répondu
	nous eûmes parlé	nous eûmes fini	nous eûmes répondu
	vous eûtes parlé	vous eûtes fini	vous eûtes répondu
	ils eurent parlé	ils eurent fini	ils eurent répondu
Pluperfect subjunctive	j'eusse parlé	j'eusse fini	j'eusse répondu
	tu eusses parlé	tu eusses fini	tu eusses répondu
	il eût parlé	il eût fini	il eût répondu
	nous eussions parlé	nous eussions fini	nous eussions répondu
	vous eussiez parlé	vous eussiez fini	vous eussiez répondu
	ils eussent parlé	ils eussent fini	ils eussent répondu
Passé surcomposé	j'ai eu parlé	j'ai eu fini	j'ai eu répondu
	tu as eu parlé	tu as eu fini	tu as eu répondu
	il a eu parlé	il a eu fini	il a eu répondu
	nous avons eu parlé	nous avons eu fini	nous avons eu répondu
	vous avez eu parlé	vous avez eu fini	vous avez eu répondu
	ils ont eu parlé	ils ont eu fini	ils ont eu répondu

VERBS WITH SPELLING CHANGES

acheter

Present	j'achète, tu achètes, il achète, nous achetons, vous achetez, ils achètent
Present subjunctive	j'achète, tu achètes, il achète, nous achetions, vous achetiez, ils achètent
Future	il achètera, nous achèterons, ils achèteront

appeler

Present	j'appelle, tu appelles, il appelle, nous appelons, vous appelez, ils appellent
Present subjunctive	j'appelle, tu appelles, il appelle, nous appelions, vous appeliez, ils appellent
Future	il appellera, nous appellerons, ils appelleront

commencer (and all verbs ending in **-cer**)

Present	je commence, tu commences, il commence, nous commençons, vous commencez, ils commencent
Imperfect	il commençait, nous commencions, ils commençaient
Passé simple	il commença, nous commençâmes, ils commencèrent

espérer (**préférer, répéter, protéger,** etc.)

Present	j'espère, tu espères, il espère, nous espérons, vous espérez, ils espèrent
Present subjunctive	j'espère, tu espères, il espère, nous espérions, vous espériez, ils espèrent

essayer (and all verbs ending in **-ayer, oyer, uyer**)
(Note also alternate forms: **j'essaye, j'essayerai,** etc. for verbs ending in **-ayer.**)

Present	j'essaie, tu essaies, il essaie, nous essayons, vous essayez, ils essaient
Present subjunctive	j'essaie, tu essaies, il essaie, nous essayions, vous essayiez, ils essaient
Future	j'essaiera, nous essaierons, ils essaieront

jeter

Present	je jette, tu jettes, il jette, nous jetons, vous jetez, ils jettent
Present subjunctive	je jette, tu jettes, il jette, nous jetions, vous jetiez, ils jettent
Future	il jettera, nous jetterons, ils jetteront

lever (**mener, emmener, geler,** etc.)

Present	je lève, tu lèves, il lève, nous levons, vous levez, ils lèvent
Present subjunctive	je lève, tu lèves, il lève, nous levions, vous leviez, ils lèvent
Future	il lèvera, nous lèverons, ils lèveront

manger (and other verbs ending in **-ger**)

Present	je mange, tu manges, il mange, nous mangeons, vous mangez, ils mangent
Present subjunctive	je mange, tu manges, il mange, nous mangions, vous mangiez, ils mangent
Imperfect	il mangeait, nous mangions, ils mangeaient
Passé simple	il mangea, nous mangeâmes, ils mangèrent

In this list, the number at the right of each verb corresponds to the number of the verb, or of a similarly conjugated verb, in the table which follows. An asterisk (*) indicates that **être** is used as the auxiliary verb in the compound tenses. A dash plus an asterisk (—*) indicates that the verb is conjugated with **avoir** or **être** in compound tenses.

acquérir	1	croire	11	offrir	25	revoir	41
accueillir	12	cueillir	12	ouvrir	25	rire	32
admettre	22	découvrir	25	paraître	8	rompre	33
*aller	2	décrire	15	parcourir	9	savoir	34
*s'en aller	2	détruire	7	*partir	26	secourir	9
apercevoir	31	*devenir	39	parvenir	39	sentir	26
—*apparaître	8	devoir	13	peindre	10	*se sentir	26
appartenir	39	dire	14	permettre	22	servir	26
apprendre	30	disparaître	8	plaindre	10	*se servir de	26
*s'asseoir	3	dormir	26	*se plaindre	10	*sortir	26
atteindre	10	écrire	15	plaire	27	souffrir	25
avoir	4	élire	21	pleuvoir	28	soumettre	22
battre	5	*s'endormir	26	poursuivre	36	sourire	32
*se battre	5	envoyer	16	pouvoir	29	*se souvenir de	39
boire	6	être	17	prendre	30	suffire	35
combattre	5	faire	18	prévoir	41	suivre	36
comprendre	30	falloir	19	produire	7	surprendre	30
conduire	7	interdire	14	promettre	22	survivre	40
connaître	8	interrompre	33	recevoir	31	*se taire	27
conquérir	1	haïr	20	reconnaître	8	tenir	39
construire	7	joindre	10	reconstruire	7	traduire	7
contenir	39	lire	21	recouvrir	25	transmettre	22
convaincre	37	maintenir	39	*redevenir	39	vaincre	37
convenir	39	mentir	26	rejoindre	10	valoir	38
corrompre	33	mettre	22	remettre	22	*venir	39
courir	9	*mourir	23	reprendre	30	vivre	40
couvrir	25	*naître	24	retenir	39	voir	41
craindre	10	obtenir	39	*revenir	39	vouloir	42

IRREGULAR VERBS

Note: Only irregular forms are given for the following verbs. The conditional tense is always formed by adding the regular endings to the future stem. An asterisk (*) indicates that the verb is conjugated with **être** in auxiliary tenses.

	[1]**acquérir**
Past participle	acquis
Present	j'acquiers, tu acquiers, il acquiert, nous acquérons, vous acquérez, ils acquièrent
Present subjunctive	j'acquière, tu acquières, il acquière, nous acquérions, vous acquériez, ils acquièrent
Future	il acquerra
Passé simple	il acquis, ils acquirent

[2]*aller

Present	je vais, tu vas, il va, nous allons, vous allez, ils vont
Present subjunctive	j'aille, tu ailles, il aille, nous allions, vous alliez, ils aillent
Future	il ira
Imperative	va, allons, allez

[3]*s'asseoir

(There is another less used conjugation for this verb:
je m'assois, nous nous assoyons, il s'assoira, etc.)

Past participle	assis
Present	je m'assieds, tu t'assieds, il s'assied, nous nous asseyons, vous vous asseyez, ils s'asseyent
Present subjunctive	je m'asseye, tu t'asseyes, il s'asseye, nous nous asseyions, vous vous asseyiez, ils s'asseyent
Future	il s'assiéra
Imperative	assieds-toi, asseyons-nous, asseyez-vous
Passé simple	il s'assit, ils s'assirent

[4]avoir

Present participle	ayant
Past participle	eu
Present	j'ai, tu as, il a, nous avons, vous avez, ils ont
Present subjunctive	j'aie, tu aies, il ait, nous ayons, vous ayez, ils aient
Future	il aura
Imperative	aie, ayons, ayez
Passé simple	il eut, ils eurent

[5]battre

Present	je bats, tu bats, il bat, nous battons, vous battez, ils battent

[6]boire

Past participle	bu
Present	je bois, tu bois, il boit, nous buvons, vous buvez, ils boivent
Present subjunctive	je boive, tu boives, il boive, nous buvions, vous buviez, ils boivent
Passé simple	il but, ils burent

[7]conduire

Past participle	conduit
Present	je conduis, tu conduis, il conduit, nous conduisons, vous conduisez, ils conduisent
Passé simple	il conduisit, ils conduisirent

[8]connaître

Past participle	connu
Present	je connais, tu connais, il connaît, nous connaissons, vous connaissez, ils connaissent
Passé simple	il connut, ils connurent

[9]courir

Past participle	couru
Present	je cours, tu cours, il court, nous courons, vous courez, ils courent
Future	il courra
Passé simple	il courut, ils coururent

[10]craindre (and other verbs ending in -indre)

Past participle	craint
Present	je crains, tu crains, il craint, nous craignons, vous craignez, ils craignent
Passé simple	il craignit, ils craignirent

[11]croire

Past participle	cru
Present	je crois, tu crois, il croit, nous croyons, vous croyez, ils croient
Present subjunctive	je croie, tu croies, il croie, nous croyions, vous croyiez, ils croient
Passé simple	il crut, ils crurent

[12]cueillir

Present	je cueille, tu cueilles, il cueille, nous cueillons, vous cueillez, ils cueillent
Future	il cueillera

[13]devoir

Past participle	dû (*fem.* due)
Present	je dois, tu dois, il doit, nous devons, vous devez, ils doivent
Present subjunctive	je doive, tu doives, il doive, nous devions, vous deviez, ils doivent
Future	il devra
Passé simple	il dut, ils durent

[14]dire

Past participle	dit
Present	je dis, tu dis, il dit, nous disons, vous dites, ils disent
Passé simple	il dit, ils dirent

[15]écrire

Past participle	écrit
Present	j'écris, tu écris, il écrit, nous écrivons, vous écrivez, ils écrivent
Passé simple	il écrivit, ils écrivirent

[16]envoyer

Present	j'envoie, tu envoies, il envoie, nous envoyons, vous envoyez, ils envoient
Present subjunctive	j'envoie, tu envoies, il envoie, nous envoyions, vous envoyiez, ils envoient
Future	il enverra

[17]être

Present participle	étant
Past participle	été
Present	je suis, tu es, il est, nous sommes, vous êtes, ils sont
Present subjunctive	je sois, tu sois, il soit, nous soyons, vous soyez, ils soient
Imperfect	il était
Future	il sera
Imperative	sois, soyons, soyez
Passé simple	il fut, ils furent

[18]faire

Past participle	fait
Present	je fais, tu fais, il fait, nous faisons, vous faites, ils font
Present subjunctive	je fasse, tu fasses, il fasse, nous fassions, vous fassiez, ils fassent
Future	il fera
Passé simple	il fit, ils firent

[19]falloir

Past participle	fallu
Present	il faut
Present subjunctive	il faille
Future	il faudra
Passé simple	il fallut

[20]haïr

Past participle	haï
Present	je hais, tu hais, il hait, nous haïssons, vous haïssez, ils haïssent
Passé simple	il haït, ils haïrent

[21]lire

Past participle	lu
Present	je lis, tu lis, il lit, nous lisons, vous lisez, ils lisent
Passé simple	il lut, ils lurent

[22]mettre

Past participle	mis
Present	je mets, tu mets, il met, nous mettons, vous mettez, ils mettent
Passé simple	il mit, ils mirent

[23]*mourir

Past participle	mouru
Present	je meurs, tu meurs, ils meurt, nous mourons, vous mourez, ils meurent
Present subjunctive	je meure, tu meures, il meure, nous mourions, vous mouriez, ils meurent
Future	il mourra
Passé simple	il mourut, ils moururent

[24]*naître

Past participle	né
Present	je nais, tu nais, il naît, nous naissons, vous naissez, ils naissent
Passé simple	il naquit, ils naquirent

[25]ouvrir

Past participle	ouvert
Present	j'ouvre, tu ouvres, il ouvre, nous ouvrons, vous ouvrez, ils ouvrent

[26]*partir

Present	je pars, tu pars, il part, nous partons, vous partez, ils partent
Passé simple	il partit, ils partirent

[27]plaire (se taire: present, il se tait)

Past participle	plu
Present	je plais, tu plais, il plaît, nous plaisons, vous plaisez, ils plaisent
Passé simple	il plut, ils plurent

[28]pleuvoir

Present participle	pleuvant
Past participle	plu
Present	il pleut
Present subjunctive	il pleuve
Future	il pleuvra
Passé simple	il plut

[29]pouvoir

Past participle	pu
Present	je peux, tu peux, il peut, nous pouvons, vous pouvez, ils peuvent
Present subjunctive	je puisse, tu puisses, il puisse, nous puissions, vous puissiez, ils puissent
Future	il pourra
Passé simple	il put, ils purent

[30]prendre

Past participle	pris
Present	je prends, tu prends, il prend, nous prenons, vous prenez, ils prennent
Present subjunctive	je prenne, tu prennes, il prenne, nous prenions, vous preniez, ils prennent
Passé simple	il prit, ils prirent

[31]recevoir

Past participle	reçu
Present	je reçois, tu reçois, il reçoit, nous recevons, vous recevez, ils reçoivent
Present subjunctive	je reçoive, tu reçoives, il reçoive, nous recevions, vous receviez, ils reçoivent
Future	il recevra
Passé simple	il reçut, ils reçurent

[32]rire

Past participle	ri
Present	je ris, tu ris, il rit, nous rions, vous riez, ils rient
Passé simple	il rit, ils rirent

[33]rompre

Present	je romps, tu romps, il rompt, nous rompons, vous rompez, ils rompent
Passé simple	il rompit, ils rompirent

[34]savoir

Present participle	sachant
Past participle	su
Present	je sais, tu sais, il sait, nous savons, vous savez, ils savent
Present subjunctive	je sache, tu saches, il sache, nous sachions, vous sachiez, ils sachent
Future	il saura
Imperative	sache, sachons, sachez
Passé simple	il sut, ils surent

[35]suffire

Past participle	suffi
Present	je suffis, tu suffis, il suffit, nous suffisons, vous suffisez, ils suffisent
Passé simple	il suffit, ils suffirent

[36]suivre

Past participle	suivi
Present	je suis, tu suis, il suit, nous suivons, vous suivez, ils suivent
Passé simple	il suivit, ils suivirent

[37]vaincre

Present	je vaincs, tu vaincs, il vainc, nous vainquons, vous vainquez, ils vainquent
Passé simple	il vainquit, ils vainquirent

[38]valoir

Past participle	valu
Present	je vaux, tu vaux, il vaut, nous valons, vous valez, ils valent
Present subjunctive	je vaille, tu vailles, il vaille, nous valions, vous valiez, ils vaillent
Future	il vaudra
Passé simple	il valut, ils valurent

[39]*venir

Past participle	venu
Present	je viens, tu viens, il vient, nous venons, vous venez, ils viennent
Present subjunctive	je vienne, tu viennes, il vienne, nous venions, vous veniez, ils viennent
Future	il viendra
Passé simple	il vint, il vinrent

[40]vivre

Past participle	vécu
Present	je vis, tu vis, il vit, nous vivons, vous vivez, ils vivent
Passé simple	il vécut, ils vécurent

[41]voir

Past participle	vu
Present	je vois, tu vois, il voit, nous voyons, vous voyez, ils voient
Present subjunctive	je voie, tu voies, il voie, nous voyions, vous voyiez, ils voient
Future	il verra
Passé simple	il vit, ils virent

[42]vouloir

Past participle	voulu
Present	je veux, tu veux, il veut, nous voulons, vous voulez, ils veulent
Present subjunctive	je veuille, tu veuilles, il veuille, nous voulions, vous vouliez, ils veuillent
Future	il voudra
Imperative	veuille, veuillons, veuillez
Passé simple	il voulut, ils voulurent

Catalog

If you are interested in a list of SCHAUM'S
OUTLINE SERIES in Science, Mathematics,
Engineering and other subjects, send your name
and address, requesting your free catalog, to:

SCHAUM'S OUTLINE SERIES, Dept. C
McGRAW-HILL BOOK COMPANY
1221 Avenue of Americas
New York, N.Y. 10020